국치國恥 100년, '국권 상실'의 정치외교사적 재조명

국치國恥 100년, '국권 상실'의 정치외교사적 재조명

초판 1쇄 발행   2012년 2월 20일

편   자 ㅣ 한국정치외교사학회 이재석·전상숙

발행인 ㅣ 윤관백
발행처 ㅣ 선인

편   집 ㅣ 이경남·김민희·소성순·하초롱
표   지 ㅣ 김현진·안수진
영   업 ㅣ 이주하

등   록 ㅣ 제5-77호(1998.11.4)
주   소 ㅣ 서울시 마포구 마포동 324-1 곳마루 B/D 1층
전   화 ㅣ 02)718-6252 / 6257   팩스 ㅣ 02)718-6253
E-mail ㅣ sunin72@chol.com
Homepage ㅣ www.suninbook.com

정가 15,000원

ISBN   978-89-5933-509-1   94300
        978-89-5933-194-9 (세트)

· 잘못된 책은 바꿔 드립니다.

국치國恥 100년, '국권 상실'의 정치외교사적 재조명

한국정치외교사학회 이재석·전상숙 편

간행사

　대한제국은 1910년 8월 29일 일본에 국권(國權)을 상실했다. 그러나 선열들의 독립항쟁과 연합국의 승전으로 한민족은 1845년 8월 15일 일제의 압제로부터 벗어났고, 이후 대한민국은 건국, 근대화, 민주화 단계를 거쳐 오늘에 이르렀다. 오늘날 대한민국은 제2차 세계대전 후 독립한 국가 중 '유일하게 성공한' 국가로 평가받고 있다. 이같은 대한민국 현대사의 성공은 한민족의 저력을 보여주는 하나의 징표이다. 과거에 중국에 동화되지 않고 독자적인 문화를 기반으로 기나긴 역사를 갖고 있던 국가가, 현대에 국토의 분단, 빈약한 자원, 강대국의 주변 포진 등 불리한 국내외적 환경에도 불구하고 성공적으로 건국, 근대화, 민주화를 달성한 민족이, "100년 전에는 왜 국권을 상실했는가?"

　이런 물음에 답하기 위해 그리고 국권 상실과 같은 유사한 비극이 되풀이되는 것을 막기 위한 학문적 노력의 일환으로, 한국정치외교사학회는 국권피탈 반추 100년이 되는 해를 맞이하여 2010년 7월 2일에 대한제국의 국권 상실 원인을 재조명하는 학술대회를 개최하였다. 이 학술행사는 한국이 현대에서 이룩한 정치/경제적 발전을 토대로 갖게 된 자신감을 바탕으로, 우리 스스로 국권 상실의 원인을 조명하여 과거와 같은 비극이 되풀이 되는 것을 막고 보다 더 발전적인 미래로 나아갈 수 있는 역사적 교훈을 도출하기 위한 시도였다.

　그동안 한국 학계에서는 수많은 연구에도 불구하고 조선(대한제국)의 국권 상실의 원인규명은 내적 원인을 지적하는 것이 식민사관이나 일본의 식민지화를 정당화하려는 일본 보수주의자의 논리에 동조가 될 것을 우려해 주로 외적 원인의 규명과 지적에 기울여져 있었다. 그러나 과거 역사의 치욕을 되풀이하지 않기 위해서는 스스로 과거 역사에 대한 철저한 자기반성이 필요하고, 또한 미래의 더 큰 발전을 위해서 역사로부터 교훈을 얻어야 한다. 이제 한국은 그동안 이룩한 국가의 위상으로 보나 축적된 학문의 역량으로 보나, 국권 상실의 원인에 대한 자학적 해석과 조선의 국권 상실을 합리화하는 식민사관을 넘어서서, 스스로 객관적으로 규명해 볼 수 있는 시점에 와 있다. 그리하여, 이제 "100년 전 왜 우리가 국권을 상실했는가"를 밝히고 그것을 역사의 교훈으로 되새기고자 개최한 2010년 한국정치외교사학회 학술대회 발표논문을 한 권의 책으로 엮어내게 되었다.

조선의 국권 상실 원인을 아놀드 토인비의 설명처럼 간명하게 "도전에 대한 응전의 실패"에서 찾을 수도 있겠지만, 그것은 너무나도 간명한 답이다. 국권 상실의 원인은 성격상 보는 관점에 따라 그리고 그 계기를 언제부터 설정하느냐에 따라서 다양하게 규명될 수밖에 없다. 그러므로 이 글에서는 총론적으로 먼저 일반론적 관점에서 조선의 국권 상실 원인을 지적하고, 조선말기 조선의 국권 상실 원인에 대한 필자들의 소론의 종지를 기술하기로 한다.

필자는 조선이 국권을 상실한 근본요인은 서세동점기 쇄서를 하여 근대화한 일본의 군사적·외교적 도전에 대한 조선의 대응능력의 부족으로 이해한다. 19세기 서세동점기 국제환경은 동아시아의 계서적 국제질서가 동요하고 서구가 종교, 경제, 군사적 힘으로 서구의 근대적 국제질서를 강요하던 시기이다. 이때 조선은 일본열도와 중국대륙 사이의 지중해에 위치한 결과 서구와 직접적 교류를 하는 데 불리한 지리적 위치에 있었고, 서구 국가 또한 조선에 큰 관심과 정치적·경제적 이해관계를 갖지 않는 불리한 지정학적 위치에 있었다. 그러므로 자연 서세동점기의 국제체제 속에서 동아시아 지역체제는 조선을 둘러싼 청-일, 러-일이 차례로 경합하는 불안정한 세력균형체제의 성격을 갖게 되었다. 중국을 제외하곤 서양의 이해관계가 적었던 동아시아 지역체제에서, 일본은 대내적으로 서양을 본 따 근대화를 추진하고 대외적으로 서양의 근대외교를 익혀 국력의 배양과 외교력을 신장시키면서 한반도지배를 자국의 사활이 걸린 사업으로 보고 추진했다. 그리하여 1차로 청일전쟁, 2차로 러일전쟁을 통해 경쟁국을 제압하고, 3차로 조선의 저항을 제압하기 위해 의병과의 전쟁을 벌였다. 같은 동아시아 국제환경에서 그리고 외세의 침략위기를 맞은 조선이 독립을 유지하기 위해서 취해야 할 정책은 근대화를 통한 부국강병과 외교역량의 강화였다. 그러나 두 가지 정책에서 조선은 모두 실패했다. 먼저 조선은 스스로 외세의 도전으로부터 자위할 수 있는 국력을 배양하는 데 실패했다. 그 근본요인은 조선이 유교이념에 따라 건국되고 모든 사람을 성인군자로 만들고자 하는 도덕국가를 지향하게 됨으로써 관념적 이상주의 또는 도덕주의가 팽배하고 상황주의 또는 실력주의가 미약했기 때문이었던 것으로 보인다. 이런 풍조는 벌열 양반의 권세에 비해 취약한 군권, 정치에 비해 경시된 경제, 문에 대한 무의 천시를 초래했고, 근대화를 실천할 국가의 물적 기반의 조성을 제약해서 조선은 국력을 배양하고자 했으나 배양할 수가 없었다. 조선은 국가능력이 부족한 상황에서 외교력으로 국력을 보강해야 했으나 이마저 성공하지 못했다. 오랫동안 중국중심적 국제질서 속의 안주와 19세기에 팽배한 서구배척론이 새로운 문물의 수용, 국제정세에 대한 인식의 폭의 확장, 외교력의 배양을 저해했기 때문이다. 조선은 외교적으로 미국, 영국, 독일 등과 맺은 수호통상조약의 "거중조정"조항을 동맹으로 과신했고, 대외적으로 청일의 간섭으로부터 벗어나기 위해 러시아에 접근을 모색하기도 하고 자주독립을 시위하기 위해 외교사절을 미국과 유럽에 파견하기도 했으나, 국권을 탈취하고자 힘으로 도전해 오는 국가에 대항할 동맹을 구축하거나 세력균형을 유지하는 외교력을 발휘하지 못했다.

이런 환경 속에서 일본의 조선침략이 가속화되자 조선은 1905년 을사조약을 통해 외교권을 상실하고, 1910년 국권을 상실했다. 이제 조선(대한제국)의 국권 상실의 원인과 대한제국의 종점해석에 대한 필자들의 소론을 보기로 한다.

　최영진 교수의 "국권 상실의 국내 정치적 요인"은 정치적 차원의 국가능력은 인적·물적 자원을 동원하고 운용할 수 있는 지배계급의 통치능력이라 정의하고, 조선의 국권 상실의 요인을 외부 위협에 대응할 수 있는 수준의 국가능력의 상실에서 찾고, 고종을 비롯한 지배엘리트들의 통치능력이 문제였다고 주장하며, 국가능력 상실은 고종을 중심으로 진행된 근대적 개혁의 실패에 있다고 보고, 개혁주체세력의 한계, 일관성을 상실한 개혁이념, 고통을 가중시킨 개혁정책, 국권 상실의 정치적 기원을 분석의 주요 내용으로 삼고 있다. 이 글은 먼저 개혁주체세력은 척족과 측근세력이거나 인정받기 어려운 한미한 가문출신으로 신뢰도가 낮았고 또한 성과를 내지 못함으로써 능력을 입증하지 못해 신뢰의 위기를 겪는 한계가 있었다고 지적한다. 개혁이념도 일관성이 결여되어 한계를 보이는데, 대외정책에서는 주변국가 간 "그네타기식" 관계로 불신을 조장하고, 국내정치에서는 일관성이 결여된 개혁프로그램으로 효율적인 개혁을 추진하지 못했다는 것이다.

　이헌창 교수의 "국권 상실의 경제적 요인"은 조선이 국권을 상실하게 된 내적 요인을 조선의 약한 국력에서 찾고 있다. 이 교수는 이를 실증적으로 분석하기 위해서 구체적으로 경제력, 즉 재정능력을 지표로 조선(대한제국)과 중국, 일본의 재정을 비교하고, 조선(대한제국)은 빈약한 재정, 재정이 빈약해서 실천할 수 없었던 개혁정책, 빈약한 재정에서 비롯된 약한 군사력을 국권 상실의 요인으로 지적하고 있다. 이런 주장을 뒷받침하기 위해서, 이 글은 조선·일본·중국(기타 외국)의 재정 비교, 개항 전 조선의 사회경제정책, 개항기 근대화를 다른 나라의 근대화와 비교사적으로 검토하여, 결론적으로 제국주의시대 서구와 일본의 시간을 다투는 도전에 대응하는 조선(대한제국)의 대응능력 부족이 국권 상실의 요인이라고 한다.

　김정호 교수의 "국권 상실의 정치사상적 요인"은 주제 '정치사상적 요인'의 성격상 국권 상실기에 국한되는 것이 아니라 조선의 건국부터 국권 상실기에 이르는 역사적 과정에 축적된 내적 모순을 거시적으로 폭넓게 다루고 있다. 그러므로 이 글은 정치권력의 효율성 미비, 대안적 국가통합구조의 미비, 민의 정치적 성장구조의 취약성의 세 요인을 국권 상실의 정치사상적 원인으로 지적한다. 첫 번째로 조선의 정치권력은 조선조중반부터 축적되어온 정치권력이 비효율적이었고 이로 인해 역동적인 정치변동을 꾀할 수 없었고, 두 번째로 조선초기에는 주자학적 통치이념이 국가통합의 이념구조로 기능했으나, 조선후기 이후로는 사회변동에 걸맞는 국가통합이념이 되지 못했고, 이후 실학·개화사상·동학과 같은 대안적 이념이 출현했으나, 현실적으로 대안적 이념이 실천될 수 없었으며, 세 번째로 전통적으로 민의 정치적 능력에 대한 신뢰가 없었고, 조선 말기 민의 정치적 능력이 신장되었지만 시기적으로 국가의 독립과 발전을 유지, 촉진하기에는 늦었기 때문이라고 한다.

전상숙 교수의 "국권 상실과 일본의 한반도 정책"은 외인론적 입장에서 국권 상실의 원인을 일본의 대륙정책에서 찾는다. 이 글은 먼저 러일전쟁 후 서구의 황화론에 대응해 일본에서 백인제국주의에 대한 유색인종 아시아의 연대를 주장하는 아시아주의가 태동하였고 이것이 조선과 관련해서는 일선동조/내선일여의 일본식민주의 정당화논리로 발전되고, 이것이 일본의 대륙진출을 이데올로기적으로 뒷받침했음을 밝힌다. 다음으로 일본은 1890년 이래로 동해-쓰시마해협-황해를 합한 한반도와 주변지역이 제3국의 지배 아래 들어가서는 일본의 이익에 배치된다는 이익선의 논리 아래 육군이 주도적으로 대륙정책을 추진해, 러일전쟁 후 한국을 보호국화하고, 1909년 7월 내각회의에서 한국병합을 결정하여 1910년 8월 22일 병합조약을 체결하게 되었다고 한다. 끝으로 한국통감으로 부임해 병합을 단행하고 초대 조선총독이 된 테라우치는 안정적인 조선지배를 통해 조선을 일본의 일부로 만들어 일본을 대륙국가화하고 그 기반으로 북진대륙정책을 추진하고자 하였다는 사실을 밝혀 일본의 초기 조선지배정책의 성격을 밝혀주고 있다.

서영희 교수의 "대한제국 각 정치세력의 국권 상실에 대한 인식과 대응"은 일제의 국권침탈과 이에 대한 저항이란 이분법적 구도에서 탈피해 을

사조약 이후부터 일제의 한국병합 때까지 대한제국의 정치세력들이 통감부통치와 국권 상실에 대한 인식과 대응을 다루는 글로, 통감부의 통치권 장악과정과 병합정책의 추이, 친일내각과 일진회의 정세인식과 대응, 귀국한 망명 개화정객의 정치적 동향, 권력지향적 계몽운동 단체의 정권참여운동과 좌절의 순서로 글을 구성하고 있다. 이 글은 국권 상실과정이란 급격한 정치변동기에 각 정치세력들은 현실적 정치공간을 확보하려는 욕망에 따라 이합집산을 하며 경쟁을 벌인 것을 밝히고 있다. 즉, 벌열가문 출신의 고위관료들은 친일내각의 참여를 통해 양반계층의 기득권 보장방안을 강구했고, 갑신정변 후 망명생활을 하던 구개화파 정객들은 귀국해 통감부통치에 참여했으며, 신진 재야정치세력인 계몽지식인 출신 민권운동세력은 정권진입을 시도하면서 정권참여와 합병반대라는 실리와 명분 사이를 오가면서 명확한 정치적 전망과 목표를 제시하지 못하고 표류했음을 밝혀주고 있다.

김종준 박사의 "국권 상실에 대한 일진회의 인식"은 일진회의 내적 동기에 기반해 일진회의 합방론을 규명하려는 것으로, 일진회의 문명개화론의 특성은 무엇이고 국권을 어떻게 인식하였으며 그것이 합방론 논쟁 과정에서 어떻게 변질되는가를 규명하여 일진회가 매국단체로 전락하게 됨을 밝히고 있다. 초기에 일진회는 독립협회와 마찬가지로 문명화된 국가를 지향했으나 상대적으로 민권과 인민의 생명, 재산 보호를 중시하고 국권과 자주독립문제는 상대적으로 경시하는 민권 우선 문명화론을 갖고 있었고, 애국개념을 배제하지도 않았다. 그러나 일진회는 러일전쟁기를 거치면서 매국세력으로 비판받기 시작해, 1908~1909년간의 대한제국의 정치-사회 지형에서 체제를 인정하지 않는 보수유생과 항일의병으로부터 비판받고 같은 체제인정세력이나 노선이 다른 이완용 내각과 일면 연립하고 일면 대립하는 구도 속에서 이완용의 정부당과 동격으로 일진회는 매국노로 규정되어 간다. 일진회는 1909년 12월에 이르러 합방성명서를 발표하고 외교는 공통으로 하면서 내정은 독립시킨다는 정합방을 내세우며 친일과 애국, 동양과 민족의 병진을 주장했으나, 이 과정에서 일진회가 일본의 대륙낭인과 연계된 탓에 일진회의 문명개화론은 민권보다 국권의 강조로 변질되었다는 것이다.

김명섭 교수의 "대한제국의 역사적 종점에 관한 재고찰"은 일본제국이 대한제국에 강박했던 1910년 한일병합조약은 애초에 성립하지 않았다는 한일병합조약무효론과 1910년을 대한제국의 종점으로 설정하고 있는 한국교과서 서술이 논리적으로 상충되고 있음을 지적하고, 1910년 한일병합조약이 애초에 성립하지 않았다는 주장을 견지할 경우 대한제국의 소멸시기와 관련된 가능한 대안적 해석을 모색한다. 그리하여 이 글은 1905년과 1910년의 조약을 무효로 보는 강박무효설을 따른다면 대한제국의 역사적 종점은 1910년에 시작된 일본의 행정적 통치 사실과는 별개로 대한민국임시정부가 출범한 1919년으로 보아야 할 것이라고 주장한다.

이 책을 내는 데 있어 감사해야 할 분이 여럿 있다. 무엇보다도 2010년 국권피탈 반추 학술세미나에서 발표를 해주시고 이 책을 내는 데 동참해 주신 필진들에게 깊이 감사드린다. 그리고 학술세미나 개최와 이 책의 출간을 흔쾌히 후원해주신 심상길 박사에게도 깊이 감사드린다. 심상길 박사는 역경 속에서 기업인으로서 자수성가하고 인천시의회 초대의장으로 활동한 이후에도 만학도로서 박사학위를 취득하는 등 불굴의 입지전적 삶을 산 분으로서, 이 책에 실린 주제를 다룬 세미나의 의의를 남다르게 높이 평가하여 흔쾌하게 세미나 개최와 이 책의 발간을 후원해 주셨다. 전문서적의 출간은 상업성만 고려해서는 좀처럼 이루어지기 어려운 것이 현실이다. 그럼에도 불구하고 기꺼이 이 책의 출판을 수락하고 정성을 기울여 좋은 책으로 만들어 주신 선인출판사 윤관백 사장께 감사드리고, 출판사 편집부 여러분과 출판과정에서 출판사와 필진 간의 연락업무를 맡아준 한국정치외교사학회 김향아 간사에게도 고마움을 전한다.

2012년 1월
한국정치외교사학회 회장   이 재 석

차 례

국권 상실의 국내 정치적 요인 | 최영진
한말 근대화 개혁프로젝트는 왜 실패했나?
- Ⅰ. 머리말: 조선은 왜 몰락했는가   15
- Ⅱ. 개혁주체세력의 한계   20
- Ⅲ. 일관성을 상실한 개혁이념   23
- Ⅳ. 고통을 가중시키는 개혁정책   27
- Ⅴ. 국권 상실의 정치적 기원: 세도정치의 유산   30
- Ⅵ. 맺음말: 무엇을 배울 것인가   34

국권 상실의 경제적 요인 | 이헌창
- Ⅰ. 머리말: 연구 과제   39
- Ⅱ. 대한제국의 국력   40
- Ⅲ. 개항기의 근대화   49
- Ⅳ. 개항기 근대화의 비교사적 평가   52
- Ⅴ. 개항기 근대화를 제약한 요인   65
- Ⅵ. 식민지화로 귀결된 한국사의 경로의존성(經路依存性)   72
- Ⅶ. 맺음말: 식민지화의 책임을 어디에 물을 것인가   78

국권 상실의 정치사상적 요인 | 김정호

Ⅰ. 머리말 87
Ⅱ. 정치권력의 효율성 미약 90
Ⅲ. 대안적 국가통합 이념구조의 미비 94
Ⅳ. 민(民)의 정치적 성장구조의 취약성 106
Ⅴ. 맺음말 109

국권 상실과 일본의 한반도 정책 | 전상숙

Ⅰ. 머리말 113
Ⅱ. 러일전쟁 이후 '황화론'의 고조와 인종주의적 역발상, 아시아주의 115
Ⅲ. 일본 육군의 북진대륙정책과 한국 병합 121
Ⅳ. 일본 대륙국가화의 '교두보', 한반도 131
Ⅴ. 맺음말 139

대한제국 각 정치세력의 국권 상실에 대한 인식과 대응 | 서영희

Ⅰ. 머리말 145
Ⅱ. 통감부의 통치권 장악 과정과 병합정책 147
Ⅲ. 친일내각과 일진회의 정세 인식과 대립 151
Ⅳ. 망명 개화정객의 귀국과 정치적 동향 155
Ⅴ. 권력지향적 계몽운동 단체의 정권참여 운동과 좌절 157
Ⅵ. 맺음말 160

국권 상실에 대한 일진회의 인식 | 김종준
문명화론과 합방론의 관계를 중심으로
 Ⅰ. 머리말   163
 Ⅱ. 일진회 문명화론의 '민권-국권' 인식   167
 Ⅲ. 일진회 합방론에서 국권 상실의 문제   173
 Ⅳ. 맺음말   179

대한제국의 역사적 종점에 관한 재고찰 | 김명섭
 Ⅰ. 머리말   185
 Ⅱ. 한일병합조약이 무효라면,
   1910년 대한제국이 소멸했다고 볼 수 있는가?   187
 Ⅲ. 1907년 광무황제의 황위이양은 유효했나?   198
 Ⅳ. 맺음말   203

■ 찾아보기   209

국권 상실의 국내 정치적 요인*
한말 근대화 개혁프로젝트는 왜 실패했나?

최 영 진 (중앙대학교)

I. 머리말: 조선은 왜 몰락했는가

　19세기 말 근대국민국가를 건설해야 할 시점에서 조선은 붕괴되어 갔다. 비운의 황제 고종이 조선의 국호를 '대한(大韓)'으로 바꾸고 칭제(稱帝) 건원(建元)하면서(1897년) 근대국민국가로 탈바꿈시키려는 노력을 전개했지만 국운을 일으켜 세우기에는 시간이 너무 부족했다. 시간이 충분히 주어졌더라면 어떻게 되었을까 하는 아쉬움이 없는 것은 아니지만 역사는 조선을 기다려주지 않았다. 갑오개혁(1894년)에서 광무개혁(1896년)으로 이어지는 일련의 부국강병 노력에도 불구하고 조선은 일제의 식민지로 전락하면서 역사의 무대에서 사라지고 만 것이다.

　그렇다면 왜 조선은 그렇게 무기력하게 국권을 내놓아야 했을까? 조선의 국권 상실의 원인은 굳이 민족적 감정을 앞세우지 않더라도 일제의 폭력적이고 불법적인 강압에 있다는 것을 쉽게 알 수 있다. 설령 일본 관학자들이 주장하듯이 조선이 무능하고 부패한 국가라 하더라도, 일본이 강압적으로 조선의 국권을 침탈했다는 사실이 사라지지 않는다. 일본이 조선을 불법적으로 강탈한 것은 어떤 논리로도 정당화될 수 없는 범죄행위

---

* 본 논문은 한국정치외교사학회 국권피탈 100주년 기념 심포지엄(2010년7월2일)에서 발표된 것으로 수정 보완한 것임.

일 따름이다.

문제는 약육강식의 제국주의 시대, 외세의 강압과 침탈을 막아낼 수 있는 힘을 키우지 못했다는데 있다. 1905년 을사늑약(乙巳勒約)을 국권 상실의 시점으로 친다면 1876년 개항 후 약 30년의 시간이 주어져 있었다. 고종이 자강(自强) 정책을 효율적으로 추진하기 위해 통리기무아문(統理機務衙門)을 설치했던 것이 1880년 12월의 일이이며, 이로부터도 25년의 시간이 주어져 있었지만 조선은 결국 외세를 이겨낼 힘을 기르지 못하고 보호국으로, 식민지로 전락하고 만 것이다.1) 그 기간 동안 일제를 막아낼 국력을 기르지 못한 것은 조선의 책임이다. 탐욕스러운 제국주의적 욕망이 넘쳐나는 시대에 약소국 조선은 생존의 기로에 서있었고 자신의 주권을 유지할 책임 또한 조선에 있다는 것 또한 부인할 수 없는 사실이다. 일제의 폭력적인 강탈이 조선 국권 상실의 근본적인 원인이기는 하나, 외세의 압력을 막아낼 수 있는 의지와 능력을 기르지 못한 것은 바로 조선의 책임이기 때문이다.

그렇다면 조선의 책임은 무엇인가? 개항 이후 30년간 나름대로 개화-자강 노력을 경주했지만 끝내 일제의 식민지로 전락하고만 조선의 잘못은 무엇일까? 국가의 몰락은 기본적으로 국가능력(state capacity)의 관점에서 볼 수 있다(최영진 2008 ; Mann 1986 ; Giddens 1984, Ferguson & Mansbach 1966). 인적 물적 자원을 최대한 동원(mobilization)하고 이를 효과적으로 운용(maneuvering)할 수 있을 때 국가능력은 극대화될 수 있다. 5백 년 지속된 한 국가가 망했다는 것은 외부 위협에 대응할 수 있는 수준의 국가능력을 상실했기 때문이다. 이런 이유에서 스카치폴(T. Skocpol)은 사회혁명의 원인으로 국가능력의 약화를 꼽았다(Skocpol 1994). 맑스주의자들이 사회주의 혁명의 구조적 원인으로 주목했던 산업화 수준이나 노동계급의 규

---

1) 30년의 시간은 그때나 지금이나 짧은 기간이 아니다. 일본이 미국의 함포사격에 놀라 개항(1854년)한 지 20년 만에 현대식 군함과 대포로 조선을 넘볼 수 있게 되었으며 30년이 채 못되어 청나라와 어깨를 나란히 했다는 점을 감안한다면, 그 기간은 결코 짧지 않다. 우리나라가 한국전쟁의 잿더미에서 중진국으로 도약하는데 이 정도의 시간이 걸렸다는 점도 되새겨볼 필요가 있다.

모보다 사회자원을 동원·통제할 수 있는 국가능력의 상실에서 혁명의 결정적 원인을 발견했기 때문이다.

국가능력은 경제적 차원에서 동원 가능한 물적 자원의 수준으로 평가할 수 있지만 정치적 차원에서는 인적 물적 자원을 동원하고 운용할 수 있는 지배계급의 통치능력(governability)으로 이해된다(Kooiman 2008, 173~177). 외부의 물리적 위협이라는 안보상황을 고려할 때 적정 수준의 군사력을 유지하기 위해서는 일정 수준 이상의 경제력이 있어야 한다는 점을 외면할 수 없다. 일부 경제학자들은 조선의 국권 피탈의 원인으로 조선의 '약한 경제력과 시장경제의 미발달'을 들어왔다(이헌창 201 ; 이영훈 2004). 더욱 정확하게 말하면 조선과 일본 사이의 경제력 차이가 워낙 심대했기 때문에 일본의 제국주의적 야욕을 막아내기 어려웠을 것이라고 진단한다. 그러나 한 국가의 경제력 또한 효과적 정책과 제도, 인적 요소가 결합된 총체적 시스템에 의해 결정된다는 점을 감안할 때, 한 국가의 몰락을 단순히 경제력의 문제로 환원시킬 수 없다. 또한 한 나라의 경제력이 아무리 저열한 수준이라 할지라도 정치엘리트와 대중이 굳게 단결하여 저항할 경우 이를 이겨내기 어렵다는 인류사의 보편적 진실을 감안할 때 국가내 인적·물적 자원을 동원하고 이를 효과적으로 운용할 수 있는 통치능력이 고려하지 않을 수 없다.

이러한 관점에서 볼 때 조선의 국권 상실이 단순히 경제력의 차이를 환원할 수 없으며 개화기 30년간 조선을 통치했던 고종을 비롯한 지배엘리트의 통치능력을 살펴보는 것이 중요하다고 생각한다. 특히 1876년 개항 이후 조선의 지배세력 또한 부단히 근대화 프로젝트를 추진했다는 점을 고려한다면, 이러한 근대화 프로젝트가 실패하게 된 원인을 규명하는 것이 조선의 몰락의 정치적 원인을 이해하는데 중요한 실마리를 제공해줄 수 있을 것이다.

기존의 연구들도 이러한 주장에서 크게 벗어나지 않는다. 김동택(2000)은 지배연합의 붕괴가 국권 상실의 원인이라고 지적한다. 그는 "갑오개혁의 주도세력은 왕을 배제한 관료주도의 근대국가를 구상했음에 반해, 대한제국의 주도세력은 관료를 배제한 왕 중심의 근대국가를 구상하였으며 이 과정에 야기된 치열한 권력투쟁은 왕과 관료 사이의 정치적 균열을 확대·촉진시켰고 이는 결과적으로 조선을 유지해왔던 지배연합의 붕괴로 이어져 국가 쇠퇴를 촉진시켰"다는 것이다. 정용화(2000)는 내부역량을 강화해 내지 못한 지배계급의 보수적 성격을 문제시한다. "적극적 '혁명'이 필요한 시점에 소극적 '경장'으로 대응함으로써 내부역량 결집과 개혁의 호기를 활용하는데 실패"했으며 "'민(民)'의 역량을 여전히 과소평가하고 개혁관료들이 중심이 된 '군신공치'체제를 지향하여 부상하는 '민'의 에너지를 담아내지 못했다"고 비판한다. 윤대식(2008)은 대한제국은 "이전 왕조가 지닌 유가적 통치기제의 건강성과 근대적 입헌체제의 합리성 어느 것도 취합하지 못하는 것이었으며 이전과 이후를 연계하는 것도 아니었다"고 지적하면서 "결국 그것은 혼돈의 산물"이었다고 표현한다. 김동노(2004)는 국가의 자원추출능력에 주목하면서, "두 국가개혁운동[갑오개혁·광무개혁]이 가진 상이성에도 불구하고 이들은 공통적으로 개혁에 필요한 자원의 동원에 실패했다는 한계"를 지녔기 때문에 제한된 결과밖에 거두지 못했다고 설명한다. 이들의 주장을 종합하면 당시 지배엘리트가 무능하고 분열했기 때문에 나라를 빼앗겼다는 통념과 큰 차이가 없다.[2)]

한말 국권 상실의 원인이 조선의 지배엘리트가 무능했기 때문이라면, 그러한 무능은 어떤 모습으로 존재했고, 왜 그렇게 무능할 수밖에 없었는가 하는 점을 생각해 보는 것이 필요하다.[3)] 인간 개인은 개체적 관점에서 보면 누구나 비슷한 수준의 지적 능력을 갖고 있다. 그러나 개인적으로 유사한 능력을 갖고 있다 하더라도 집합적 차원에서는 무능할 수 있다. 따라서 '집단적 무능(collective incompetency)'은 개인적인 것이 아니면 사회적이고

---

2) 물론 이러한 관점이 최근 역사학계에서 이루어지고 있는 '고종시대 재조명'을 반대하거나 거부하는 것은 아니다. 국권은 상실했지만 광무개혁을 통해 고종이 이루고자 했던 노력과 열정은 인정받을 수 있기 때문이다(이태진 2000).
3) 무능과 분열은 개체적으로 구분되지만 집단적으로는 특정 집단이 분열할 경우 무능할 수밖에 없기 때문에 분열은 무능의 원인으로 간주될 수 있다. 따라서 이 글에서는 조선 지배엘리트의 분열적 양상 또한 그들의 무능함에 포함된 것으로 간주한다.

역사적이며, 그렇기 때문에 다분히 정치적인 것이다.[4]

이 글에서 필자는, 이러한 집단적 무능의 원인으로 고종을 중심으로 진행된 근대화 개혁프로젝트의 실패를 문제 삼고자 한다. 개화기 조선은 국제정세에 어두웠고 군사력도 중세적 저열함에서 벗어나지 못한 상태에 있었지만, 그 후 30년간 고종을 중심으로 근대국가를 수립하기 위한 일련의 개혁작업을 추진했던 점에 인식할 필요가 있다. 개명군주로 고종의 위상을 복원하고자 하는 학문적 노력도 이러한 관점에서 비롯된 것이지만(이태진 2004), 중요한 것은 그러한 개혁작업이 성공적으로 추진되지 못했다는 데 있다(이태진·김재호 외 2005). 우리가 주목해야 할 것은 고종의 의도와 바람과 무관하게 이러한 개혁이 성공적으로 추진되지 못함으로써 서세동점(西勢東占)의 격동기 국권을 수호하지 못할 정도로 국가능력이 열악해져버린 조선의 현실이다.

어떤 개혁이든 성공하기 위해서는 △유능하고 신뢰할 만한 개혁주체세력이 있어야 하고, △설득력 있고 일관된 개혁 이념이 설정되어야 할 뿐만 아니라 △개혁 성과가 가능한 빨리 향유될 수 있어야 한다. 이러한 요건들이 적절히 결합될 때 개혁의 성공을 기대할 수 있다. 여기서 가장 중요한 요소는 역시 개혁주체세력이다. 개혁주체세력은 근대화 개혁의 필요성을 납득시킬 수 있는 개혁이념으로 무장해야 하며, 개혁과정에서 발생하는 수많은 정치적, 경제적, 사회적, 문화적 장애를 극복할 수 있을 만큼 개혁역량을 갖추어야 한다. 특히 개혁주도세력은 자신들의 도덕성과 헌신적 모습을 통해 대중적 신뢰를 확보하는 것이 무엇보다 중요하다. 아무리 훌륭한 개혁프로그램이 제시되더라도 개혁주체세력의 행태가 개혁 가치와 불일치하거나 도덕적으로 문제가 있을 때 개혁은 성공하기 어렵다. 개화기 30년의 시간 동안 고종과 개화파 엘리트가 중심이 된 근대화 개혁이 어떻게 수행되었는지, 개혁주체세력의 능력, 이념적 일관성, 개혁의 고통을 중심으로 살펴본다면, 풍전등화의 국운을 걸고 추진되었던 한말 30년의 근대

---

[4] 국가적 차원에서 무능은 그것이 '집단적'이라는 점에서 문제가 되기 때문에, 무능 자체보다 집단적이라는 점에 방점을 찍어야 한다.

화 프로젝트가 어떻게 좌절될 수밖에 없었는지, 그리고 그 결과 조선의 국가능력이 어떻게 약화되어갔는지를 설명할 수 있을 것이다.5)

II. 개혁주체세력의 한계

그렇다면 조선의 개혁주체세력은 누구이며 어느 정도의 개혁역량을 갖추고 있었던 것일까? 근대화의 관점에서 볼 때 한말 개혁주체는 단연 고종과 개화파 측근세력이라 할 수 있다. 고종은 1873년 친정(親政)하면서 가장 먼저 한 일이 대원군의 쇄국정책을 전면 재검토하는 일이었다. 고종은 친정 이전부터 국제정세에 깊은 관심을 갖고 있었으며 어떤 식으로 든 개항할 수밖에 없다는 점을 인식하고 있었던 것으로 보인다(이태진 2000 ; 안외순 1996). 1876년 조일수교 이후 서구 열강들에게 문호를 개방했으며 국제정세를 파악하기 위해 적극적으로 노력했다(김현철 2005). 그리하여 1880년 자강 프로젝트를 집행할 최고권력기구인 통리기무아문(統理機務衙門)을 설치하고 고종이 직접 나서 근대화 개혁을 추진하였다. 갑신정변(1884년)과 중국(청)의 개입으로 잠시 주춤했지만 고종 직속의 내무부(內務府)를 설치하고 군왕주도의 근대화를 지속시켰다. 갑오·을미개혁(1894, 1895년)으로 잠시 주도권을 신료들에게 넘겨주었지만 아관파천(俄館播遷)으로 주도권을 회복한 후 대한제국으로 이어지는 광무(光武)개혁(1897~1904년)을 단행하면서 개혁의 주도권을 놓지 않았다. 개항에서 국권 상실에 이르는 30년 기간 동안 근대화 개혁에 관한 한 고종과 측근세력이 주도권을 행

---

5) 근대화 개혁을 중심으로 살펴볼 때, 가장 중요한 논점은 역시 개혁주체의 국가인식, 대외의식, 대응방식 등에 관련된 것이라 생각한다. 행위의 기원은 인식에 있기 때문에 당시 고종을 비롯한 개혁주체세력이나 신민들이 어떤 국가인식을 하고 있었으며 대외적 위기상황에 어떻게 대응해야 하는지를 이해하는 것이 중요하기 때문이다. 그러나 이에 대해서는 이미 필자의 연구 "한말 국권 상실의 정치사회적 기원"(1999)이 있기 때문에 본 연구에서는 반복할 필요가 없다고 보고, 개혁프로젝트에 관련된 논의에 집중하고자 한다.

사했으며, 주도권을 상실한 시기는 고작 3~4년에 불과하다.[6] 따라서 고종과 측근세력이야말로 한말 근대화 개혁을 추진한 개혁주체세력으로 간주할 수 있다(은정태 1998).

개혁이 성공하기 위해서는 이들 개혁세력이 대다수 공동체 구성원으로부터 신뢰받는 집단이 되어야 한다. 개혁세력에 대한 신뢰가 있어야 그들이 추구하는 개혁정책에 대한 지지가 가능하기 때문이다. 조선의 독립과 자강개혁을 주도했던 조정(朝廷)에 대한 신뢰가 얼마나 높으냐에 따라 자강과 근대화 개혁의 성공가능성도 높아지는 것이다. 신뢰의 가장 기본적인 지표는 개혁이 누구를 위한 것인가 하는 점이다. 개혁의 주체와 목표가 백성을 위한다는 점에 동의가 있어 개혁의 성공가능성은 높아진다. 개혁이 일부 집권세력의 이익이나 몰락하는 왕실의 안위를 위한 것이라면, 개혁에 대한 지지는 사그라질 수밖에 없다. 동학란(東學亂)이라 불렸던 갑오농민전쟁은 그런 점에서 매우 시사적인 사건이었다. 1차 농민전쟁에서 정부군과 농민군의 충돌이 있었지만 폐정개혁에 동의하는 조건으로 원만히 해결되었다. 그러나 척왜(斥倭)를 내세우고 봉기한 2차 농민전쟁에서 새로운 전선이 형성되었다. 일본군이 참전, 조선의 관군과 연합하여 농민군을 토벌함으로써 조선의 정부가 누구를 위한 정부인지 혼란스러워지기 시작했다. 왕궁을 침범하고 왕비를 시해한 일본을 성토하기 위해 봉기했지만 오히려 조정은 일본군과 한편이 되어 농민군을 공격하는 상황이 벌어진 것이다. 그 후 동학난의 주동자와 참가자를 색출하기 위해 강행된 남선(南鮮)대토벌 과정에서 조선의 관리들이 보여준 반민중적 친일적 형태는 조선의 백성으로 하여금 조정이 누구의 편인지 의심케 하는 계기를 만들었다. 그 후 척왜(斥倭)를 주장하면서 봉기했던 수많은 의병궐기에서도 이러한 모습은 반복적으로 재연되었다.

---

[6] 고종이 주도권을 유지할 수 있었던 것은 개화파세력의 친일혐의 때문이다. 일제가 조선에 저지른 만행, 특히 을미사변과 갑오농민전쟁 이후 궁궐침범, 남선대토벌의 잔혹함, 그리고 경제적 수탈행위에 대한 혐오감이 컸기 때문에 친일세력에 대한 거부감이 지배적이었다. 따라서 친일 개화파에 대한 국민적 거부감 때문에 이념적 명료함에도 불구하고 민권개화파가 주도권을 장악하지 못했다.

고종을 비롯한 개화파에 대한 일반 백성들의 신뢰는 몹시 낮은 것이었다. 아래로부터의 요구를 경청하고 수용할 생각은 하지 않고 외세의 힘으로 억압하려 했던 것이 조선의 조정이었다. 백성들은, 개화(開化)를 통해 부강한 자주독립국가를 건설하겠다고 했지만 기회만 있으면 외세의 힘을 빌려 권력을 장악하려는 이들이 개화파라는 생각을 가졌을 것이다. 외세의 개입이 있으면 백성과 힘을 합쳐 막으려 하지 않고 외국 공사관으로 도망갈 궁리만 하고 있는 왕실에 대해 깊은 신뢰를 기대하는 것은 어렵다.

고종연간에 권력을 장악한 이들은 여흥 민씨(驪興 閔氏) 척족과 측근세력들이다. 고종연간에 1천여 명의 민씨 척족이 관직에 오르면서 '민씨 세도정치'니 '민씨 척족정권'이라는 말이 나올 정도였다(은정태 1998). 고종의 입장에서 고루한 중신보다 자신에게 충성할 수 있는 처가 식구가 왕권강화나 자강정책에 더 편한 파트너가 되었음은 말할 나위가 없다. 특히 경복궁 폭파사건이 발생하고 위정척사파를 중심으로 한 반정(反正) 움직임이 끝이지 않는 상황에서 권력의 동반자인 왕비척족세력이야말로 가장 안정한 측근세력이었을 것이다. 그러나 이러한 편향적 인사는 권력의 공공성과 도덕성을 훼손하는 부정적 결과를 초래할 수밖에 없다. 이미 60년 세도정치를 경험한 조선에서 또다시 외척이 권력을 농단하는 일이 발생한 것이다. 순조나 철종시기의 세도가와 고종연간의 민씨세력은 질적으로 다른 것이라 할지라도 일반인의 시각에서는 특정 집단이 국가권력을 독점하고 있다는 생각을 지우기 어려울 것이다.

당시 사회적으로 인정받지 못하는 계층이 개혁의 중심세력이 되었던 것도 이들에 대한 신뢰를 약화시키는 이유 중 하나였다. 광무개혁기에 고종의 총애를 받았던 이용익, 이근택, 이기동, 길영수, 이유인 등은 하나같이 한미한 집안 출신으로 알려져 있다(김병우 2001 ; 은정태 1998). 고종이나 민비와 특별한 인연으로 특별히 기용되어, 능력이 출중했기 때문에 고위직으로 활용했겠지만,[7] 집안을 중시하는 조선의 양반세력이 볼 때, '인정

---

7) 이용익, 이근택, 이기동 모두 임오군란 때 민비를 도왔던 이들이다. 민비와 고종에 대한 충성심 하나로 출세하여 대한제국 시기 권력의 핵심을 차지했다.

하기 어려운' 존재들인 것이다. 외척이 권력을 독점한다는 점에서 세도기와 고종연간이 별 차이가 없어 보이지만 계층적으로 '인정하기 어려운' 자들이 민비나 고종과의 사적인 관계로 관직을 차지하는 것은 정부에 대한 신뢰를 더욱 약화시키지 않았을까.

그렇다고 그들이 그리 유능했던 것 같지 않다. 궁내부에서 추진한 각종 근대화 사업이 제대로 성과를 내지 못하고 역사 속으로 사라진 것이 재정 부족과 외세의 간섭 때문이라고만 할 수는 없다. 그나마 기록에 남는 사업이 양전지계사업(量田地契事業)이다. 국권 수호에 가장 중요한 사업이 무비자강(武備自强) 사업이었다. 그러나 1874년부터 공을 들여 양성한 신식 군대도 결정적인 순간에는 아무런 도움이 되지 못했다(양상현 2006). 광무개혁 연간에 국가재정의 40%에 가까운 자금을 들여 군대를 양성했지만 막상 일본군이 한성으로 진군하자 제대로 한 번 싸워보지도 못하고 무장해제된 것이 조선의 신식군대였다.

고종을 중심으로 한 개혁주체세력은 근대화의 기치를 높이 쳐들었지만 아래로부터의 신뢰를 확보하기 어려운 형태를 보였다. 그렇다고 특별히 유능한 능력을 보여주지도 못했다. 고종 주도의 개혁은 주체세력에 대한 '신뢰의 위기'라는 근원적 어려움에 놓여있었던 것이 아닌가 한다.

III. 일관성을 상실한 개혁이념

어떤 개혁이든 개혁이 성공하기 위해서는 일관성 있고 설득력 있는 개혁이념이 설정되어야 한다. 상황에 따라 개혁 프로그램이 달라지거나 상호모순된 주장이 유포될 때 개혁은 추동력을 잃고 표류하게 되는 것이다. 가능한 많은 사람들이 납득할 수 있는 개혁프로그램을 제시하는 것도 매우 중요한 일이다. 지나치게 고루한 생각도 문제이지만 과도하게 앞서가는 이념도 설득력을 획득하기 어렵다. 개혁의 폭과 깊이가 심대할수록 개혁이념의 일관성과 설득력이 개혁의 성공에 미치는 영향은 크기 때문에 개혁주도세력은 개혁프로그램의 방향과 내용을 설정하는데 있어 현명한 결정을 내려야 한다.

개혁의 일관성 측면에서 볼 때 조선의 대외정책은 혼선과 혼돈으로 가득 차 있다. 대원군 집권기 위정척사(衛正斥斯)의 기치(旗幟) 아래 강경한 쇄국정책을 고수하면서 양이(洋夷)와의 물리적 대결까지 불사했다. 병인양요(丙寅洋擾)와 신미양요(辛未洋擾)에서의 승리에 고무된 대원군은 전국에 척화비(斥和碑)를 건립하면서 거국적인 위정척사운동을 전개했다. 10년간의 대원군 집권기 내내 서학(西學)을 철저히 탄압했고 오로지 척사의 깃발 아래 조선을 결집시켰던 것이다.[8] 그러나 고종이 친정한 지 3년 만인 1876년 일본과 조일수호조약(朝日修好條約)이 체결됨으로써 조선의 대외정책은 정반대의 길을 걷게 되었다. 500년 동안 고수되었던 화이론적 세계관이 일거에 붕괴되는 충격을 상상하기는 어렵지 않을 것이다. 극단적 쇄국론에서 개방적 균세론(均勢論)으로 전환이 이루어지는 시점이었다. 조약 체결 소식이 전해지자 전국 유생들의 분노가 들끓기 시작했다. 최익현은 "겁나서 화친하게 된다면 당장은 한 숨 돌릴 수 있겠지만 결국 나라는 망하게 될 것"이라는 경고를 보냈다(『고종실록』 13권, 13년 1월 23일). 조정은 일본(倭)과 서양(洋夷)을 구분함으로써 조일 간의 조약과 서양과의 화친은 별개의 것이라는 점을 강조하면서 유생들의 비난을 피하려 했지만, 당시 대부분의 조선 사람들이 경험해야 했던 인식론적 혼란을 짐작하기 어렵지 않다. 대외정책 변화의 가장 극적인 순간은 1882년 대원군 시절[1871년] 전국 각처에 건립된 척화비를 철거한 것이다. 그러나 문제는 척화비를 뽑아버린다고 해서 500년 동안 조선 유생의 마음과 머리에 담겨진 화이론적 세계관을 한순간에 없애버릴 수 있는 것이 아니라는 점이다. 개화 정국 내내 이 두 세계관이 격렬하게 충돌하면서 민중적 저항과 반발을 초래했던

---

[8] 그러나 경복궁 중건과 전쟁비용 마련에 들어가는 재원을 마련하기 위해 과다한 세금이 징수되었으며 이에 대한 불만이 고조되었다. 경복궁 중건공사 중단, 가혹한 세금징수 그만둘 것, 당백전 혁파, 문세(門稅) 금지를 주장하는 상소하게 상주되었다 (조재곤 2003, 23).

점은 전통적 사유의 지속성을 웅변해 준다.

주변국가 간의 선린관계에 있어서도 '위태로운 그네타기'가 지속되었다. 약육강식의 제국주의 시대에 조선과 같은 약소국이 자신의 독립과 근대화를 지원해 줄 든든한 후원국가를 갖는 것은 무엇보다 중요한 일이다. 개항 이후 고종을 비롯한 조정 대신들도 개항 이후 조선 조정이 보다 체계적으로 제국주의 국제질서를 이해하기 시작하면서9) 조선의 조정이 선택한 대외정책은 열강 간의 세력균형[均勢論]을 이용하여 조선의 국권을 지켜내자는 것이었다. 문제는 어느 나라가 가장 유리한 파트너가 될 수 있느냐 하는 점이었다. 처음에는 『조선책략』에서 권유했던 '연미론(連美論)'에 따라 미국을 생각했다(조항래 1982). 그러나 미국은 멀리 떨어져 있어 침략의 위험은 적지만 그만큼 무기력했다. 임오군란으로 곤혹을 치른 민비세력은 청에 의존하여 권력을 장악하였다. 서울을 장악한 청은 대원군을 압송하고 그들 방식의 개혁을 요구했다. 청의 개입이 심해지자 일단의 개화파 관료들은 일본의 군대를 배경삼아 급진적 개혁을 추진하려 했다[甲申政變]. 청일전쟁 이후 삼국간섭에서 러시아의 실력을 간파한 고종과 민비는 러시아에 의존하기 시작했다. 그렇게 20여 년 동안 고종과 개화파들은 상황에 따라 자신의 정치적 필요에 따라 청군을 요청하기도 하괴[壬午軍亂] 일본군의 지원을 받기도 하고, 급하면 러시아공사관으로 피신하는[俄館播遷] '편리한' 대외관계를 만들어 나갔다. 이러한 '위태로운 그네타기'는 조선의 대외정책에 대한 깊은 불신을 가져오면서 국내외 지지기반의 상실로 이어졌음은 당연한 일이다. 설령 개화에 찬성하는 개명유자의 입장에서도 이러한 조정의 모습에 실망하고 좌절했을 것이다. 조정에 대한 불신, 즉 신뢰의 위기에서 개혁의 추동력도 약화될 수밖에 없다.

국내정치에서도 이러한 일관성의 상실과 혼란상은 그대로 발현되었다. 개혁을 담당하는 기구는 수시로 바뀌고 개혁프로그램도 지속성 있게 추진되지 못했다. 1880년 고종은 자강정책을 효율적으로 추진하기 위해 기존의

---

9) 『만국공법』, 『조선책략』, 『이언(易言)』 등의 저술이 조정을 비롯한 조선 식자들의 국제인식을 변화시키는데 적지않은 역할을 했음은 주지의 사실이다(이광린 1999).

의정부 행정기구를 그대로 둔 채 통리기무아문(統理機務衙門)을 설치하였다. 그러나 임오군란이 진압된 후 1882년 통리군국사무아문을 다시 설치하고 그해 7월에 기무처를 궁내에 설치하였다가, 12월에는 외교를 담당하는 통리교섭통상사무아문(외아문)과 내정을 담당하는 통리군구사무아문(내아문)으로 명칭 변경했다. 그 해가 가기 전에 삼군부와 기무처를 내아문에 통합하여 군국사무의 중심으로 삼았다가, 1884년 갑신정변으로 다시금 혼란을 겪은 후 궁부일체론(宮府一體論)을 주장하는 대신의 주장에 밀려 내아문은 의정부에 통합하였다. 고종은 얼마 후 궁내시무를 전담할 내무부를 설치하여, 외교와 군사 등 대외교섭과 자강프로젝트를 담당하게 하였다. 1894년 갑오개혁으로 인해 잠시 내각중심의 국정이 이루어졌으나 광무개혁을 추진하면서 황제직속의 궁내부(宮內府)를 설치, 무비자강과 재정, 근대화 개혁을 총괄하는 사실상 최고의 권력기구를 확대시켜 나갔다(왕현종 2001 ; 김영수 2008). 이렇게 잦은 행정기구 개편이 있었던 것은 외세의 개입과 그에 동반하는 개혁주도세력의 변화로 인해 불가피한 부분도 있지만 효율적인 개혁추진에는 적지 않은 장애가 되었음이 분명하다(서영희 1990 ; 오진석 2007).

더욱 문제가 되는 것은 고종의 직속기구로서 개혁을 주도했던 내무부나 궁내부가 공식적인 의정기구를 압도하면서 파행적 국정운영이 불가피해졌다는 점이다. 대표적인 예가 광무개혁 연간의 황실재정을 담당한 내장원(內藏院)이 사실상 정부재정을 장악하고 통제한 것이다(김재호 2000). 만성적인 재정적자에 시달리는 조정의 입장에서 부족분을 내장원에서 조달할 수밖에 없었고, 차입금을 변제하는 과정에 정부의 세원(稅源)을 내장원으로 넘기는 일이 발생하게 되었다. 따라서 고종이 임의를 운용할 수 있는 내장원 예산이 정부 재정의 절반 수준으로 확대되는 파행적 구조가 만들어진 것이다(박성준 2007).[10]

---

10) 이처럼 고종과 측근근위세력 중심의 국정운영은 고루한 대신들을 우회함으로써 고종의 의지를 직접적으로 반영할 수 있다는 점에서 효율적일 수 있었다. 하지만 부정적인 관점에서 보면 고종의 자강개혁이 조선 전체를 위한 것이 아니라 황실의 영광

고종의 근대화 개혁은 이념적 차원이든 제도적 차원이든 일관성을 갖지 못하고 매우 혼란스러운 모습을 보여주었다. 자강개혁을 효율적으로 추진하기 위해 설치한 여러 가지 이름의 왕실 직속기구들도 국제정세의 변화와 외세의 개입에 의해 자주 개편되었고, 정책들도 일관성을 갖지 못해 표류하는 경우가 많았다. 이런 상황에서 실효성 있는 개혁이 추진되기 어려운 것이다. 광무연간에 적지 않은 개혁의 성과를 무시할 수는 없지만, 일본제국주의에 대항할 수 있는 국가능력을 배양하는 데는 성공하지 못했다는 점 또한 외면할 수 없다.

Ⅳ. 고통을 가중시키는 개혁정책

개혁에는 비용이 지불되어야 하며 과정상의 어려움을 견뎌낼 수 있어야 한다. 즉 개혁이 성공하는데 있어 적지 않은 재정적 사회적 비용을 지불해야 그 성과를 맞볼 수 있다는 것이다. 그럼에도 불구하고 어떤 개혁이든 감당하기 힘든 비용이나 변화를 요구할 때 저항에 봉착할 수밖에 없으며, 개혁에 대한 지지기반을 협소하게 만드는 결과를 초래한다. 가능하다면 투입에 상응하는 결과를 직접적으로 향유할 수 있을 때 개혁에 대한 지지는 증대될 수 있다.[11]

그러나 개화기 전후 조선의 개혁은 늘 과도한 비용과 양보를 요구하는 것이었기 때문에 개혁에 대한 지지와 신뢰를 약화시키는 결과를 초래했다.

과 치부를 위해 추진되는 것이 아닌가 하는 우려를 갖게 하였다. 신설되는 많은 세원들은 대부분 황제의 사금고인 내장원에 귀속되었고, 재정의 40%까지 투입하며 양성한 신식군대도 국방을 위한 것이기 보다 황제를 근위(近衛)하기 위해 육성되었다. 막대한 비용을 들여 추진한 칭제건원 관련 행사들도 불필요한 사치로 비판받고 있다(이윤상 2003).

11) 성공적인 개혁작업은 구체적이고 직접적인 보상에 의해 지지를 확대할 수 있다. 예컨대 새마을운동에서 추진되었던 많은 일들은 그 혜택이 보다 직접적이고 투입에 비례하는 것이었기 때문에 성공적으로 추진될 수 있었다. 지붕개량운동이나 아궁이 개선사업, 도로포장, 경지정리 등 직접적인 혜택을 가져오는 개혁사업이었다.

한말 조선의 개혁은 대원군에서부터 시작된다. 고종 즉위와 함께 정권을 장악한 대원군은 70년간 세도를 부렸던 외척 벌열가문을 억압하고 과단성 있는 개혁조치를 단행했다. 양반에게도 호포(戶布)를 납부하게 하고 서원의 면세도 철폐하는 등 양반이 누려왔던 특혜를 대폭 축소하고 삼정(三政)의 문란을 차단하기 위해 과감한 개혁을 전개했다. 그러나 문제는 왕실의 위엄을 높인다고 추진한 경복궁 재건사업이 엄청난 재정부담을 가져와 결국 농민을 비롯한 백성의 세금부담을 가중시키는 결과를 초래했다. 특히 당백전이라는 악화를 주조하여 경제에 적지 않은 혼란을 초래한 것도 이때 일이다. 최익현이 잘 지적했듯이 백성의 고통을 고려하지 않는 과도한 왕궁건설 토목공사는 백성들의 불만과 저항만 증폭시킬 따름이었다(김도형 1983).

1881년 추진된 별기군(別技軍) 양성사업은 구식군인들의 불만을 증폭시키면서 임오군란의 계기를 마련했다. 군제개혁으로 창설된 별기군이 고종의 특별대우는 받는 대신, 구식군대에 대한 처우는 점점 나빠졌기 때문에 궐기하여 궁궐까지 장악했던 것이다. 대원군의 정략적 의도가 결합하여 비화되기도 했지만, 개혁의 후유증이 이곳저곳에서 터져 나오기 시작했다(최병현 2000).

더욱 심각한 것은 개항으로 조선에 들어온 일본의 경제적 침투가 농촌경제를 좀먹어가고 있었다는 데 있다. 1876년 개항 이후 물밀듯이 들어온 일본상인들은 조선 농민을 상대로 폭리를 남기는 약탈적인 무역을 주저하지 않았고 돈 없는 농민들을 대상으로 고리대금업을 하면서 이득을 취했다. 고종은 일본으로의 쌀 수출을 막기 위해 방곡령(防穀令)을 내려야 할 지경이었다. 이러한 일본상인들에 대한 적대감은 깊어갔고 동시에 개항정책을 단행한 고종에 대한 거부감 또한 심화되었다. 고종의 대외개방정책의 부담은 재정부담의 증대에서도 나타났다. 개항 이후 내외국 사절의 증대로 비용이 크게 확대되었고, 각종 배상금은 막대했다. 이러한 부담은 대부분 농민에게 세금으로 전가되었다. 세금 자체도 늘어났지만 징수과정에서 관리들의 수탈도 가중되어 농민들은 이중삼중의 세금부담에 허덕여야 했다(이영호 2003).

　좋은 의도로 한 고종의 개혁정책이지만 현실을 고려하지 않았기 때문에 오히려 농민에게 커다란 고통이 된 것도 많다. 대표적인 것이 갑오개혁때 실시한 조세의 금납화(金納化)이다(유영익 2003). 당시 아직까지 화폐가 농촌까지 광범하게 유통되지 않았기 때문에 농민들이 세금을 내기 위해서는 미곡을 화폐로 교환해서 납세해야 하는 이중의 절차를 거쳐야 했다. 은행도 설립되지 않은 상황에서 농민이 감당해야 할 고통은 적지 않았다(오진석 2007 ; 이영호 2006).

　아무리 근대적 개혁이라 하더라도 과도하게 전통적 사유와 삶을 훼손하는 것은 심각한 저항을 초래할 수밖에 없다. 심리적 차원에서 거부감이 가장 컸던 것은 역시 단발령(斷髮令)이다. 조선 선비에게 '상투'는 특별한 의미를 가지고 있다. 신체발부(身體髮膚)의 응축으로서 부모와 자신을 이어주는 신성한 연결고리와 같은 것이다. 일반 국민들은 "목을 자를 수 있으나 머리털은 자를 수 없다"고 규탄하면서 강력히 반발했다. 민비의 죽임보다 오히려 단발령이 을미의병의 확산에 더 중요한 요인이 되었다는 점을 감안한다면, 근대화 개혁에 대한 저항이 얼마나 심대했는지를 이해할 수 있다(이민원 1998 ; 장현근 2003 ; 이영호 2003).

　대한제국이 수립되고 광무개혁이 시작되면서 고종 주도의 근대화정책이 본격적으로 추진되었다(이태진 2000 ; 이민원 1989 ; 박현모 2009). 하지만 일반 국민의 입장에서 보면, 광무개혁은 더 큰 고통과 희생을 요구하는 정책으로 가득 차 있었다. 우선 내장원의 세수를 확대하기 위해 다양한 세원을 개발하면서 잡세(雜稅)를 늘려나갔다. 잡세의 확대가 탐관오리의 수탈적 징세행위와 결합하면 농민이 감당해야 할 고통을 상상하는 것은 어렵지 않다. 이때 실시된 근대적 토지조사사업이었던 양전(量田)지계(地契)조사사업 또한 사업비용을 농민에게 부담시켰으며, 잘못된 조사와 부당한 징세로 인해 수많은 농민궐기를 초래했다(왕현종 2003). 양전사업의 속성상 지금까지 숨겨진 면세전(免稅田)을 발굴하여 세원으로 삼겠다는 것이 중요한 목표이기 때문에 농민이나 지주가 지출하는 세금부담이 늘어날 수 있다. 문제는 소유관계가 불확실하거나 농민들이 힘들여 경작한 땅을 국유지로 판정해서 소유권을 빼앗고 과다한 세금을 요구하는 것은 농민의 재산권을 침해하는 것이기 때문에 묵과할 수 없는 일이었다. 양전지계사업 내내 들끓었던 농촌의 분위기를 고려한다면 역사적 해석보다 더 중요한 현실적 고통을 감안할 필요가 있다(이영호 1990).

개혁과정에서 좋은 의도로 시작한 일이지만 오히려 더 큰 고통을 강요하고 있다면, 그러한 개혁은 실패할 가능성이 높다. 설령 장기적인 혜택이 분명하다 할지라도 개혁의 비용이 감당하기 어려울 만큼 심대하다면 대부분의 백성들은 개혁에 동의하지 않을 것이다. 조선의 개혁이 조선의 독립과 자주를 추구하기 위한 것이었다면 더욱 심각한 결과를 가져올 수밖에 없다.

V. 국권 상실의 정치적 기원: 세도정치의 유산

고종과 측근근왕세력들의 자강 노력에도 불구하고 근대화 개혁프로젝트가 실패로 귀결된 원인 가운데 하나가 개혁주체세력의 집단적 무능이라면, 이러한 문제를 야기한 구조적 조건을 탐색하는 것이 필요하다. 국가의 개혁역량은 결국 개혁을 담당하는 지배엘리트와 행정관료의 역량의 총합이다. 유능한 인재가 적재적소에 배치되어 있어 능력과 성과에 따라 보상받는 시스템이 구축되어 있다면 국가능력도 극대화될 수 있을 것이다. 따라서 조직적 차원에서나 개인적 차원에서 개혁역량은 무엇보다 유능한 인재를 적재적소에 배치하는 데서 출발한다. 인간의 능력이 큰 차이가 없다면 집단적 개혁역량은 공정한 인사에 있음을 알 수 있다.

이런 점에서 고종연간의 편향적인 인사와 매관매직(賣官賣職) 관행은 개혁에 필요한 적정수준의 역량을 갖춘 관료조직을 만들기 어렵다는 것을 짐작케 한다. 매관매직은 조선후기, 특히 세도정치기 일반적인 현상이었다(김용흠 2006). 고종연간에도 매관매직의 형태는 사라지지 않았고, 관직에 따라 적정 금액에 매겨져 있을 정도였다. 탐관오리의 수탈과 착취가 사라지지 않고 극성을 부리는 이유도 매관매직의 악습에서 연유하는 바 크다. 1882년 임오군란이나 1894년 갑오농민전쟁이 일어난 것은 일선 행정관리들의 중간수탈과 가혹한 착취 때문이다(신용하 1993). 신식군대를 만들어 군사력을 키우겠다는 것이 고종의 마음이었지만 구식군대에 대한 차별과 중간수탈을 막아낼 만큼 충분히 현명하지 못했다. 국가재원을 확대하기 위해 은결(隱結)을 찾아 세금을 물리겠다는 것이 고종의 생각이었지만 조정의 조세확대정책은 중간관리들을 수탈을 조장하는 꼴이 된 셈이다(오진석 2007 ; 윤대성 2001). 매관매직이 일반화된 관료사회에서 효율적이고 책임있는 행정을 기대할 수 없다. 특히 하위관직의 경우 매관매직을 척결하지 않을 경우 어떤 개혁도 성공하기 어렵다.

특히 광무연간에 최고 권력기구였던 궁내부를 충성스런 고종의 측근세력으로 채웠다는 것은 개혁역량을 보장할 수 없는 일이다(서영희 1990 ; 오연숙 1998). 어느 시대건 위기를 극복하기 위해서는 많은 인재를 등용하여 국가역량을 극대화하는 것이 중요하다. 일본의 메이지 유신이 성공했던 것도 따지고 보며 걸출한 인물들이 등장했고 그들의 능력이 발휘할 수 있는 정치 환경이 만들어졌기 때문이다. 안타깝게도 개화기 조선에서 이러한 인재들이 확보되지 못했다. 갑오년 이후 고종은 철저히 자신의 측근에 의존해서 국정을 운영했고 다른 사람들을 신뢰하지 않았다. 국가권력은 군왕 직속기구인 궁내부와 의정부로 이원화 되어 있었고 체계적으로 통합되지 못했다. 의정부 대신 또한 소수의 지배층에서 크게 벗어나지 않았다. 갑오개혁에서 을사늑약까지 등장하는 대신들의 이름이 크게 다르지 않는 이유는 더 많은 인재들을 발굴하고 등용하지 못한 저간의 사정을 반영한다.

조선의 인재풀이 이렇게 협소해진 것은 집단간 권력경쟁이 치열하게 전개되면서 권력투쟁에 밀린 세력은 배제되는 과정을 밝았기 때문이다. 집권세력이 자신들의 사람으로 권력을 독점하고 입장이 다른 이들은 철저히 배제하는 과정에서 권력투쟁은 더욱 격렬하고 배타적인 방식으로 전개된다. 과도한 분열이 조선정치의 한 특성이긴 하지만 특정 세력이 관직을 독점하면서 다른 세력을 거의 완전한 수준으로 배제하는 것은 세도정치의 유산이다.

세도정치라는 말이 본격적으로 사용된 것은 순조시기 안동 김씨 문중이 주요 관직을 독차지하면서 권력을 독점했던 권력구조를 일컫는 것이다. 정조 즉위 초 '홍국영세도'란 말이 잠시 나왔지만, 본격적인 세도정치는 순조에서 철종에 이르는 60여 년간의 일이다. 조선후기까지 특별히 부각되지 않았던 세도정치가 조선 말기에 등장하여 지배적 권력구조로 구축된 것은 이조전랑(吏曹銓郎)의 혁파와 깊은 연관성이 있다. 전랑은 조정에서 권력비판기능을 담당했던 삼사(三司) 하위직 인사를 관할하는 직책이었기 때문에 권력내부의 비판기능을 활성화하는데 매우 중요한 자리였다(이근호 2009). 그러나 영조연간에 당쟁을 근절한다고 이조전랑직을 혁파함으로써 인사 등에 있어 특정 세력이 권력을 독점하는 것이 가능해진 것이다(정만조 1986).[12] 안동 김씨세력을 조정의 주요 요직을 독점할 수 있었던 것도 경국대전체제에 내장된 고도의 견제와 비판기능이 상실되었기 때문에 가능한 것이었다.

세도정치란 사실상 인사권과 대간권을 특정 문벌이 장악하고 권력을 독점하는 것이다. 따라서 조정운영에 있어서도 이들 세력이 독점적인 발언권을 갖게 된다. 이런 상황이 심화되면 세도문벌이 왕실의 권능을 넘어서는 일이 발생한다. 대원군이 젊은 시절 안동 김씨세력으로부터 모멸을 받을 수밖에 없었던 것도 안동 김씨의 권력이 왕실 종친을 넘어섰기 때문이다(김용흠 2006 ; 박현모 2007).

인사권을 독점한 상태에서 어떤 제도적 견제가 없다면 부패할 수밖에 없다. 세도정치가의 매관매직은 매우 일상적인 관행이었다. 관직마다 금

---

12) 이조전랑의 혁파는 삼사의 대간(臺諫)기능을 크게 약화시키는 결과를 초래했다. 대간은 군왕이나 대신들의 발언이나 언행에 대해 감찰기능을 수행하였기 때문에 군왕 마음대로 기구를 만들거나 인사처리를 할 수 없었다. 그러나 전랑기능이 상실되자 삼사의 감찰비판기능도 크게 약화됨으로써 독단적 의사결정의 가능성이 높아지게 된 것이다.

액이 정해져 있었고, 그 정도의 돈을 마련하지 못하면 벼슬을 할 수 없는 상황이 전개되었다. 혈연, 지연, 학연, 그리고 뇌물의 먹이사슬로 이어진 사람들 간에는 경쟁적, 혹은 견제적 관계를 만들기 어렵다. 그 결과는 이들 세도문벌에 의해 '국가가 사유화(私有化)'되는 현상이 발생하였다.

관료사회는 능력(meritocracy)이 아니라 뇌물이나 인맥으로 출세하게 되면, 유능한 인재들은 구축(驅逐)되고 만다. "악화가 양화를 구축한다"는 그래샴 법칙이 인사에도 그대로 적용되는 것이다. 관료조직 내부에 어떤 생산적이고 발전적인 긴장관계를 만들어내지 못하고 국가는 부패하고 무능해지는 것이다. 이런 점에서 집단적 무능은 문화적이라기보다 정치적 결과물이다. 공정하고 능력 위주의 인사가 이루어지지 않는 상황에서 유능한 인재가 성장할 수 없고 사적 이해만 난무하는 집단적 무능 상태에 들어가게 되는 것이다.

세도정치기에 등장한 국가 사유화 현상은 고종연간 대원군 집권시기에도 그대로 이어졌다. 사실상 사인(私人)이었던 대원군은 운현궁에 앉아 '대원위분부(大院位分付)'라는 서한을 통해 조선을 10년 동안 실질적으로 통치했던 것이다. 고종 역시 이런 방식으로 국정을 주도했다. 의정부[비변사] 서사제라는 전통적 의견수렴과 공론과정은 실종되고 일방통행식의 인사와 정책결정이 특별한 견제나 비판 없이 이루어져왔다는 것이 고종연간 역시 세도정치와 질적으로 동일한 형태를 보였다는 것이다.

전랑제와 삼사의 기능이 제대로 작동했다면 고종연간에 여흥 민씨가 그렇게 많이 등용될 수 없었고 한미한 출신의 측근세력이 최고위직으로 중용되는 일은 기대할 수 없었다. 조선 인사정책에서 전랑이 수행했던 독특한 기능인 견제와 균형 기능이 작동하지 않았으므로 공직인사의 공정성과 신뢰, 그리고 유능한 인재를 등용시킬 수 있는 제도적 가능성이 차단되는 결과를 가져왔다. 이런 점에서 이조전랑의 혁파는 단기적으로 당쟁의 약화를 가져왔지만 장기적으로는 해악적인 세도정치를 파생시킨 제도적 기원으로 작용했다고 생각한다.

세도정치의 유산은 고종연간 개혁정치를 주도할 수 있는 능력 있는 인재를 배출할 수 있는 제도적 가능성을 약화시켰으며 대중적 지지기반을 확대시킬 수 있는 가능성마저 봉쇄함으로써 개화기 근대화 개혁을 성공시킬 수 있는 기회를 제약했던 것이다.

이런 점에서 근대화 개혁과정에서 노정되는 집단적 무능의 문제는 배타적 권력독점과 국가권력의 사유화 경향을 통해 파악할 수 있고 그 제도적 기원으로 관료집단 내 견제와 균형기능을 가능하게 했던 이조전랑제의 혁파에서 찾고자 했다. 조선정치 최대의 골칫거리였던 당쟁을 근절하기 위해 이조 전랑제를 혁파했지만 그 결과는 조선정치의 장점 중의 하나인 권력내부의 견제와 비판기능을 소멸시킴으로써 조선의 생명력을 약화시키는 매우 부정적인 결과를 남겨놓았던 것이다.

VI. 맺음말: 무엇을 배울 것인가

남북의 오랑캐는 서로 봉홧불로 놀래키니 군병(軍兵)을 단련하며 무략(武略)을 강론하여 불의의 사태에 대비함을 어찌 조금이나마 소홀히 할 수 있겠느냐. 그런데도 문인은 안일만 추구하고, 무인은 게으르고 잔약하다. 재상은 장부나 문서로 작록의 자료로 삼고, 장수는 훈련을 하잘것없이 여기니, 문한(文翰)이 땅에 떨어지고 도(道)가 상실되었다는 탄식이 한 지 하루 이틀이 아니다. 만약에 변방의 독수리가 다시 오고, 바다의 고래가 또 움직여 사납게 날뛰기를 저 임진 병자의 때처럼 한다면, 지혜로운 자가 있어도 어떤 계책을 세워야 할지 모를 일이다. 생각이 이에 미치면 어찌 한심하지 않겠느냐. (정조, 48: 1)

터럭 하나 만큼이라도 병통 아닌 것이 없는 바, 지금 고치지 않으면 반드시 나라가 망할 것 (정약용 1997, 79)

정조와 정약용이 잘 갈파했듯이 19세기 들어서는 조선은 이미 심각한 위기상황에 놓여있었다. 고종이 직면한 위기상황은 국내적 변통을 치유해야 할 뿐 아니라 외세의 압력 또한 막아내야 하는 이중적인 것이었다. 그러나 한말 개혁주도세력은 내부의 문제를 해결하고 일제의 야욕을 막아내는데 충분한 개혁역량을 갖추지 못했다고 볼 수 있다.13)

특정 세력에 의한 배타적 권력독점이야말로 집단적 무능의 구조적 계기가 된다. 근대적 개혁을 추구하기 위해서 권력의 집중이 필요하다는 것을 부인할 사람은 없을 것이다. 그러나 권력집중과 권력독점은 구분되어야 한다. 권력집중이 제도적 차원에서 권력이 집중되어 있어 효율적인 국정 운영이 가능하게 하는 것이라며, 권력독점은 특정 세력이나 사람이 권력자원을 독점함으로써 다양한 가능성과 인적 역량을 배제하는 것을 의미한다. 고종이 친위세력을 중심으로 광무개혁을 추진했다는 것은 이러한 문제를 고스란히 안고 있다.

필자의 소견으로 광무개혁을 주도하던 시기 고종과 그 측근세력들인 왕실보호라는 폐쇄적인 소통구조에 빠져있었던 것이 아닌가 한다. 그들은 국가권력을 독점한 상태에서 황실의 직속기구인 궁내부를 사실상의 정부로 운영하면서 광무개혁을 추진했다. 여기에 다른 인물이나 세력이 개입할 가능성은 거의 없었다. 따라서 권력의 자율성은 보장되었지만 다양한 세력과 에너지를 흡입할 수 있는 통로 또한 차단해버리는 오류를 범한 것이 아닌가 한다.

경술국치 100년 – 국권 상실의 비극을 경험한 조선의 후예들은 이러한 역사적 사건을 통해 무엇을 배울 수 있을까? 물론 외세의 강압 속에서도 자신의 한계를 깨쳐가며 조선의 근대화를 힘겹게 추진한 고종의 노력과 헌신을 기억할 필요가 있다. 그러나 더욱 중요한 것은 결국 국가의 개혁역량을 극대화하기 위한 정치적 조건은 무엇인가 하는 점이다. 상식 같지만 위기일수록 가능한 많은 사람들의 지혜와 힘을 모을 수 있어야 하고 가능한 많은 사람들이 자신들의 능력을 국가와 사회를 위해 쓸 수 있는 기회구조

---

13) '고종시대의 미덕'을 발견하고자 하는 노력이 무의미한 것이 아니며 상당한 타당성을 갖고 있다고 생각한다. 조선의 마지막 30년 동안 한반도를 넘나들었던 열강들의 군홧발을 감안한다면 대한제국을 선포하고 광무개혁을 이끌었던 고종의 노력을 인정할 수 있을 것이다. 그럼에도 불구하고 국권을 상실 당했다는 사실로부터 '왜'라는 질문을 던질 수밖에 없다.

를 만들어나가는 것이 중요하다. 집단적 무능이 정치적 현상이듯이 집단적 유능도 정치적으로 구축할 수 있는 일이라 생각한다.

❖ 참고문헌

『고종실록(高宗實錄)』

김도형, 1983, 「대한제국의 개혁사업과 농민층동향」, 『한국사연구』 41권, 한국사연구회.
김동노, 2004, 「한말의 국가개혁운동과 자원동원」, 『동방학지』 124권.
김동택, 2001, 「19세기 말 근대국가 건설과정에서 나타난 정치적 균열」, 『한국정치학회보』 34권 4호.
김병우, 2001, 「고종의 친정체제 형성기 정치세력의 동향」, 『대구사학』 63권 1호, 대구사학회.
김영수, 2008, 「대한제국 초기 고종의 정국구상과 궁내부의 세력변동」, 『사림』 31권, 수선사학회.
김용직, 2006, 「개화기 한국의 근대적 공론장과 공론형성 연구: 독립협회와 「독립신문」을 중심으로」, 『한국동북아논총』 38권.
김용흠, 2006, 「19세기 전반 세도정치의 형성과 정치운영」, 『한국사연구』, 한국사연구회.
김재호, 2000, 「대한제국기 황실의 재정지배」, 『경제사학』 28권 1호, 경제사학회.
김현철, 2002, 「개화기 한국인의 대외인식과 '동양평화' 구상」, 『평화연구』 11권 1호, 고려대학교 평화연구소.
―――, 2005, 「개화기 서구 국제법의 수용과 근대국제질서의 인식」, 『한국정치연구』 14권 1호.
박성준, 2007, 「대한제국기 해세 관할권을 둘러싼 갈등과 내장원의 해세 관할권 장악」, 『한국사학보』 26권, 고려사학회.
박현모, 2004, 「세도정치기(1800~1863) 조선의 대외정책 연구」, 『국제정치논총』 44권 4호.
―――, 2007, 「세도정치기(1800~1863)의 정국운영과 언론연구: 순조시대를 중심

으로」, 동양정치사상사.
──, 2009, 「"왕조"에서 "제국"으로의 전환: "경국대전체제"의 해체와 대한제국 출범의 정치사적 의미 연구」, 『한국정치연구』 18권 2호.
서영희, 1990, 「1894~1904년의 政治體制 變動과 宮內府」, 『韓國史論』 23권, 서울대학교 인문대학 국사학과.
──, 1997, 「광무정권의 형성과 개혁정책 추진」, 『역사와 현실』 26호.
──, 2003, 『대한제국정치사연구』, 서울대출판부.
신용하, 1993, 『동학과 갑오농민전쟁연구』, 일조각.
안외순, 1996, 「고종의 초기(1864~1873) 대외인식 변화와 친정」, 『한국정치학회보』 30권 2호.
양상현, 2006, 「대한제국의 군제 개편과 군사 예산 운영」, 『역사와 경계』 61권, 부산경남사학회.
오연숙, 1998, 「대한제국기 궁내부 특진관의 운용」, 『사학지』, 단국사학회.
오진석, 2007, 「광무개혁기 근대산업육성정책의 내용과 성격」, 『역사학보』 193권, 역사학회.
왕현종, 2001, 「갑오개혁기 권력구조 개편과 군주권의 위상」, 『동방학지』 114권.
──, 2003, 「광무양전·지계사업」, 국사편찬위원회 편, 『한국사』 42권.
유영익, 2003, 「갑오경장의 역사적 의의」, 국사편찬위원회 편, 『한국사』 40권.
윤대성, 2001, 「대한제국의 광무양안에 의한 근대적 소유권의 확립」, 『법사학연구』 24권, 한국법사학회.
윤대식, 2008, 「혼돈의 정치: 대한제국을 바라보는 다른 하나의 시각」, 『동서연구』 20권 2호, 연세대학교 동서문제연구원.
은정태, 1998, 「고종친정 이후 정치체제 개혁과 정치세력의 동향」, 『한국사론』 40권.
이광린, 1999, 『한국개화사연구』, 일조각.
이근호, 2009, 「조선시대 이조전랑의 인사실태」, 『한국학논총』, 국민대학교 한국학연구소.
이민원, 1989, 「대한제국의 성립과정과 열강과의 관계」, 『한국사연구』 64권.
──, 1998, 「상투와 단발령」, 『사학지』, 단국사학회.
이영호, 1990, 「대한제국시기의 토지제도와 농민층분화의 양상」, 『한국사연구』 69권.
──, 2003, 「민중운동의 전개」, 국사편찬위원회 편, 『한국사』 44권.
──, 2006, 「한국역사학계의 회고와 전망, 2004~2005: 한국사; 비평논문 : 동아

시아 국제질서의 변동과 대한제국 평가논쟁 -2005년 한국근대사 연구의 쟁점-」, 『역사학보』 191권.
이윤상, 1997, 『실패한 개혁의 역사』, 역사비평사.
─── , 2003, 「대한제국기 국가와 국왕의 위상제고사업」, 『진단학보』 95권, 진단학회.
이태진, 2000, 『고종시대의 재조명』, 태학사.
이태진·김재호 외, 2005, 『고종역사청문회』, 푸른역사.
장현근, 2003, 「중화질서 재구축과 문명국가 건설: 최익현, 유인석의 위정척사사상」, 『정치사상연구』.
정만조, 1986, 「영조대 중반의 정국과 탕평책의 재정립」, 『역사학보』.
정 조, 1814, 『홍재전서(弘齋全書)』
정약용, 민족문화추진회 편, 1997, 『다산문선』, 솔출판사.
조항래, 1982, 「『조선책략』을 통해 본 방아책과 연미론 연구」, 『현상과 인식』 22호.
최병현, 2000, 『개화기의 군사정책연구』, 경인문화사.
최영진, 1999, 「한말 국권상실의 정치사회적 기원」, 『한국정치외교사논총』 21권 2호.
─── , 2008, 「권력집중의 신화 -신라 흥망의 정치구조적 기원」, 『한국정치학회보』 42집 4호.

Ferguson, Yale H. & Mansbach, Richard W, 1996, *Polities: Authority, Identities, and Change*. Columbia University of South Carolina.
Giddens, Anthony, 1984, *The Constitution of Society: Outline of the Theory of Structuration*. Cambridge: Polity.
Kooiman, Jan, 2008, "Exploring the Concept of Governability," *Journal of Comparative Policy Analysis*. 10:2.
Mann, Michael, 1986, *The Sources of Social Power, Vol. 1: A History of Power from the Beginning to A.D. 1760*. Cambridge: Cambridge University Press.
Skocpol, Theda. 1994, *Social Revolutions in the Modern World*, Cambridge University Press.

국권 상실의 경제적 요인*

이 헌 창(고려대학교)

I. 머리말: 연구 과제

　조선은 제국주의가 본격화되는 시점에서 늦게 문호를 개방하였고, 인접한 중국·일본·러시아는 조선을 정치적으로 지배하려는 강한 열망을 가졌다. 이처럼 외압이 가혹한 반면 그것을 극복할 내적 역량이 부족하였기 때문에, 조선은 결국 1910년에 식민지로 전락하였다. 이 글에서는 조선이 식민지화된 내적 원인을 경제적 측면을 중심으로 고찰한다. 식민지화의 내적 원인에 관해 단편적으로 언급한 글은 많지만, 체계적으로 고찰한 연구는 잘 발견되지 않는다. 종래 식민지화를 대응의 실패로 규정하여 그 요인을 찾아내는 데에 몰두하는 경향이 있었는데, 이 글에서는 조선의 대응 수준을 아시아 여러 나라와 비교하여 객관적으로 평가하고 그것을 결정한 요인을 고찰하고자 한다. 이제 식민지화는 100년 전의 일이고 해방 후 한국이 경제와 정치의 발전을 이룬 만큼, 우리는 식민지화의 원인을 냉정하게 성찰할 여유를 가지게 되었다.

---

* 이 글은 한국정치외교사학회의 주최로 '국치100년'을 재조명하는 2010년 7월 2일의 학술대회에서 "國權 상실의 사회경제적 요인"이라는 제목으로 발표된 논문을 수정, 보완하여『朝鮮時代史學報』55집(2010)에「1910년 조선 植民地化의 내적 원인」이라는 제목으로 발표한 논문을 거의 그대로 실은 것이다. 원래 발표 제목으로 되돌아가면서 '사회경제적'이란 용어를 '경제적'으로 바꾼 까닭은 이 글이 경제 영역에만 국한한 것은 아니지만 사회적 영역을 제한적으로밖에 다루지 못했기 때문이다.

2절에서는 개항기에 조선의 국력이 주변 강대국에 대적하기도, 영세중립화를 실현하기도 어려웠음을 살펴본다. 3절에서는 개항기 근대적 변화에 관한 개략적 정리와 평가를 통해 이 시기가 식민지화에 어느 정도 책임을 가지는가를 고찰한다. 4절에서는 식민지화로 종결된 개항기 조선의 대응을 객관적으로 평가하기 위해 아시아의 다른 나라들과 비교사적 고찰을 수행한다. 5절에서는 자주적 근대화의 달성에 부족한 요인이 무엇인지를 고찰한다. 6절에서는 개항기의 국력·재정·군사력, 그리고 대응력을 규정한 개항 이전의 역사적 유산을 고찰한다. 7절은 식민지화의 책임 소재에 관한 종합적인 고찰이다.

식민지화의 내인(內因)을 탐구하는 큰 주제에는 다양한 견해가 제기될 수 있는데, 필자의 가설은 '식민지화의 내적 원인: 약한 국력(약한 군사력←빈약한 재정←약한 경제력)←개항기 공업화의 미진전←근대문명의 충격에 대한 약한 대응력←개항 전 시장 상층의 미발달[1]←민간 국제무역에 대한 강한 제한←조공무역체제로의 편입←동아시아의 지정학적 환경'으로 요약될 수 있다.[2]

II. 대한제국의 국력

조선시대의 마지막을 장식한 대한제국의 국력은 어느 정도였던가? 그것

---

1) 시장 상층은 브로델(Fernand Braudel, 1979, *Civilization and Capitalism 15th~18th Century*, Vol. II, trans. by S. Reynolds, Harper & Row)로부터 빌린 개념으로 대도시시장과 원격지유통을 의미한다.
2) Daron Acemoglu, Simon Johnson & James Robinson, 2005, "The Rise of Europe: Atlantic Trade, Institutional Change and Economic Growth," *American Economic Review*, 95에서는 대서양 연안국이라는 지리적 조건과 非절대주의 국가라는 정치적 조건이 대서양 무역의 성장을 낳고, 그로 인해 발생한 무역 이익, 그리고 시장친화적 제도로의 변화는 1500~1800년간 서유럽의 경제성장에 주된 역할을 하였다고 본다. 지리에 규정된 국제무역이 근대 경제의 형성에 중요한 역할을 한다고 보는 점에서 이 글과 상통한다.

은 식민지화를 막을 수 없던 수준이었는가? 〈표 1〉을 통해 식민지로 전락하기 직전인 1900년경 조선의 국력을 일본, 중국 및 러시아와 비교해보자. 경제적 국력의 기본 지표는 국내총생산(GDP)이고 이것은 인구수와 1인당 생산으로 분해된다. 근대경제의 성립기 1인당 생산을 결정하는 기본 요인은 공업화의 수준이고, 그것은 국내총생산 중 공업의 구성비로 측정될 수 있다.

〈표 1〉 20세기 초 조선·일본·중국·러시아의 국력

국가	조선	일본	중국	러시아
인구수 (만명)	1,700 (1910)	4,410 (1900)	40,000 (1900)	12,450 (1900)
1인당 GDP	620 (1900)	1,180 (1900)	545 (1900)	1,237 (1900)
광공업 구성비 공업 〃 (%)	5.1 (1911) 4.5 (〃)	15.0 (1904) 13.2 (〃)	5.2 (1880년대) 3.8 (〃)	

출전: 인구와 1인당 GDP는 Angus Maddison, 2003, *The World Economy: Historical Statistics*, Paris: OECD. 조선의 인구수는 朴二澤, 2008, 「식민지기 조선인 인구추계의 재검토: 1910~1940」, 『大東文化硏究』 63. 조선의 1인당 GDP는 차명수, 2006, 「경제성장·소득분배·구조변화」, 김낙년 편, 『한국의 경제성장 1910~1942』, 서울대학교출판부, 320쪽을 참조하여 추정함.[3] 조선의 광공업 구성비는 김낙년 편, 『한국의 경제성장 1910~1942』, 356쪽. 일본의 광공업 구성비는 大川一司·高松信淸·山本有造, 1974/1989, 『國民所得(長期經濟統計 1)』, 東洋經濟新報社, 202, 205쪽. 중국의 경우는 Albert Feuerwerker, 1980, "Economic trends in the late Ch'ing empire, 1870-1911," *The Cambridge History of China*, vol. 11 part 2, edited by John F. Fairbank and Kwang-Ching Liu, Cambridge University Press, p. 2.
주: 1인당 GDP의 단위는 1990 international Geary-Khamis dollars. 괄호 속은 연도.

1900년경 일본의 경제 규모는 조선의 5배 정도였다. 그리고 공업 구성비로 보아 양국은 경제근대화의 수준이 달랐다. 청일전쟁이 일어나던 무렵 중국은 1인당 GDP나 공업화 수준으로 보아 조선과 별 차이가 없었다. 중

---

[3] 차명수는 1911년 1인당 생산을 1990 international Geary-Khamis dollars로 626달러로 추정하였는데, 식민지화 직후인 1912~4년간 경제성장률이 6.1%로 추계된 것은 지나치게 높다. 그래서 1911년의 1인당 생산 추계가 과소평가되었다고 보아, 〈표 1〉과 〈표 3〉의 1인당 생산을 추정했다.

국의 제조업은 조선과 마찬가지로 거의가 근대공업이 아닌 수공업이었다.[4] 그런데 중국은 인구가 많았기 때문에 1900년경 경제 규모에서 일본을 능가하였다. 20세기 초 제정 러시아의 산업총생산은 미국·독일·영국·프랑스에 이어 세계 제5위였다. 러시아에는 면공업과 아마공업을 중심으로 하는 대규모 섬유공업뿐만 아니라 석탄산업·선철공업·강철공업 등의 중공업도 존재하였다.[5] 러일전쟁 당시 일본과 러시아는 1인당 GDP나 공업화 수준에서는 비슷하였으나,[6] 러시아의 인구는 일본의 3배에 가까웠다.

GDP 규모가 전쟁의 승패를 바로 결정짓지는 않는다. 일본은 자기보다 경제 규모가 훨씬 더 큰 중국과 러시아를 차례로 격파하였던 것이다. 중국은 일본보다 공업화 수준이 낮았고 국가의 자원 동원력이 떨어졌다. 그래서 앞으로 언급하겠지만, 중국의 중앙정부가 활용할 수 있는 재원은 오히려 일본보다 작았다. 그리고 일본은 중국보다 군사적 준비에서 훨씬 뛰어난 역량을 발휘하였다. 러시아는 육군 주력을 유럽 전선에 배치하였다 하나, 국력이 약한 일본에 패하였다. GDP 규모가 전쟁의 승패를 바로 결정짓지는 않는다고 해도 조선은 국력으로 주변의 중국, 일본 및 러시아에 도저히 대적할 수 없었다.

군사력은 국력을 반영한다. 경제 규모는 재정 규모를, 재정 규모는 군사력을 결정하는 기본 변수이다. 〈표 2〉에 의하면, 1880년대 일본의 재정지출은 북경정부에 보고된 세입과 비슷하고 중국 국가의 수취 총계의 1/2 정도였다. 당시 중국의 수취 총계는 국민총생산의 7.5%, 북경정부의 몫은 3%로 추정된다.[7] 명치기에 일본의 재정 규모가 급증하여 1897년에 일본의

---

4) 1916년 중국에서 공장생산의 GDP에 대한 비중은 0.8%에 불과한 반면 일본에서는 16.5%에 달하였다(Thomas G. Rawski, 1989, *Economic Growth in Prewar China*, University of California Press, p.72).
5) Rondo Cameron/ Larry Neal 지음, 이헌대 옮김, 2009, 『간결한 세계경제사』, 에코피아, 320쪽.
6) 러시아에서 'industry, construction, transportation, communication'이 국민소득에서 차지하는 비중은 1883~1887년간에 23.4%, 1897~1901년간에 30.6%, 1909~1913년간에 32.3%였다(P. Gregory, 1982, *Russian National Income*, Cambridge University Press, pp.133~134).

〈표 2〉 재정의 비교

(단위: 1,000圓, %)

	연도	1890년대 초	1896	1900	1904	1908	1910
조선	세입예산總計		4,809	4,807	7,107	23,273	23,766
	歲入決算		2,469	4,609	5,601	11,646	
	세출예산總計		6,317	4,806	7,107	23,353	23,766
	皇室費*宮內府		9.0	10.6	15.1	6.4	7.6
	外部		1.1	3.8	2.0		
	內府		23.2	22.6	7.3	24.2	29.0
	度支部		32.0	14.3	19.3	56.0	52.8
	軍部		16.3	26.6	36.4	1.3	
	農商工部		2.9	6.9	0.4	5.1	7.7
일본	재정지출	150,000	214,900	464,700	872,400	1,072,100	1,490,800
중국	보고된 세입	115,674					
	국가 收取 총계	325,000				382,520	

주: 조선의 재정은 金載昊, 1997, 「甲午改革이후 近代的 財政制度의 形成過程에 관한 硏究」, 서울대 경제학박사학위논문, 396~400, 421~424쪽에서 재정리하고 1904년 이전 통계는 일본 圓화로 환산. 그 환산율은 吳斗煥, 1991, 『韓國近代貨幣史硏究』, 韓國硏究院, 215쪽에서 계산. 일본의 재정은 江見康一・塩野谷祐, 1976/1988, 『財政支出(長期經濟統計 7)』, 東洋經濟新報社, 169쪽. 중국의 재정은 Albert Feuerwerker, op.cit., pp.62~64 ; Albert Feuerwerker, 1984, "The state and the economy in late imperial China," *Theory and Society*, 13-3, p.300에서 중국의 兩 단위 은화로 나온 수치를 楊端六・侯厚培 等, 1931, 『六十五年來中國國際貿易統計』, 國立中央硏究院 社會科學硏究所 專刊 제4호, 151쪽, 「제24표 六十一年來海關兩與各國貨幣比價表」에 의거하여 일본 圓화로 환산.

재정지출은 중국의 수취 총계와 비슷해지고 1908년에는 3배에 달하였다. 정부 회계에 잡히는 재정으로 말하면, 양국 간 격차는 한층 커진다. 이처럼 일본의 재정 규모가 중국을 따라잡고 능가하게 된 것은 양국 간 경제발전의 속도차를 반영한다. 일본은 1880년대부터 산업혁명을 수행하였으나, 중국의 공업화는 훨씬 완만하게 진행되었던 것이다. 게다가 일본의 경우

---

7) Albert Feuerwerker, 1980, op.cit., pp.61~64. 북경정부에 보고된 8,898만 냥 중에 각 省의 행정비용과 군비로 3,622만 냥이 포함되어 있다. 당시 중국에도 조선과 마찬가지로 보고되지 않은 비공식적 지방경비가 많았을 것이다.

총재정지출이 국민총생산에서 차지하는 비중이 1880년 10.9%, 1890년 12.1%, 1900년 21.5%, 1910년 46.9%로 급증하였다.8) 일본은 중국보다 재원을 훨씬 효과적으로 집중하여 관리하였던 것이다.

조선정부는 1895년에 중앙에서 모든 지방경비를 배정하는 조치를 취했다. 그런데 1896년 지방 각부군(各府郡)에 배당된 예산은 예산총액의 24%인 116만 원(元)에 불과할 정도로 소규모여서, 지방관청은 자체 경비를 마련하기 위해 불법적으로 수취하기도 했다.9) 그래도 대한제국기에는 세입예산에 포함되는 지방경비의 비중은 증대하였으나, 황권(皇權)의 강화로 황실이 정부 회계를 거치지 않고 처분하는 재원이 늘었다.10) 18세기에 정부재정을 통하지 않는 왕실 사(私)재정과 지방재정을 합치면, 쌀로 환산하여 약 100만 석의 중앙상납보다 더 많았다.11) 이러한 점을 감안하여 〈표 2〉에 나타난 세입예·결산 총계에 들어가지 않은 지방경비와 왕실경비가 세입예·결산 총계만큼 있었다고 보자. 그렇다면 1900년 조선의 세입결산은 1880년대 북경정부에 보고된 세입의 4%, 조선국가의 총 수취는 중국의 그것의 3%였다. 이 해 조선의 세입결산은 일본의 총재정지출의 1%, 조선국가의 수취 총계는 그 2%에 불과하였다. 조선의 재정 규모는 일본과 중국에 비해 현저히 열세였던 것이다. 1911년도 조선 내 총생산은 5억 1,890만 원(圓)으로 추산되는데, 1911~20년간 경제성장률이 4.8%로 계산되는 것은 과대평가로 보인다.12) 그래서 1911년의 총생산을 10% 더 높게 잡고 1900~11년간 연평균 1%로 성장하였다고 가정하면, 1900년 세입결산액 461만 원은 국내총생산의 0.9%에 불과하였다. 총 세입은 그 2% 정도에 불과하였다. 결국 조선과 중국은 일본보다 가난하고 재원을 효과적으로 집중하지 못한

---

8) 江見康一·塩野谷祐, 앞의 책, 14쪽.
9) 金泰雄, 1997, 「開港前後~大韓帝國期의 地方財政改革 硏究」, 서울대 문학박사학위논문, 155~161·182~192쪽.
10) 李潤相, 1996, 「1894~1910년간 재정 제도와 운영의 변화」, 서울대 문학박사학위논문, 159~204쪽.
11) 이헌창, 2010, 「總論」, 이헌창 엮음, 『조선후기 재정과 시장: 경제체제론의 접근』, 서울대학교출판문화원, 5~7쪽.
12) 김낙년 편, 앞의 책, 353쪽.

데에서 문제가 있었다. 이처럼 조선은 재정이 빈약하여 세입의 30% 내외를 군부에 배정하고도 군사력이 열세였다. 그리고 농상공부에 할당된 경비의 낮은 비중에서 드러나듯이, 경제사업에 대한 지원이 빈약하였다.

조사(朝士)시찰단으로 일본을 방문한 어윤중(魚允中)은 1881년 귀국 보고에서 새로운 세계질서는 춘추전국시대보다 치열하게 다투는 대전국(大戰國)시대와 같으며, 그 속에서 나라를 보존하기 위해서는 부국강병책을 추구해야 한다고 건의했다.[13] 조선정부는 군비 강화를 추구하였지만, 빈약한 재정으로 실현할 수 없었다. 조선정부는 군비 지출을 늘려 1900년 12월 포병 2개 대대를 신설하였고, 정규군을 1902년 2월에는 1만 7,560명에 달할 정도로 증설하였다. 그런데 이 무렵 일본은 평시 병력 15만 명, 전시 병력 60만 명이었다. 조선정부는 해군 창설을 위해 1893년 수병 300명을 모집한 바 있고, 1903년 일본으로부터 군함을 1척 구입하였다.[14] 조선의 국력과 재정력으로 군함을 한, 두 척을 살 수는 있겠으나, 일본과 중국처럼 함대를 유지할 수는 없었다. 중국은 1882년에 "50척의 전함을 자랑할 수 있게 되었는데, 이 중 절반은 중국에서 만든 것이었다."[15] 그런데도 청일전쟁 당시 황해 해전으로 일본은 12척의 군함으로 중국 군함 14척의 3분의 1을 격파하였다. 조선은 이 정도 군사력으로 중국, 일본 및 러시아 중 어느 나라와도 대적할 수 없었다.

이처럼 개항기 조선의 국력은 조선의 지배를 노리는 일본, 중국 및 러시아보다 현저히 열세하여, 이들 나라가 조선의 영토를 지배하려고 할 때, 그것을 막을 군사력을 갖추지 못하였다. 1879년에 이홍장은 조선의 군사력이 일본에 대적할 수 없다는 사실을 지적하고 러시아와 일본의 위협을 경고한 다음 조선정부가 대내적으로는 군비 강화를 비롯한 자강책(自强策)을 추진하고 대외적으로 서양 국가들과 수교하여 만국공법에 의거하여 나

---

13) 『從政年表』 고종 18년 12월 14일조.
14) 玄光浩, 2002, 『大韓帝國의 對外政策』, 신서원, 254~255, 276~281쪽 ; 權寧培, 1992, 「韓末 朝鮮에 대한 中立化 論議와 그 性格」, 『歷史敎育論集』 17, 36~37쪽.
15) Kwang-Ching Liu and Richard J. Smith, 1980, "The military challenge: the northwest-and the coast," *The Cambridge History of China*, vol. 11 part 2, p.248.

라를 보존하기를 권하였다.16) 조선정부는 이홍장의 권고를 수용하여 1880년부터 구미 여러 나라와 수교하였다. 1885년에 조선정부의 외교를 자문하던 독일인 멜렌도르프(P. G. Mellendorff), 그리고 독일 부영사 부들러(H. Budler)는 조선이 벨기에 및 스위스와 같은 영세중립국이 되어야 한다고 권고하였다. 1885년 열강의 대립을 촉발한 거문도사건을 계기로 조선정부는 중립화안을 검토한 다음 대한제국기에 외교정책의 중심으로 삼아 적극 추진하였다. 김윤식이 1880년대 정책에 깊이 관여하면서 얻은 결론은 재정이 빈약한 조선이 군비강화정책을 추진하기에 앞서 '민력(民力)의 양성'을 위한 내정에 충실하면서 세력 균형의 평화 외교를 전개해야 한다는 것이었다.17) 조선정부는 1900년 일본 정부에 영세중립을 위한 협조를 구하였으나, 일본 정부는 스위스와 벨기에가 중립을 유지할 만한 국력을 갖춘 반면 조선은 그런 조건을 충족하지 못하였다며 거절하였다. 벨기에와 스위스는 조선보다 인구가 적었지만, 1900년 1인당 소득이 각각 3,731달러, 3,833달러로 조선은 물론 일본보다도 훨씬 많았다. 『황성신문』 1900년 11월 29일자에 의하면, 벨기에는 징병제로 군인수가 5만 명에 달해 강대국의 침입을 허용하지 않고 있다고 지적하였다.18) 조선은 제국주의시대에 영세중립화를 실현할 정도의 국력과 군사력을 확보하는 데에 성공하지 못했던 것이다. 더군다나 청일전쟁이 일어나 중국·일본 간 세력 균형이 무너지고 일본의 조선 지배 야욕이 증대한 단계에서, 중립화를 통한 조선 독립의 전도는 암울할 수밖에 없었다.

조선이 국권을 상실한 것은 제국주의시대에 군사력, 그것을 결정하는 재정, 나아가 재정 규모를 결정하는 국력이 약했기 때문이다. 조선이 국력이 약한 것은 농경사회에 머물러 공업국가로 발전하지 못했기 때문이다. 근대화의 중요한 경제적 측면은 공업화인데, 〈표 1〉에 드러나듯이, 1900년경 조선과 중국은 농경국가에 머문 반면, 일본과 러시아는 공업국가로 발

---

16) 『高宗實錄』 1879년 7월 9일.
17) 李相一, 1995, 「雲養 金允植의 思想과 活動 硏究」, 동국대 문학박사학위논문, 52~65쪽.
18) 玄光浩, 앞의 책, 제2장.

전하고 있었다. 그래서 조선과 중국의 1인당 생산이 600달러 정도인 반면, 일본과 러시아는 그 2배에 달하였다. 영세중립국인 벨기에와 스위스의 1인당 생산이 3,000달러를 넘은 것은 두 나라가 근대 공업국가를 확립하였기 때문이다.

근대화는 기본적으로 국민총생산의 증대를 통해 군사력을 강화시키지만, 근대화가 군사력 강화를 낳은 것은 단지 그런 경로에만 국한되지 않는다. 재정제도의 근대화는 세원의 효과적인 집중과 재원의 효율적 관리를 통해 재정 능력을 증대한다. 근대적 무기로 싸우는 19세기에는 공업국가로 발돋움하지 않고서는 근대적 군사기술을 확보하기 어렵다. 청일전쟁과 러일전쟁은 전통적 왕조체제의 군대보다 근대적 국가의 국민 군대가 더욱 강력함을 잘 보여주었다. 입헌 국가인 일본이 짜르 전제의 러시아를 격파한 후에 아시아인은 입헌체제에 대한 관심을 증대하였다.

조선의 국력이 세계적으로 보아 어느 수준인지 〈표 3〉을 통해서 살펴보자. 메디슨이 추계한 세계의 통계는 정밀도가 높지는 않겠으나, 개략적인 비교를 허용한다. 19세기 전반과 중반은 논의 토지생산성의 하락 추세로 보건대 경제 침체기였는데, 1890년부터 무역 성장이 현저해지고 1890년대부터 논의 토지생산성이 상승 추세로 전환한 점을 고려하여 1870년의 1인당 생산을 추계하였다.[19] 1910년 조선 인구에 관한 최신 추계는 1,700만 명인데, 1910~1913년경 인구증가율을 1%로 가정하여 1913년의 인구밀도를 추정했다. 정체하던 인구는 1890년대부터 증가 추세였던 것으로 보인다.[20] 그래서 1870·1880년대에는 인구가 정체하고 1890~1910년간 인구증가율이 0.5% 정도라고 가정하여 1870년경 조선의 인구를 1,550만 명으로 잡고 인구밀도를 계산하였다. 인구수와 1인당 생산의 추계로부터 경제성장률을 구할 수 있다.

---

19) 논의 토지생산성 추세에 관해서는 이영훈, 2011, 「17세기 후반-20세기 전반 水稻作 土地生産性의 長期趨勢」, 낙성대경제연구소, WP 2011-7.
20) 박희진·차명수, 2004, 「조선후기와 일제시대의 인구변동」, 이영훈 편, 『수량경제사로 다시 본 조선후기』, 서울대학교 출판부, 20쪽에서는 19세기 말부터 시작된 사망률 하락 추세를 지적하고 種痘法의 도입을 그 중요한 요인으로 들었다.

〈표 3〉 비교사로 본 조선의 1인당 GDP, 경제성장률 및 인구밀도

(단위: 1990 international Geary-Khamis dollars, %)

지역	서유럽	북미·오세아	아시아	조선	남미	동유럽·러시아	아프리카	세계
1인당 GDP(1870)	1,960	2,419	556	600	676	941	500	873
1인당 GDP(1913)	3,457	5,233	696	650	1,494	1,558	637	1,526
경제성장률(1870~1913)	2.11	3.92	1.10	0.47	3.52	2.37	1.32	2.12
인구수/1만㎢(1870)	53	1.4	24	70	2.2	7.3	3.0	9.4
인구수/1만㎢(1913)	74	3.4	31	80	4.5	12	4.1	13.2

출전: Angus Maddison, 2007, *Contours of the World Economy, 1-2030AD*, Oxford University Press, pp.70~71. 조선의 통계 추정은 본문에 제시.

19세기 후반 조선의 1인당 생산은 아시아 평균 수준이고 아프리카 평균 수준보다 약간 높았으나, 세계 평균에 크게 미달하였다. 당시 아시아와 아프리카가 가장 가난한 대륙이었다. 근대적 성장을 시작하지 않은 시대에는 소득만으로 경제수준을 보기는 어렵다. 맬더스(T. R. Malthus)의 법칙이 작용하는 농경시대에는 생산력이 발전하더라도 소득은 증가하지 않고 인구가 증가하였기 때문이다. 그런 시대에는 인구밀도가 경제발전의 유력한 지표가 된다.[21] 〈표 3〉에서 알 수 있듯이, 조선의 인구밀도는 세계적으로 높은 편이었다. 농경에 적합한 기후 조건도 작용하였지만, 전통적인 수준에서는 농업 기술이 상당한 정도로 발전하였기 때문이다. 전근대 세계에서 조선은 재정과 군사력이라는 국가의 하드 파워(hard power)가 약하였으나 정치, 관료행정제도, 기록문화, 교육 보급, 학문 등의 소프트 파워(soft power)에서는 강점을 가진 나라였다.[22] 이 점은 4절에서 부분적으로 언급될 것이다.

---

21) 갈로는 인구밀도를 전근대 기술발전의 유력한 지표로 보았다(Odel Galor, 2005, "From Stagnation to Growth: Unified Growth Theory," Phillipe Aghion and Steven N. Durlauf eds., *Handbook of Economic Growth*, Volume 1A, Elsevier North Holland, pp.179, 183).
22) 이헌창, 2010, 「조선시대를 바라보는 제3의 시각」, 『韓國史研究』 148.

III. 개항기의 근대화

 2절에서 조선이 국권을 상실한 기본 원인은 약한 국력이고, 약한 국력은 근대 공업국가로 발돋움하지 못한 데에 기인한다고 언급했다. 왜 조선은 개항기(1876~1910년)에 공업국가로 발전하지 못했던가? 조선은 근대화를 자주적으로 수행할 희망이 없던 나라였던가? 이 물음에 답하기 위해 개항기의 변화를 평가해보고자 한다.
 근대화정책에 대한 필자의 평가는 2001년의 졸고에서와 기본적으로 다르지 않으므로, 그것을 인용해본다.

> 안정된 中華世界秩序 아래 王道的 安民策을 추구함을 이상으로 삼던 조선의 지배층은 근대적 군사력의 충격과 외국시찰단의 견문을 통하여 萬國公法 질서 아래 富國強兵을 위한 근대화정책으로 신속히 전환하였다. 그로 인하여 비등한 衛正斥邪論에 대응하기 위하여 개항 전부터 제기된 東道西器論이 1881년경 근대화정책 이념으로 정립되어 널리 확산되었다. 나아가 그것을 뛰어넘어 근대문명의 전면적 도입을 주창하는 變法開化思想이 그 무렵 출현하였다.…완고한 나라에서 1880년부터 부국강병을 위한 근대화 시책이 활발히 추진되었다.
> 근대화정책의 요건을 필자는 근대적 국가기구를 정비하여 재정의 충실화를 도모하면서 효과적인 산업육성책을 추진하는 것으로 제시하였다. 이러한 모든 요건들을 개항기에 집권층이 논의하거나 시행하고자 노력하였으며, 특히 갑신정변의 정강이 잘 충족한 편이었다. 그런데 갑신정변 이후 근대화정책은 추진 활력이 약화되었으며, 갑오개혁 이후 활기차게 추진되었으나 외압으로 왜곡되는 일이 많았다. 그래서 보호국화되던 시점에서 볼 때, 국가기구나 재정 등의 제도 개혁은 여전히 미흡하였고, 근대적 기업은 체계적인 보호와 지원을 받지 못한 채 연약한 싹을 힘들게 키우고 있는 실정이었다.[23]

 여기서 재정 문제를 추가로 설명한다. 보호국화되던 시점에도 근대적

---
23) 李憲昶, 2001, 「개항기 근대화정책」, 안병직 편, 『韓國經濟成長史―예비적 고찰』, 서울대학교출판부, 400~401쪽.

제도 개혁에 미흡한 바가 많았다 하더라도, 개항기에 제도 개혁은 광범하게 이루어졌고 그 정점에 갑오개혁이 위치하였다. 갑오개혁은 각종 세목(稅目)을 지세(地稅)와 호세(戶稅)로 통합하면서 모두 화폐로 받아 도지부(度支部)로 집중하였으며, 조세법률주의와 예산제도를 채택한 점에서 재정제도 개혁의 진전을 이루었다. 그런데 <표 2>를 중심으로 살펴본 바와 같이, 대한제국기(1897~1910)에도 근대화와 군사력의 강화를 추진하기에는 재정이 여전히 빈약하였다.

1898~1902년간 인천항에서 수출하는 쌀의 평균 시세는 1석당 8.16원(圓)이니,24) 1900년의 세입결산은 쌀로 60만 석에 해당한다. 이것은 조선 도량형으로 100만 석 정도이다. 국내 시세는 수출 시세보다 낮았으므로, 쌀로 환산한 재정 규모가 좀 더 컸을 수 있다. 18세기 후반 중앙 관부와 왕실로 상납되는 세입이 쌀로 환산하여 100만 석 정도였고, 공재정으로부터 이전되지 않은 왕실 사재정을 포함하면, 중앙세입은 110만 석 정도로 늘어난다. 지방 세입도 그 정도였다.25) 1900년 국가 수취 총계가 세입결산의 2배라 가정하고 개항기 쌀의 상대가격이 빠르게 상승한 면을 감안하면, 대한제국기의 재정 규모는 18세기 후반과 비슷하였다.

개항기에 조선정부는 재정위기를 벗어나기는 했으나, 세입 증가의 유효한 성과를 거두지는 못하였다. 대한제국은 지세 수입을 증가하기 위해 양전(量田)사업을 추진하였는데, 구본신참(舊本新參)의 방식에 의거하여 토지의 정확한 측량에는 한계를 가져서 세수 증대의 성과를 충분히 거두지는 못했다. 수취 증대에도 기인한 임술민란(壬戌民亂)과 동학농민전쟁은 지세율 증가를 도모하는 데에 대한 부담으로 작용하였을 것이다. 상업세와 간접세를 늘리려는 노력은 영업독점의 도고(都賈) 문제를 야기하였다. 재정 문제는 조선정부의 부족한 역량을 드러내는 대표적 사례였다.

민간의 대응은 어떠한가. 먼저 경제적 대응을 살펴보자. 개항 전 무역의 국내총생산에 대한 비중은 1.5% 정도로 추정되는데,26) 1911년 그것은 19%

---

24) 河元鎬, 1997, 『韓國近代經濟史硏究』, 신서원, 243쪽, 표 2-3에서 계산.
25) 이헌창, 「總論」, 5~7쪽.

로 급증하였다.27) 한국은 무역에 대한 반응이 빨랐던 것이다. 그런데 수출품이 쌀·콩·금 등 일차산품으로 단순해지는 것은 경제력의 한계를 보여준다. 쌀 수출의 증대에 힘입어 논의 토지생산성은 1890년대부터 상승추세로 바뀌었다. 그리고 종두법의 도입 등에 의해 1890년대부터 사망률이 하락하였다. 따라서 1890년대부터 경제성장률이 높아졌다. 개항의 충격에 대한 조선경제의 반응은 결코 늦지 않았다.

개항기에 근대 기업이 출현하였다. 1886년부터 기선회사와 은행이 출현하고, 1897년부터 서울에 직포공장이 설립되고, 식민지화 이전에 정미업을 중심으로 기계동력의 공장이 성립하였다. 조선인 근대적 경영은 성장하는 추세였지만, 외국기업에 비하여 자본력·경영력·기술이 부족한데다가 체계적인 보호와 지원을 받지 못하여, 연약한 싹을 힘들게 키우고 있는 실정이었다.

근대화에 대한 사회적 대응도 늦은 편은 아니었다. 1884년 갑신정변은 소수의 변법개화파가 일으킨 것이고 서울 시민의 반감을 샀다. 그런데 1898년 정치적·사회적 근대화를 추구하는 독립협회의 활동은 관민공동회(官民共同會)라는 시민운동으로 발전하였다. 입헌군주제 등 민주제의 이념이 침투하였고, 정치 참여의 주체라는 국민관이 확산되었고, 그런 위에서 민족주의가 대두하였다. 조선인은 1883년부터 신문을, 1896년부터 잡지를 발행하였는데, 한일합방까지 발행한 잡지가 40여 종이었다.28) 여러 신문과 잡지 12종이 전국적으로, 그리고 해외에서도 발행된 1907년에는 이토 히로부미 조차 한국 언론의 힘을 두려워하였다. 문명개화는 1895년경에 이미 친근한 메시지가 되어 조선정부는 문명개화에 호소하였고 1896년 이후 발간된 『독립신문』 등의 광고주들은 문명개화의 메시지를 상품화하였다.29) 러일

---

26) 이헌창, 2004, 「한국 전근대 무역의 類型과 그 변동에 관한 연구」, 『경제사학』 36, 113~114쪽.
27) 김낙년 편, 2006, 『한국의 경제성장 1910~1942』, 서울대학교출판부, 표 1-1.
28) 김근수, 1992, 『한국잡지사연구』, 한국학연구소, 17쪽.
29) 앙드레 슈미드 지음, 정여울 옮김, 2007, 『제국 그 사이의 한국 1895~1919』, 휴머니스트, 109, 139, 151쪽.

전쟁 이후 식민지화의 위기 가운데 학교설립을 위한 신교육운동, 그리고 실력양성을 위한 식산흥업운동을 중심으로 하는 애국계몽운동이 전개되었는데, 1911년 민간이 설립한 전통적인 초·중등 교육기관인 서당 16,540개 외에 조선인이 설립한 각종 사립학교는 1910년 2,225개였다.

이상으로 보건대, 개항기의 짧은 34년간에 근대화정책, 그리고 민간의 경제적·사회적 근대화 대응에서 의미 있는 진전이 있었다. 개항기는 체제전환기여서 곧바로 국력 증강의 의미 있는 성과를 거두지는 못하였더라도 국력 증강의 기반은 조성되어가고 있었던 것이다. 조선은 근대화의 희망이 없는 나라가 아니었다.

IV. 개항기 근대화의 비교사적 평가

필자는 1990년대까지 개항기 조선의 근대화 노력이 실패에 가깝다고 생각하였다. 돌이켜 생각하니, 그 이유는 다음과 같다. 첫째, 어찌되었던 식민지로 전락되었기 때문이다. 둘째, 5절에서 언급하겠지만, 막말(幕末)·명치기(明治期)의 일본보다는 근대화 역량이 현저히 떨어졌기 때문이다. 그러다 "경이로운 변혁으로 자주적 근대화에 성공한 일본과 비교하여 조선의 대응을 부정적으로만 평가하는 것은 공평하지 않다"라고 생각을 바꾸었다.[30] 이 절에서는 일본을 제외한 다른 아시아 국가들과 비교해보자.

〈표 3〉에 의하면, 1870~1913년간 유럽과 러시아, 북미와 호주·뉴질랜드의 평균 경제성장률이 3% 내외인 것은 이들 대륙의 대부분 국가들이 근대적 성장을 개시하였기 때문이다. 아시아와 아프리카는 평균 성장률이 1%를 넘었는데, 이들 대륙에서는 일본만이 3% 이상의 지속적 성장의 시대로 진입하였다. 이 시기 조선의 평균 성장률은 0.47%로 아시아·아프리카의 평균보다 훨씬 낮았다. 조선이 1876년에 개항하여 근대문명에 문호를 최후

---

30) 李憲昶, 2001, 앞의 논문, 401쪽.

에 개방한 국가에 속하였기 때문이다.

　19세기 전반과 중반은 경제의 침체기였으므로, 1880년대까지 조선의 성장률은 산업혁명 이전 1500~1820년간 세계의 평균 성장률인 0.32%보다 낮았다고 보아야 한다. 앞서 언급하였듯이, 개항기에 무역이 급증하였고 1890년대부터 논의 생산성이 상승하고 인구가 증가하여 개항된 지 20년 정도 지나 경제성장률이 높아졌다. 경제성장률에 대한 모든 추계가 최초 시점인 1911년경부터 3% 이상으로 나오는 것은 초기 통계의 과소평가를 충분히 보정하지 못한 것이겠지만, 그렇다 해도 1900년대 조선의 경제성장률은 상당히 높아져 있었다고 보아야 한다. 〈표 3〉에 나타난 인구와 1인당 생산의 증가가 1890년부터 시작되었다고 가정하면, 1890~1910년간 성장률은 아시아의 평균에 해당하는 1% 정도였다. 1890년대에 조선의 성장률은 1500~1820년간 세계의 평균보다 높아지고 1900년대에 동시기 아시아·아프리카의 평균보다 높아졌을 것으로 보인다. 아시아에서 일본을 제외하고 조선보다 문호개방의 충격에 경제적으로 빨리 반응한 나라를 찾기는 어렵다. 중국의 경제성장률은 1850~1887년간 태평천국의 난으로 -0.6% 정도였다가 1887~1914년간 1.0% 정도였다.[31] 후자의 시기에는 조선보다 성장률이 높았던 것 같으나, 전란의 회복이 작용하였다.

　조선 개항의 기점이 된 1876년 강화도조약은 중국 문호개방의 기점이 된 1842년 남경조약보다 34년 뒤졌고, 개항 전 조선은 중국보다 서양에 대해 폐쇄적이었다. 그래서 1879년에도 이홍장은 "세계에서 조선의 개화가 가장 늦은데, 그 나라의 사대부는 시세에 어두워 성법(成法)을 묵수(墨守)한다"고 개탄하였다. 그런데 1880년부터 조선은 중국의 양무운동에 비견할 만한 근대화정책을 추진하였고, 1884년에는 중국의 무술변법(戊戌變法)에 비견할만한 포괄적 제도변혁을 지향한 갑신정변이 일어났다. 일본의 요구가 작용한 바이지만, 조선의 근대적 제도개혁은 갑오개혁 단계에서 중국을 앞지르게 되었다. 그리고 조선에서 1890년대 후반부터 문명개화가 사회

---

31) 왕유루 王玉茹, 2007, 「중국 근대의 경제성장과 중장기파동」, 나카무라 사토루·박섭 엮고 지음, 『근대 동아시아 경제의 역사적 구조』, 일조각, 165쪽.

적 조류로 나타났는데, 이런 현상은 중국과 거의 동시기에 일어났다고 볼 수 있다. 중국에서 사회적 차원의 민족주의운동은 청일전쟁 이후에 나타나지만, 선각자에 의한 민족의식은 1860~1870년대에 나타나기 시작하였다.32) 중국 선각자의 민족의식은 조선보다 빨리 출현하여 조선에 영향을 미쳤지만, 사회적 차원의 민족주의운동에서 중국과 조선의 시차(時差)는 별로 없었다. 이상의 점에서 근대화에 대한 조선의 반응이 중국보다 빨랐다. 그래서 1890년대 후반부터 조선의 신문들은 중국의 근대화가 늦게 진행됨을 문제로 거론하였다.33) 청일전쟁 이후에는 양국 모두 빠르게 변하였다. 중국에서 1905년 과거제가 폐지되자 엘리트 교육을 독점하게 된 신식 학당은 1907~1912년간 3만 5,787개로부터 8만 7,272개로 급증하였으며, 그 등록 학생 수는 101만 명에서 293만 명으로 급증하였다.34) 1910년 조선의 신식 사립학교가 2,225개였다. 하니, 이 무렵 양국의 근대 교육에 대한 반응 속도는 모두 빨랐다. 청나라정부가 러일전쟁의 충격으로 입헌정치를 위한 준비를 하고 1911년 공화혁명이 일어난 점에서는, 중국이 조선보다 앞섰다.35)

재정 개선의 성과는 어떠한가. 중국정부의 수입은 1750년경 은화로 7,400만 냥 정도였으나, 문호개방 이후 급증하여 1880년대에는 2.5억 냥에 달하였다.36) 일본의 총정부지출은 1870년 2천만 원(圓) 정도였는데, 1881년 1억 원을, 1902년 5억 원을, 1910년 10억 원을 넘어섰다.37) 일본은 재정개혁에

---

32) Yen-P'ing Hao and Erh-Min Wang, 1980, "Changing Chinese views of Western relations, 1840-95," *The Cambridge History of China*, vol. 11 part 2, pp.188 ~201.
33) 앙드레 슈미드, 앞의 책, 161~167쪽.
34) Marianne Bastid-Bruguire, 1980, "Currents of social change," *The Cambridge History of China*, vol. 11 part 2, p.560.
35) 박훈(2009, 「근대 초기 동아시아에서 헌정의 수용양태 비교시론」, 백영서 외, 『동아시아 근대이행의 세 갈래』, 창비)은 조선이 중국보다 헌정에 대해 소극적이었다고 본다. 중국의 헌정 논의가 조선보다 활발하였으나, 중국에서 헌정 도입 추진은 러일전쟁 이후의 일임을 감안해야 한다. 그리고 조선에서 국권이 상실되자 1910년대에 곧바로 왕정이 포기되고 共和制가 대세가 되었으며, 여기에 대한 별다른 반발은 없었다(朴贊勝, 2008, 「한국의 근대국가 선설운동과 공화제」, 『歷史學報』 200).
36) Albert Feuerwerker, 1984, op.cit., p.300.
37) 江見康一・塩野谷祐, 앞의 책, 169쪽.

성공하여 근대화정책에 충분한 재정자금을 투입할 수 있었으나, 중국은 20세기 초에도 근대화정책에 투입할 자금의 부족으로 곤경을 겪었다.38) 대한제국의 총세입이 18세기 후반과 비슷한 점에서 조선 관료의 재정 개선 역량은 중국보다 못하였다.

일본 명치정부와는 달리 청조정부는 공업화를 촉진하는 역할을 하지 않았고, 이것은 중국의 경제발전을 늦추게 했는데,39) 조선에 대해서도 마찬가지의 지적을 할 수 있다. 그런데 양무운동기에 설립된 관영기업들의 다수가 중국의 대표적인 근대 기업으로 남았음에 비해 1883년 이래 조선정부가 설립한 관영(官營)기업은 거의 전멸한 것을 보면, 중국의 성과가 훨씬 좋았다. 중국은 1911년까지 9,334km의 철도를 가졌고 그 59%가 중국인 경영이었는데, 조선정부는 철도를 부설하려는 계획을 실현하지 못하였다. 1895~1913년간 중국인 자본으로 건설한 제조·광산업체수는 549개이며, 자본금은 1억 2,028만 8,000은원(銀元)이었다.40) 청조가 붕괴된 1912년경에도 중국 근대 공업은 초보적 단계였고 공업화의 황금시대는 1914~1922년간이었다.41) 1880년대 이후 중국의 산업 근대화의 성과는 명치유신 이후 일본에 비해 크게 뒤떨어졌지만, 유럽의 경험에 비추어볼 때 그렇게 비참한 것은 아니었다.42) 은 1원(元)은 보통 은 0.72량(兩)으로 환산되는데, 1903년 중국의 1해관량(海關兩)은 일본의 1.28원(圓)으로 환산된다.43) 그렇다면 1895~1913년간 중국인 자본으로 건설한 제조·광산업체의 자본금은 1억 2,563만 원(圓)이 된다. 『조선총독부통계연보』에 의하면, 1913년 말 조선인

---

38) 나카무라 사토루中村哲, 2007, 「동북아시아 경제의 근세와 근대, 1600~1900—그 공통점과 차이점—」, 『근대 동아시아 경제의 역사적 구조』, 51~52쪽.
39) 필립 리처드슨 지음, 강진아·구범진 옮김, 2007, 『쟁점으로 읽는 중국근대경제사 1800~1950』, 푸른역사, 162~163쪽.
40) Albert Feuerwerker, 1980, op.cit., pp.32~35.
41) 로이드 E. 이스트만, 이승휘 옮김, 1999(2003), 『중국 사회의 지속과 변화』, 돌베개, 241쪽.
42) 로이드 E. 이스트만, 위의 책, 257쪽.
43) Hsiao Liang-lin, 1974, *China's Foreign Trade Statistics, 1864~1949*, Cambridge: Harvard University Press(中國國際貿易統計手冊), p.191.

공장수는 139개, 그 자본금은 101만 5,498원, 그리고 조·일 합동의 공장수는 6개, 그 자본금은 34만 3,615원이었다. 중국인의 자본금이 조선인의 100배 정도이니, 근대적 공업에 대한 중국인의 진출이 조선인보다 활발하였다.

일본에서 19세기 말부터 20세기 초에 일어난 재래 공업의 발전이 중국 강남에서 조금 늦게 1910~1930년대에 나타났다. 도시지역에서는 공장제 수공업과 기계제 공장이, 농촌에서는 선대제 공업이 발전하였다. 식민지화 이전의 조선에 이런 정도의 재래공업 발전은 없었다.[44] 일본이 1890년대 이래 조선과 중국에 대해 면포와 면사의 수출을 증대하였는데, 조선에 대해서는 면포가, 중국에 대해서는 면사가 주종을 이루었다.[45] 기계방적사를 수입하여 직포하는 대응에서 중국이 조선보다 앞섰던 것이다. 일본과 중국은 생사가 주요한 수출품이었는데, 조선은 생사의 수출경쟁력이 없었다. 1868~1913년간 중국의 대외무역은 9배 이상 증가하였고, 중국은 20세기 초 수출품목의 다양화에 성공하였다.[46] 조선은 중국처럼 수출 품목의 다양화에 성공하지는 못했으나, 무역 증가율에서 중국보다 빨랐다. 1885~1910 년간 금은을 제외한 조선의 실질무역액은 16배 정도 증가하였던 것이다.[47]

중국이 경제적 대응에서 조선보다 앞선 것은 개항 전의 경제 격차를 반영한다. 『北學議』, 『熱河日記』 등 중국 여행기는 18세기에 중국이 시장과 기술의 발전에서 조선보다 앞섰음을 증언한다. 16~18세기 중국의 사회와 경제의 변화는 17세기와 18세기 초 영국에서 나타난 변화와 기본적으로 큰 차이가 없다.[48] "중국은 18세기 중엽까지만 해도 전근대 세계에서 가장 생산력이 높고 기술적으로도 가장 세련된 경제 중의 하나였다."[49] 그런데 18세기 중반부터 영국이 산업혁명을 수행하면서 그러하지 못한 중국과의

---

44) 나카무라 사토루中村哲, 앞의 논문, 53~56쪽.
45) 村上勝彦, 1979, 「日本帝國主義による朝鮮綿業の再編成」, 『日本帝國主義と東アゾア』, アジア經濟研究所, 107쪽.
46) 로이드 E. 이스트만, 앞의 책, 219, 224쪽.
47) 김낙년, 「조선무역의 장기동향」, 안병직 편, 『韓國經濟成長史』, 서울대학교출판부, 2001에서 계산.
48) 로이드 E. 이스트만, 위의 책, 207쪽.
49) 필립 리처드슨, 앞의 책, 21쪽.

격차는 크게 벌어졌다.

개항기 조선이 무역의 성장, 그리고 토지생산성의 상승 추세로의 전환이라는 점에서 중국보다 빠른 반응을 보였는데, 그것은 조선이 작은 반도국가인 데다가 시장 기반을 어느 정도 갖추었기 때문이었다. 조선은 18세기 중엽부터 농촌정기시인 장시(場市)가 천 개 정도에 달하였는데, 이러한 시장 하층에서 중국과 격차는 크지 않았던 것이다. 청일전쟁 이전 경제 이외의 사회적·문화적 대응에서 조선이 중국보다 빠르게 반응한 것은 조선이 중국보다 중화주의(中華主義)의 족쇄로부터 벗어나기가 상대적으로 쉬웠고 양국이 사회적 역량에서는 별 격차가 없었기 때문이다.

동북아 3국 이외의 아시아국가와 비교해보자. 1498년 포르투갈의 바스코 다 가마(Vasco da Gama)가 인도 항로를 발견하였다. 이어서 포르투갈은 1510년 인도의 고아를 점령하였고, 1511년 말라카를 장악하여 향료군도와 동아시아에 이르는 무역로를 확보하였다. 16세기 말까지 동양 무역은 포르투갈의 독무대였으나, 17세기 초부터 네덜란드, 영국, 프랑스 등이 차례로 인도와 동남아시아로 진출하였다. 향료군도에서 네덜란드는 1605년경 포르투갈을 제압하였다.

영국은 인도 무역에서 경쟁자인 네덜란드와 프랑스를 물리치고 1759년경에 독점적인 지위를 확보하였다. 영국은 1757년 플라시전투에서 뱅골 토후의 군대를 격파하여 인도 대륙을 지배하는 첫 발판으로 삼았다. 1818년 마라타의 붕괴로 영국은 인도 중부에 세력권을 확립하였다. 이후 동인도회사에 맞설 수 있는 유일한 세력인 펀잡의 시크왕국을 1849년에 병합하였다. 영국의 총독들은 1772년 사법개혁부터 시작하여 지속적으로 다방면의 제도 개혁을 추진하였고, 1880년대 전반에는 지방자치제의 실시로 선거 자치구가 크게 증가하였다. 영국은 1853년 철도를, 1854년에는 전신을 개통하였다. 영국에 지배되기 이전 인도 국가들은 유럽의 군사기술은 도입하였지만, 뚜렷한 정치적·경제적·사회적 개혁은 하지 않은 것으로 보인다. 인도인들은 1857년 세포이대폭동의 좌절을 경험한 이후 서구의 근대화에 관심을 가지게 되었다. 근대 인도의 선각자가인 람 모한 로이가 1828년 창설한 브라모 사마자는 힌두교를 개혁하고 사회 악습을 고치고자 했다. 그는 팜플렛, 신문, 공공 회합 등을 이용하여 인도인의 정치적 자유를 위해 노력하였다. 이어서 힌두교를 받들면서 민족의식을 고취하는 단체가 나타났다. 1857년에는 대학이 설립되었는데, 영국이 마련한 대학의 영어교육을 통해 서구 문화에 친숙해진 인도인이 1880년경 약 5만 명이 되었다. 이들 서구식 교육을 받은 사람들이, 1885년에 창설되어 인도 민족주의운동의 구심점이 되는 국민회의의 구성원이 되었다.50) 16세기 초부터 유럽이 진출한 점을 고려하면, 근대화를 위한 인도 사회의 반응은 조선과 중국보다 느렸다. 그런데 19세기 후반 인도인 공업의 발전은 주목할 만하다. 인도 중앙주(中央州)의 기계제 방적업의 추수(錘數)는 1879년 3만에 미달하였으나 1889년 6.7만으로 증가하여 영국 면제품의 점유율은 1876년 40%로부터 1886년 22%로 감소하였던 것이다.51)

동남아 국가들은 유럽의 조선술과 무기를 찬양하였으나, 전통적인 가치관으로부터 탈피하지 못하여 식민지화 전까지도 군사기술의 도입 이외의 근대화 노력은 부족하였다. 무역에 크게 의존한 동남아 국가들은 17세기의 상업위기에서 타격을 받았다. 19세기에 "새로운 서양의 맹공격에 직면한 국가들은 기술, 자본, 관료적 방법, 그리고 국민적 응집력이 결여되어 그 대가를 비싸게 치러야 했다."52)

동남아에서 가장 성공적인 나라는 베트남과 태국이었다. 1516년 아유타야(Ayutthaya) 왕조가 포르투갈과 우호통상조약을 체결하였으니, 태국은 조선보다 훨씬 긴 서양과의 교류의 역사를 가졌다. 태국은 짝끄리(Chakri) 왕조의 라마(Rama) 4세(1851~68)인 몽꿋(Mongkut)왕과 라마 5세(1868~1910)

---

50) 조길태, 2000, 『인도사』(개정판), 민음사.
51) 桜谷勝美, 2001, 「ウェスタン・インパクトから高度經濟成長へ」, 植村泰夫・桜谷勝美・堀和生 編, 『東アジア經濟の軌跡』, 靑木書店, 4쪽.
52) Leonard Y. Andaya, 1992, "Interaction with the Outside World and Adaptation in South East Asian Society, 1500-1800," Nicholas Tarling ed., *The Cambridge History of Southeast Asia*, Vol. 1, Cambridge University Press, pp.394~395 ; Anthony Reid, "Economic and Social Change, c. 1400~1800," ibid., pp.488~493, 500~504.

인 쭐라롱껀(Chulalongkorn)왕 통치하에서 동남아에서는 유일하게 근대적 주권국가로 발돋움하였다. 몽꿋왕은 서양문명을 적극 수용하여 군사와 민간체계, 행정, 그리고 법률제도를 개혁하였으며, 조폐소를 설립하고, 서구 언어의 교육을 강화하고, 고속도로와 운하를 건설하였다. 쭐라롱껀왕은 대학 수준 교육을 선포하고 사법·행정·재정·화폐제도 등을 개혁하고 서양력을 채택하였다.[53] 몽꿋왕와 쭐라롱껀왕의 근대화 실적은 개항기 조선 정부보다 양호하나, 양국 간 실적의 격차가 크지는 않은 것 같다.[54] 19세기 후반부터 신문과 잡지가 나타나 확산되었고 신문의 수효는 라마 4세 때 6종, 라마 5세 때 14종인 사실을 조선과 비교해보면,[55] 개항기 조선의 사회적 근대화는 태국의 수준으로 접근한 것으로 보인다.

1511년 말라카를 점령한 포르투갈인은 1540년경 베트남 중부 해안에 이르러 호이 안을 중심으로 무역에 종사하였다. 17세기 예수회 선교사들이 포교활동을 본격화한 이후 가톨릭 개종자가 생겼다. 1802년 성립한 응우엔 왕조는 서구의 침략을 경계하면서도 그 문물과 기술을 도입하려고 노력하였고, 중국보다 먼저 서양기선을 구입하였다.[56] 그런데 서양의 근대문명에 대한 근본적인 이해가 부족하여 그 도입에 별다른 성과를 거두지는 못했다. 그런 가운데 프랑스가 1858년부터 군사적 침략을 하여 1883년 베트남에 대한 지배권을 확립하였다. 1900년경부터 근대사상을 흡수하여 민족운동을 이끌어가는 세대가 출현하였다. 1907년 절반은 한자, 절반은 국어(國語)로 된 최초의 신문이 발행되었으나 곧 폐간하였다. 1913년『동양

---

53) 밀턴 오스본 지음, 조흥국 책임 번역·감수, 2003,『한 권에 담은 동남아시아 역사』, 오름, 103~4쪽 ; 밀톤 W. 마이어 지음, 김기태 옮김, 1994,『동남아사 입문』, 한국외국어대학교출판부, 64~67쪽 ; 김영애, 2001,『태국사』, 한국외국어대학교출판부, 99, 151~ 191쪽.
54) 라마 6세는 1902년 12월 16일부터 다음해 1월 14일까지 일본을 방문하고서 그 발전상에 깊은 감명을 받았던 데에서 드러나듯이(김영애, 앞의 책, 179쪽), 태국의 근대화 성과는 조선과 마찬가지로 일본보다 크게 뒤졌다.
55) 김영애, 앞의 책, 187쪽.
56) 노대환, 2010,「19세기 조선 외교 정책의 변화—베트남 응우옌 왕조와의 비교」,『조선시대사학보』53, 151~154, 160~161쪽에 의하면, 19세기 중엽 베트남 왕조는 근대화 정책을 추진하였다.

잡지』가 창간되었다. 1910년대 후반 과거제가 폐지되었다.57) 신문과 잡지의 발행 등에서 드러나듯이, 근대문명에 대한 베트남의 대응은 조선보다 느렸다. 조선에서는 순한글의 『독립신문』이 1896년부터 4년 가까이 발행된 것이다. 19세기 말 중국 개혁주의자의 영향으로 베트남 지식인들이 서양 저술의 번역서를 읽은 데에서 드러나듯이, 베트남의 대응은 중국보다 느렸다.58)

16세기 후반에 스페인이 필리핀을 점령하였는데, 19세기 후반에 필리핀인은 식민체제에 반항적인 경향을 띠게 되었다. 유럽에서 교육을 받은 호세 리잘(José Risal)은 민족주의운동으로 1896년 처형된 후 국부로 추앙받았다. 필리핀인은 스페인과 전쟁을 하여 1897년 정전협정을 맺었으며, 미국에 협력하여 스페인과 싸웠으며 1898년에 독립된 필리핀 공화국을 선포하기도 했다. 필리핀의 민족주의는 동남아에서는 최초이며 가장 눈에 띄는 현지인의 운동으로 나타났다.59) 이처럼 "식민지화가 이루어진 상태에서 민족주의 사상이 발달한 서구의 많은 식민지들과는 달리 한국은 1905년 을사조약이 체결되기 몇 년 전에 벌써 문명개화의 가능성을 탐구하기 시작했다."60) "1920년대 중엽이 되면 동남아에서 외세 통치로부터의 독립 획득이라는 기본적인 목표를 넘어 새롭고 혁명적인 정치 이론에 입각하여 통치되는 새로운 국가의 건설을 지향했던 근대적인 정치운동들이 시작되었"는데,61) 이러한 운동의 출발에서 한국과 거의 시기를 같이하였다.

동남아 지역에서는 20세기 전반에도 현지인 자본이 미약하여 토착 공업의 주된 담당자는 중국인이었다.62) 프랑스가 1861년 사이공을 함락했을 때 "프랑스인이건 베트남인이건 식민지 내의 누구도 준비하지 않았던 상업적 역할을 중국인 사업가들만이 할 수 있다는 것을 알았"고, 베트남인이

---

57) 유인선, 2002, 『새로 쓴 베트남의 역사』, 이산.
58) 밀톤 W. 마이어, 앞의 책, 104쪽.
59) 밀톤 W. 마이어, 위의 책, 91~92쪽.
60) 앙드레 슈미드, 앞의 책, 262쪽.
61) 밀턴 오스본, 앞의 책, 160쪽.
62) 植村泰夫, 2001, 「東南アゾアの植民地化と開發」, 『東アゾア經濟の軌跡』, 102쪽.

캄보디아인이나 라오스인보다 행정과 상업에서 유능하다는 것도 알았다.[63]

중앙 유라시아는 15~16세기까지는 "유목민의 군사력과 기동력, 그리고 오아시스 정주민의 경제력과 다양한 문화"의 덕분에 독자적인 세계를 이룰 수 있었으나, 그 후 유럽인에 의해 바다의 시대가 열리고 중국과 러시아가 중앙 유라시아로 팽창한 결과 몰락하였다. 신해혁명은 이들 지역의 민족주의를 자극하였다. 외몽고에서 청말에 반청운동이 일어났는데, 고위 왕공(王公)과 라마승들은 1911년 12월에 독립을 선언하였다. 티베트는 1913년 독립을 선언하였다. 신해혁명 이후 신장에도 민족주의가 나타났다.[64] 중앙 유라시아는 러시아와 중국의 압박을 받고 바다로부터 격리된 점에서, 반도이고 구미와 일본의 자극을 받은 조선보다 근대화에 불리하였다.

이슬람세계는 그 성립기부터 유럽과 접촉하였는데, 초기에는 문명적으로 유럽에 대해 우위에 섰으나, 17세기에 역전을 당하였다. 1683년 오스만 터키의 군대는 비엔나 공격에 실패하고 1699년 카를로비치 조약(Treaty of Carlowitz)이 체결되었는데, 이 시점부터 무슬림이 기독교세력 앞에 일방적으로 후퇴하였다. 이 조약 이후 오스만 지배층은 서양을 탐색, 모방할 가치가 있다고 보았는데, 초기에는 주로 군사적인 관점에서 접근하였다. 1774년 큐축카이나르자 조약은 오스만제국의 러시아에 대한 철저한 굴욕으로 넓은 의미에서 유럽과 중동 관계의 한 전환점을 이루었다. 그 이전에 서구 국가의 상업적 침식이 있었는데, 이후에는 러시아의 영토적 침식이 있었다. 이후에도 오스만제국은 과학과 기술, 그리고 제도에서 서구를 따라잡는 데에 무능하였다. 터키 지도자들은 문제를 잘 알고 일부 해결책을 가졌으나, 엄청난 제도적·이념적 장애를 극복할 수 없었다. 인쇄출판에 대한 터키인의 오래 지속된 거부는 1729년에야 종식되어, 터키출판사가 승인을 받았다. 그런데 한동안 서구 사상의 영향은 소수 집단에 국한되었다. 유럽의 새로운 사상은 번역물의 출판과 보급, 1820년대부터 시작된 주간지,

---

63) 밀턴 오스본, 앞의 책, 149, 153쪽.
64) 고마츠 히사오 외 씀, 이평래 옮김, 2005, 『중앙 유라시아의 역사』, 소나무, 7~8, 374, 380, 406~407쪽.

좀 뒤에 나타난 일간신문에 의해 더욱 확산되었다. 경제 분야에서 중동 통치자의 업적은 비교적 미미하였고, 진정한 의미의 현지인 은행은 제1차 세계대전 이후 나타났다. 프랑스혁명은 중동에 상당한 영향을 미친 최초의 사상운동이었고, 입헌군주국인 일본의 러일전쟁 승리는 충격을 주었다. 19세기 중반부터 애국주의는 새로운 민족주의로 대체되었다. 제1차 세계대전 직후의 격심한 위기 가운데 공화국 수립운동이 전개되었다.[65] 유럽문명의 충격에 대한 이슬람세계의 반응은 조선과 중국보다 빠르지 않았다. 1907년이 되면 중동 이슬람권의 국민총생산 중 공업의 비중은 10% 정도여서, 당시 일본에는 못 미쳤으나 중국과 조선보다는 높았다.[66] 그리고 오스만제국은 19세기에 들어와 세입을 현저히 늘렸던 점에서[67] 재정과 군사력의 성과에서는 조선보다 앞섰다.

이상의 개략적인 비교에 의하면, 정량적 비교 자료가 부족하여 평가에 애로가 있지만, 일본보다 근대화에 대한 반응이 느렸던 조선과 중국은 그외 아시아 국가보다는 빠르게 반응하였다. 필자는 조선의 대응이 다른 아시아국가보다 빨랐다고 해서 자부심을 가지자고 말하는 것은 아니다. 조선이 식민지화되었다고 해서, 그 이전의 역사를 무조건 비하하지는 말자는 것이다. 더욱 중요한 일은 지역 간 발전차를 결정하는 요인을 냉정하게 구명하는 것이다. 식민지화 이전 아시아국가의 근대화 노력에 관한 본격적인 비교 연구는 앞으로의 과제이다.

동북아 3국이 다른 아시아국가보다 근대화에 빠르게 반응한 것은 16세기부터 유럽의 근세적 단계의 충격을 받은 다른 아시아국가와 달리 19세기 중엽에 문호를 개방하여, 산업혁명으로 근대를 확립한 유럽의 한층 강렬한 충격을 받았기 때문이다. 게다가 문호개방 이전에 서양문명이 제한적이나마 유입되었다. 이 점에서는 난학(蘭學)이 성립한 일본이 서양문명

---

65) 버나드 루이스, 이희수 옮김, 1998/2009, 『중동의 역사』, 까치.
66) Charles Issawi, 1980, *The Economic History of Turkey 1800~1914*, The University of Chicago Press, pp.6~7.
67) K. Kivanc Karaman and Sevket Pamuk, 2010, "Ottoman State Finances in European Perspective, 1500~1914," *Journal of Economic History*, 70-3.

에 대한 이해도가 가장 높았고, 조선이 가장 폐쇄적이었다. 그리고 일본의 성공적인 근대화 추진은 1880년 이래 조선의 근대화를 자극하였다.

　동북아 3국의 근대화 대응이 빠른 것은 경제적·사회적 역량이 앞선 내부적 요인에도 힘입은 것으로 생각된다. 18세기에도 중국과 일본은 유럽과 비슷한 발전 수준에 있었다는 견해도 있다.[68] 1600년경 쌀농사지대인 동남아의 평균 인구밀도는 1km²당 5.8명인데,[69] 임진왜란 직전 조선의 인구밀도는 그 10배 내외였다.[70] 1600년경과 1800년경의 인도 인구는 각각 1.5억 명, 2억 명, 그래서 1km²당 인구밀도는 각각 35명, 47명 정도로 추정되었다. 1800년경 인도의 도시화율은 13%였고, 17세기에도 인도 상인은 인도양 무역의 주도권을 상실하지 않았다.[71] 인구밀도는 조선이 높았으나, 시장 상층은 인도가 더욱 발달하였던 것이다. 동북아 3국의 높은 인구밀도는 농업기술의 발달과 관련이 있다. 중국 청대의 인구 증가에서 드러나듯이, "전통적인 고급 단계의 유기 경제는 놀랄 만한 팽창과 변화의 역량을 보여 주었다."[72] 중국뿐만 아니라 도쿠가와(德川) 일본과 조선후기 사회도 소농경영이 발달하였다.[73] 조선은 원격지유통과 대도시라는 시장 상층에서 중국 및 일본보다 크게 뒤떨어졌지만, 18세기 중반부터 농촌정기시가 1만km²당 50개 정도에 달하였는데, 18세기 이전 아시아에서 이 정도의 정기시 밀도를 달성한 다른 나라는 중국뿐으로 보인다.[74] 『조선왕조실록』, 『儀軌』,

---

68) Kenneth Pomeranz, 2000, *The Great Divergence*, Princeton University Press, pp.3~4.
69) Anthony Reid, op.cit., p.463.
70) 열대에서는 높은 기온이 토양 약화, 물 관리 문제 등을 초래하여 온대보다 식량의 토지생산성이 낮은데(Jeffery D. Sachs, 2001, "Tropical Underdevelopment," NBER Working Paper 8119, pp.12~14), 동남아와 동북아의 토지생산성의 차이가 기후와 기술에 각각 어느 정도 기인하였던가는 앞으로 밝혀야 할 과제이다.
71) Irfan Habib, 1982/1987, "Population," *The Cambridge Economic History of India*, Vol. 1, Cambridge University Press, pp.167, 169 ; A. Dasgupta, "Indian Merchants and the Trade in the Indian Ocean," *The Cambridge Economic History of India*, Vol. 1, pp.427~431.
72) 필립 리차드슨, 앞의 책, 156쪽. 14세기 중국 선진 지대의 토지생산성은 전통적인 단계에서는 최고 수준에 도달하여 20세기 후반 근대 기술의 도입으로 비로소 돌파되었다는 견해도 있다(D.H. 퍼킨스 지음, 양필승 옮김, 1997, 『中國經濟史 1368~1968』, 신서원).
73) 나카무라 사토루中村哲, 앞의 논문, 20~30쪽.

중국 여행기, 개인의 문집, 현존하는 고문서 등으로 보건대, 조선시대에 기록문화가 발달하였다.[75] 전근대에 동북아 3국은 서유럽과 더불어 기록문화가 가장 발달한 지역으로 보인다. "일본 근세의 문서자료가 질량으로 풍부함은 경탄할 만한 일"인데, 지방 문서는 일본이 특히 많고 오스만 터키가 상대적으로 매우 적고 조선이 그 중간이었다.[76] 그런데 조선후기 국가문서는 질량에서 도쿠가와 일본에 뒤떨어지지 않았다. 동북아 3국은 모두 유럽의 복식부기법을 도입하기 이전에 복식부기의 초기적 형태를 이용하였다.[77] 동북아 3국에서는 사(士)를 중심으로 하는 지식층이 전국적으로 분포하고 문호개방 이전에 교육이 사(士) 이외의 평민 계층으로 상당한 정도 확산되었다. 이러한 교육발전에서 일본이 가장 앞서서 서유럽에 대등한 수준이었다.[78] 18·19세기에서 인적 자본의 축적도에서 일본뿐만 아니라 중국도 세계적으로 높은 수준이었고 그것이 근대경제의 따라잡기(catch-up)를 지원하였다는 가설이 있는데,[79] 교육, 기록문화, 수많은 문집 등으로 보건대, 조선에서 인적 자본의 축적은 중국에 대등한 수준으로 보인다. 동북아 3국은 국가기구의 발달로 사회의 행정적 편성이 성숙한 편이었다.[80] 1800년경 사회적 정교성에서 일본과 중국은 인도를 앞질렀다.[81] 이상에서

---

74) 李憲昶, 1993, 「資本主義의 成立과 市場經濟」, 『泰東古典研究』 10 ; 1994, 「朝鮮後期 忠淸道地方의 場市網과 그 變動」, 『經濟史學』 18.
75) 조선인의 중국 여행기는 약 400종 확인되는데, 월남인의 것을 질량으로 압도한다(임형택, 2010, 「17~19세기 동아시아 상황과 연행·연행록」, 실학박물관 편, 『燕行 세계로 향하는 길』, 12~13쪽). 이것은 기록문화뿐만 아니라 선진 문명에 대한 학습 열의를 반영할 것이다.
76) 國文學研究資料館 編, 2009, 『中近世アーカイブズの多國間比較』, 岩田書院, 8, 424~423쪽.
77) 이헌창, 2009, 「19세기·20세기초 商去來 會計文書로서의 掌記에 관한 연구」, 『古文書研究』 35, 161쪽.
78) 이헌창, 앞의 논문(「조선시대를 바라보는 제3의 시각」), 154쪽 ; 그레고리 클라크 지음, 이은주 옮김, 2009, 『맬서스, 산업혁명, 그리고 이해할 수 없는 신세계』, 한스미디어, 384~388쪽.
79) Joerg Baten, Devin Ma, Stephen Morgan and Qing Wand, 2010, "Evolution of Living Standards and Human Capital in China in 18-20th Century: Evidence from Real Wage and Anthropometrics," Explorations in Economic History, 47(3).
80) 足立啓二, 2001, 「東北アジアの近代化と從屬化」 『東アジア經濟の軌跡』, 23쪽.

살펴본, 구미 근대문명의 본격적인 충격을 받기 이전 각국의 문명 역량은 그 수용을 위한 자산, 달리 말해 따라잡기(catch up)를 위한 사회적 역량 (social capability)으로 연결되었을 것이다.[82] 그것은 20세기에 아시아가 아프리카보다, 아시아 중에서는 동북아 3국이 지속적 성장의 국면으로 먼저 진입한 사실을 상당한 정도 설명할 것이다.

그런데 조선이 자주적 근대화에 성공하기 위해서는 더 빠른 대응과 더 높은 성과가 필요하였다. 그러하지 못한 데에는 어떤 요소가 부족하였는지 다음 절에서 살펴보자.

V. 개항기 근대화를 제약한 요인

3절과 4절에서 개항기 조선의 근대적 변화가 느린 편은 아니었고 아시아에서는 평균 이상의 성취였음을 지적하였다. 개항기에 조선은 다방면에서 근본적인 변화를 경험하였으나, 보호국으로 전락하던 시점에도 근대화 개혁은 전반적으로 불완전하였고 근대화 역량은 식민지화의 위기를 막기에 미흡하였다. 독립협회가 추구하던 초보적 입헌군주제 국가는 성립하지 못하였다. 민간의 경제활동을 촉진할 회사법 등 사법(私法)을 정비하지 못하였다.[83] 근대화를 추진할 재원을 제대로 확보하지 못하였다. 그래서 정부는 사회간접자본을 제대로 구축하지 못했고, 근대산업을 잘 보호·육성

---
81) 그레고리 클라크 지음, 앞의 책, 385~388쪽.
82) 그레고리 클라크, 위의 책, 341쪽에 의하면, 영국의 "산업혁명은 정착농경사회에서 좀 더 합리적이고 경제지향적인 사회로 서서히 진보하는 과정에서 나온 결과물이다"고 하였는데, 아시아 각국의 이러한 진보 수준은 근대문명의 수용하는 역량을 결정하는 중요한 요인이었을 것이다.
83) "중국은 고대로부터 근대적인 행정법이나 형법에 해당하는 법률은 갖고 있었지만 근대적인 상법이나 민법과 같은 법률은 전혀 없거나 또는 적었다. 또한 사법권과 행정권은 근대 서구에서처럼 분리되어 있지 않았다."(Chuzo Ichiko, "Political and institutional reform, 1901~1911," *The Cambridge History of China*, vol. 11 part 2, p.408). 이것은 중국 법제도를 도입한 조선에서도 마찬가지였다.

하지 못하였다. 근대적 기업은 연약한 싹을 힘들게 키우고 있는 실정이었다. 완고한 쇄국정책을 추진하다 개항을 강요당한 나라에게 개항으로부터 러일전쟁까지의 30년간에 많은 변화를 기대하는 것은 무리한 일이다.

민두기에 의하면, 중국과 일본이 19세기 말부터 "그 시대적 과제를 추구함에 있어 몹시 조급하여 역사의 시간과 숨가쁜 경쟁을 했었다."[84] 중국·일본보다 늦게 문호를 개방하고 가혹한 외압에 직면한 조선이 국가 주권을 유지하면서 근대화에 성공하기 위해서는 역사의 시간과 더욱 숨가쁜 경쟁을 하지 않을 수 없었고, 그 경쟁에서 결국 좌절하여 식민지화되고 말았다.

개항기 조선에 대한 외압은 일본보다는 말할 나위도 없고 중국보다도 가혹하였다. 조선의 국제조약의 불평등성은 일본보다 가혹하였고 중국보다 덜하지 않았다. 게다가 조선의 자주적 변혁을 위해 주어진 근대화의 시간은 매우 짧았다.[85]

조선의 근대화정책이 이러한 가혹한 외압을 극복하기에는 불충분한 것은 명백하다. 그래서 조선이 문호개방의 충격에 대해 일본만큼 비상한 대응 역량을 발휘하지 못한 이유를 탐구할 필요가 있다. 조선이 시간과 경쟁하면서 자주적 근대화에 성공하기 위해서는 일본의 명치유신처럼 후발성의 이점을 활용하여 근대화의 성공을 뒷받침하는 국가권력의 수립이 필요하였다. 일본은 1854년 가나가와(神奈川)조약 이후 14년이 지나 그런 국가권력을 창출하였고 1889년 입헌정체(立憲政體)의 헌법을 공포하였다. 조선은 변법개화파가 이런 점을 자각하고 개항된 지 8년 만에 명치유신을 본받은 갑신정변을 일으켰으나 실패하였다. 독립협회가 1898년 의회설립운동을

---

84) 민두기, 2002, 『시간과의 경쟁』, 연세대학교출판부, 2~3쪽.
85) "중국의 경우에는 제국주의의 억압적이고 착취적인 영향이 증대, 누적되어 중국이 성공적으로 대응하기에 너무 늦게 되기까지에는 최초의 불평등조약인 1842년 南京條約으로부터 약 반세기가 흘렀다. 조선의 근대적 변혁을 좌절시킨 최대의 외압이 중국과 일본의 경쟁적이고 상호누적적인 침략이라고 한다면, 조선을 둘러싼 중국과 일본의 대립과 그에 수반된 경쟁적인 진출의 구조는 개항된 지 6년 지나 임오군란을 기점으로 구축되기 시작한 것으로 보아야 할 것이다."(李憲昶, 2006, 『韓國經濟通史』(제3판), 法文社, 246쪽).

하였으나 좌절하였다.

필자는 갑신정변의 정강과 그것을 추진한 변법개화파 인물들로 보건대 정변이 성공하였더라면 자주적 근대화의 가능성이 있었다고 본다. 그런데 갑신정변의 지지 기반이 약하고 청나라가 무력 개입할 가능성이 높았으므로, 그 성공 가능성은 희박하였다. 따라서 개화파와 고종이 협력하여 제도 개혁을 수반한 부국강병을 지속적으로 추진하는 것이 자주적 근대화의 성공을 도모하는 유일한 길이었다. 이 길을 통해 근대화정책이 활기차게 진행된다 하더라도, 조선보다 국력이 훨씬 강한 중국, 일본 및 러시아가 조선을 자신의 영향권 아래에 두려는 강력한 의도를 고려한다면, 자주적 근대화의 성공을 장담하기는 어려운 일이었다. 그래도 조선의 근대화정책이 활기차게 진행되고 그 전도가 밝다면, 중립화를 관철시킬 여지가 있는 것이다.

갑신정변의 좌절 후에는 고종이 독립협회와 협력하면서 갑오개혁의 성과를 계승 발전시켰다면, 자주적 근대화에 성공하였을 가능성은 배제될 수 없다. 그런데 청일전쟁으로 동북아에서 중일 간 세력균형이 무너져 일본의 야욕과 영향력이 증대하였고 민비 시해로 정치적 불신이 심화되었으므로, 그 성공의 문은 한층 좁아졌다. 필자는 대한제국이 제도 개혁의 미약한 성과와 당시의 약한 국력으로 보건대 가혹한 외압을 극복하기는 어려웠을 것으로 생각한다. 구본신참에 의거한 대한제국의 양전사업은 소유권 제도 개혁과 재원 확보에서 제한적인 성과를 거두는 데에 그쳤다. 대한제국은 근대기업을 육성하기 위한 노력을 기울였으나, 그것을 위한 제도 개혁에는 소홀하였다.

근대화를 유효하게 추진할 국가기구의 수립을 위해서는 내각·의회제도 등 제도개혁이 필요하였는데, 이것은 결국 왕권의 제약을 수반하지 않을 수 없었다. 그래서 개화파와 고종·근왕세력의 이해관계를 조정하면서 근대화정책을 활력 있게 추구하는 것은 매우 어려운 일이었다. 그래서 갑신정변이 일어나고 독립협회의 운동이 실패한 것이다. 고종과 개화파가 힘을 합치지 못한 데에는 고종이 책임을 면할 수는 없지만, 갑신정변과 갑오

개혁의 경험으로 자신의 왕권에 제약을 가할 근대화정책을 기피하는 고종의 모습은 인간 일반의 약점이기도 하다. 정치근대화를 추진한 갑신정변과 독립협회운동이 좌절한 것은 결국 개화파가, 아니 조선사회가 근대 국가를 건설할 정도의 역량을 가지지 못하였기 때문이다.

19세기 후반 일본은 근대 국가의 수립에 성공한 반면 조선은 국가의 근대적 개조에 충분한 성과를 거두지 못하였는데, 그 원인은 무엇인가. 왜 자주적 근대화에 일본은 성공하고 조선은 실패하였는가라고 묻기보다는 왜 일본이 조선보다 근대화에 더 잘 대응하였는가라고 묻고자 한다. 근대 국가의 수립이라는 목표 의식을 가지고 명치유신에 참여한 일본의 개화지식인층이 갑신정변에 참여한 조선의 개화지식인층보다 훨씬 두터웠다. 개항기에 개화사상의 성장과 확산은 괄목할 만하였지만, 갑신정변 당시 개화사상을 가진 세력은 아직 소수의 엘리트에 국한되어 있었다. 시급히 추진된 갑신정변을 지지한 사회세력은 없었으나, 독립협회운동은 서울시민의 지지를 받았다. 일본에서는 호농(豪農)·호상(豪商)이 명치유신을 지지하였는데,[86] 조선에서는 경제적 선진세력의 근대적 변혁운동에 대한 지원이 그만큼 뚜렷하게 나타나지는 않았다.[87] 경제적·문화적 역량뿐만 아니라 국가제도의 차이도 정치변혁에 영향을 미쳤다. 일본의 도쿠가와 막부가 고종처럼 자신의 권력을 유지하면서 제한적인 근대화정책을 추진하자, 유신세력이 서남 웅번(雄藩)의 군사력에 의거하여 막부를 타도하였는데, 중앙집권체제인 조선의 개화세력은 그처럼 지방의 무력 기반을 활용할 수가 없었다. 일본의 막번제(幕藩制)가 조선의 중앙집권제보다 국가통합을 통한 외세에의 대응에 불리하였으므로, 일본인은 조선인보다 정치변혁의

---

[86] 大石嘉一郎은 豪農의 역할에 주목한 반면 石井寬治는 상인적 대응을 더욱 중시하였다(石井寬治, 2000, 「幕末開港と外壓への對應」, 石井寬治·原郎·武田晴人 編, 『日本經濟史1 幕末維新期』, 東京大學出版會, 46~47쪽).

[87] Daron Acemoglu, Simon Johnson & James Robinson, 2005, op.cit.에서는 대서양 무역의 성장이 서유럽에서 재산권을 존중하는 제도로의 변혁을 지원하는 상인층을 성장시켰다고 보았는데, 이러한 현상은 조선보다 시장이 발달한 일본에서 더욱 뚜렷하게 나타났다.

목표를 더욱 분명히 인식할 수 있었다.

　일본은 조선과 중국보다 문호개항 전후 구미의 충격에 대한 위기의식이 강하였고 근대문명에 대한 이해가 신속하였고 민족주의를 활용한 국민적 통합에도 유능하였다.88) 그래서 명치정부가 조선정부보다 근대화정책을 훨씬 효과적으로 수행하였다. 앞서 언급하였듯이, 일본은 조선 및 중국과 달리 근대화를 지원할 재정 확충과 근대산업의 육성에 성공하였다. 일본에서는 1886~1888년경 면방적업, 철도업, 광산업을 중심으로 기업이 발흥하였는데, 이 기업발흥기는 산업혁명의 개시기로 파악된다. 러일전쟁을 획기로 역직기(力織機)가 급속히 보급되었고, 러일전쟁 직후에는 생산수단의 국산화 방향이 확정되었다. 그런 점에서 러일전쟁 직후에 산업혁명이 완료되었다고 평가되기도 한다.89) 조선은 식민지화된 무렵에도 기업발흥기를 맞이하지는 못하였다. 일본은 제사업 등 재래공업의 발전에서도 조선보다 훨씬 앞섰다. 뿐만 아니라 명치기(明治期)에 일본인은 군사적 개혁, 근대 학문의 수용 등 다방면에서 뛰어난 역량을 발휘하였다.

　그러면 조선의 근대화 역량이 전반적으로 일본에 뒤떨어진 원인은 무엇인가. 문호개방 이전 조선은 주자성리학을 편식(偏食)한 반면, 일본의 사상은 조선보다는 물론이고 중국보다도 다원적이고 실용적이었는데, 이러한 문화적 차이가 서양문명의 수용 태세와 근대적 개혁 역량에 영향을 미쳤다. 유교는 도덕의 공리(功利)에 대한 지배를 중시하여 근대문명의 수용과 근대적 개혁에 불리하게 작용하였는데, 유교가 지배력을 행사하지 않은 일본은 그런 약점을 가지지 않았다. 그리고 문무를 겸비한 사무라이가 문에 편중된 사대부보다 군사력의 활용과 기존 질서의 타도에 유능하였다. 조선에서 강고한 지배력을 행사한 주자성리학은 개항 전에 서양 문명의 도입을 억제한 이념이었고 개항 후에도 마찬가지의 기능을 수행한 위정척사(衛正斥邪)사상의 이념을 이루었다. 조선에서도 서양 학문을 탐구하는 서학(西學)이 있었지만, 일본의 난학에 미치지 못하였는데, 그 한 원

---

88) 백영서 외, 『동아시아 근대이행의 세 갈래』, 제1부.
89) 石井寬治, 1991, 『日本經濟史』(第2版), 東京大學出版會, 181쪽.

인으로 유교가 조선에서는 지배 이념인 반면 일본에서는 그러하지 못하였던 점을 들 수 있다. 조선을 통치한 양반층은 군자의 도덕적 수양인 수기(修己)에 근본 의의를 두면서 '君子不器(군자불기)'라 하여 전문성을 경시하는 유교 문화에 흠뻑 젖어, 개항기에 들어가서도 재정 개선과 근대 산업의 육성에 유능하지 못하였다. 중국의 신사(紳士)도 이러한 단점을 가졌지만, 시장의 발달과 유교문화의 다원화로 조선의 양반보다 이재(理財)에 밝았다.[90] 그런데 유교는 국가통합, 교육 발전 등 근대화를 지원하는 강점도 가졌다. 유교의 합리주의를 발전시킨 실학은 조선에서도 근대 문명의 수용에 유리한 자산이었다. 그런 점에서 유교 자체라기보다는 그 관념화·독선화가 근대화 대응역량을 약화시켰다고 하겠다.[91] 중국의 사상은 조선보다는 다원적이었으나, 유교이념에 관련된 중화주의가 중국에서 근대문명의 도입에 지장을 초래하였다. 조선도 중화주의의 질곡(桎梏)을 가졌지만, 중국의 변경이어서 중국보다 빨리 그것으로부터 벗어날 수 있었다.

이러한 문화적 요인보다 근대화와 국력 향상을 제약한 더욱 근본적인 요인은 시장경제의 낮은 발전 수준이다. 19세기 전반에 조선의 무역의존도가 1.5% 정도, 1만 명 이상 도시 인구의 비중이 2.4% 정도로 매우 낮았던 데에서 드러나듯이,[92] 시장경제의 상층은 발달하지 않았다. 조선의 시장이 중국과 일본보다 낮은 수준에 머문 사실은 18세기 말 일본과 중국 복건

---

90) 徐有榘는 「擬上經界冊(下)」에서 중국에 있는 '理財用法', '貨殖之利', 내지 '治財之術'이 조선에 없는 것을 개탄하면서, 그 예로서 재정이 궁핍해지는데도 상공업세를 거의 거두지 못하는 현실을 들었다.
91) 예컨대 박제가의 해로무역육성론은 궁극적으로 인민을 부유하게 하기 위한 것으로 유교의 富民 이념을 바탕에 두고 있다. 성리학자였던 홍대용은 지구가 둥글다는 사실을 안 다음에 중화주의를 극복한 '華夷一也'라는 세계관을 제시하였다. 안병태는 19세기 후반과 20세기 전반에 일본인이 조선인보다 우월한 경제적 역량을 발휘한 것은 전자의 경제적 합리주의와 후자의 유교주의의 차이에 기인하였다고 보았는데(安秉珆, 1977, 「日本人地主の經濟的合理主義と經營方式」, 『朝鮮社會の構造と日本帝國主義』, 龍溪書舍), 엄밀하게 말하면, 일본에서는 사상의 다원적 발전과 시장의 발전이 경제적 합리주의를 양성한 반면, 주자성리학에 편식한 조선에서는 유교의 폐단이 강하게 나타났다. 유교의 공과에 대한 평가는 이헌창, 2004, 「제한된 합리적 선택으로서 조선시대 유교」, 『韓國實學研究』 7, 한국실학학회를 참조하라.
92) 이헌창, 2006, 「한국사에서의 수도 집중」, 『韓國史研究』 134, 4쪽.

성(福健省)의 1인당 화폐량이 각각 조선의 11배, 5.5배였던 데에서도 드러난다.[93] 일본은 18세기에 전국적 시장이 형성되고 이어서 선대제와 매뉴팩처 등 초기자본주의가 나타났던 점에서 조선보다는 경제적으로 선진적이었는데, 일본 경제발전은 명치유신을 지원하였다.[94] 문호개방 전 중국 선진지대와 일본 사이에는 유의미한 경제적 격차가 없었다.[95] 조선에서는 시장이 발달하지 못하였으므로, 구입 비료가 거의 사용되지 못하고 상업적 농업과 공업의 발전도 낮았다. 문호개방 이전에 일본과 중국에서와 달리 조선에서는 농촌공업지대, 곧 초기공업화(Proto-Industrialization)가 확인되지 않는 것이다.[96] 그래서 개항 후 조선은 공업 발전에서 일본과 중국에 뒤지고, 일본·중국과 달리 상업적 작물을 거의 수출하지 못하였다.

시장이 발달하지 못한 농경사회라는 환경은 주자성리학의 득세를 낳았다. 주자성리학의 물욕(物慾) 내지 사리(私利) 추구의 억제관이 시장의 성장을 제약하는 면도 있지만, 조선보다 시장이 발달한 중국과 일본에서는 주자성리학의 영향력이 훨씬 약한 점에서 알 수 있듯이, 경제환경이 문화를 규정하는 힘은 더욱 근본적이었다. 시장이 발달한 일본의 막번제라는 중앙집권적 봉건제에서는 중국과 조선의 중앙집권제와 달리 유교가 지배이념이 되지 못하였고 사상의 다원성이 높았다. 그래서 문호개방 당시 일본인이 가장 실용적이었고 조선인이 이재 역량에서 가장 뒤졌다.

요컨대 조선은 시장경제 상층의 미발달로 개항 당시 국력이 약하고 주자성리학의 지배가 강고하여 개항기 시간과의 절박한 경쟁에서 졌다. 그래도 4절에서 언급하였듯이, 인구와 정기시의 높은 밀도에서 드러나는 경

---

93) 岩橋勝·李紅梅, 2010,「近世日本中国朝鮮における貨幣經濟化比較史試論」, 大阪經濟大學日本經濟史研究所 編,『東アジア經濟史研究 第一集—中國·韓國·日本·琉球の交流』, 思文閣出版, 71쪽.
94) 服部之總, 1954,『維新史の方法』, 理論史;關口尙志, 1982,「問題提起—開港の世界經濟史」, 石井寬治·關口尙志 編,『世界市場と幕末開港』, 東京大學出版會, 17~20쪽 ; 中村哲, 1991,『日本初期資本主義論』, ミネルヴァ書房.
95) 馬家駿·湯重南, 1988,『日中近代化の比較』, 六興出版, 18~29쪽.
96) 安秉直, 2005,「キャッチ・アップ過程としての韓国經濟成長史」,『歷史学研究』802, 11~12쪽.

제력, 그리고 교육·학문·기록문화의 발달 등의 사회적 역량은 근대문명에 대한 일정한 대응을 낳았다. 인구와 정기시의 높은 밀도로 보건대, 농업기술과 시장경제의 하층은 발달한 편이었던 것이다. 나아가 시장경제의 상층도 발달하였더라면, 그 대응력이 한층 강화되었을 것이다.[97]

VI. 식민지화로 귀결된 한국사[98]의 경로의존성(經路依存性)

국권 상실의 가장 중요한 내부 요인인 약한 경제력과 군사력은 개항 이전의 유산이다. 낮은 세율로 재정 규모가 작은 것도 개항 이전의 유산이다. 게다가 개항 전 19세기에 재정위기가 닥쳐 있었다. 그래서 개항기에 갑자기 경제력과 재정의 강화를 기대하기는 어려운 일이었다.

개항 전에도 조선의 위정자들이 조선이 중국과 일본에 비해 가난하다는 현실을 모르지는 않았다. 그래도 유교의 가르침에 따라 가난보다는 불평등을 더욱 근심하고 민생이 안정되면 가난하게 살더라도 걱정하지 않았다. 이들은 경제를 어디까지나 도덕사회를 실현하는 수단으로 간주했다. 그런데 조선후기 실학파 중 이용후생학파 내지 북학파는 가난을 기본 문제로 간주하여 그 원인을 제시하고 그 극복을 위한 대책을 강구하였다. 북학파 중 가장 탁월한 경제인식을 제시한 박제가는 18세기 후반에 조선이 작고 가난하여 국내 산업을 육성하여 이원(利源)을 다 개발하여도 부국을 이루기가 힘들지만, 3면이 바다로 둘러싸여 있고 중국과 해로로 가까워 무

---

97) 아세모글루 등은 도시화율과 인구밀도를 경제발전의 중요한 지표로 보았다 (Acemoglu, Daron, Simon Johnson & James A. Robinson, 2002, "Reversal of Fortune: Geography and Institution in the Making of the Modern World Income Distributions," *Quarterly Journal of Economics*, 117, pp.1232, 1237~1244). 〈표 3〉에서 드러나듯이, 조선시대에 세계적으로 인구밀도는 높았던 반면, 도시화율은 매우 낮았다(이헌창, 2006, 앞의 논문, 28쪽). 도시화율은 시장경제의 상층, 인구밀도는 그 하층에 관련된 점에서, 우리가 양 지표를 함께 보면, 전근대 경제발전도를 더욱 유효하게 파악할 수 있을 것이다.
98) 이 글에서 조선은 조선왕조를, 한국사는 조선시대를 포함한 전시기를 의미한다.

역이익을 크게 거둘 수 있다고 보았다. 그런데 조선조 동안 해로 통상이 이루어지지 못해서 가난하다는 것이다. 조선 국가는 민간인 선박이 외국에 가는 것을 금지하였고, 중국과는 조공사절에 수반된 육로무역만 허용하였고, 서양과의 무역을 금지하였다. 아시아국가에 대해서는 해금(海禁)정책이, 서양에 대해서는 쇄국정책이 채택되었던 것이다. 박제가는 무역이익을 누구보다 예리하게 파악하였고 무역 제한이 경제발전을 제약하는 현실에 대한 정확한 진단을 토대로 하여 부국책으로서 해로무역 육성론을 제시하였다. 그는 1786년 정조에게 제출한 정책건의안에서 "우리나라의 큰 병폐는 가난입니다. 가난은 무엇으로 구제할 것인가 하면 중국과 통상하는 길뿐입니다"라고 주장했다.[99]

박제가의 주장이 당시 조선의 부강을 도모할 수 있는 최상의 방안임은 개항기 무역 급증이 경제성장을 낳은 사실, 그리고 박정희집권기 수출이 경제성장의 엔진으로 작용한 사실로 입증되었다. 영토가 크지 않은 반도 국가인 조선이 중앙집권화되면서 현물재정이 경제통합에 중요한 기능을 발휘하여 시장의 성장이 제약을 받는 상황에서, 시장발전을 도모할 수 있는 유일하고도 최상의 방도는 국제무역을 활성화하는 것으로 판단된다. 달리 말해 조선의 폐쇄경제가 약한 국력을 낳은 주된 요인이었다. 중국과 일본은 조선과 마찬가지로 무역에 대한 제한이 강하였지만, 중국은 국내 시장의 규모가 거대하였고 인구가 조선의 2배인 도쿠가와 일본은 중앙집권적 봉건제라는 독특한 체제 아래 축소형 세계경제를 이루었으므로, 조선에 비해 무역 제한의 경제에 대한 부정적 효과를 줄일 수 있었다.[100] 조선은 영토가 크지 않기 때문에, 개항전 무역억제책의 타격, 그리고 그 후 개방경제의 이익이 한층 컸던 것이다.

박제가는 국제무역이 활성화되면 사상적인 폐쇄성이 극복될 것이라는 효과도 지적하였다. "서양 서적은 선조 말년부터 전래되어 고관·석학들이

---

99) 『北學議』「通江南·浙江商舶議」·「丙午所懷」.
100) 李憲昶, 1999, 「朝鮮後期社會와 日本近世社會의 商品流通의 比較研究」, 『財政政策論集』 創刊號, 韓國財政政策學會, 86쪽.

이를 보지 않는 이가 없다"고[101] 할 정도로, 폭넓은 영향을 미쳤다. 그런데 유교 이외의 문화에 대해 배타적인 주자성리학의 지배력이 강고하였으므로, 개항 전 서양 문명의 영향력은 매우 제한적이어서 개항 후 근대화가 지장을 받았다. 서양 무역도 포함하여 무역이 활성화되면, 이익 추구 동기를 중시하는 관념이 성장할 뿐만 아니라 서양 문화의 침투와 이해가 진전되었을 것이다.

조선의 근대화를 제약한 주요한 사회적 요인은 양반제라는 폐쇄적 신분제이다. 그런데 도쿠가와 일본은 폐쇄적인 사농공상제로 상당한 경제발전을 이루었으므로, 폐쇄적 신분제가 무조건 근대화를 저해한 결정적인 요소라고 볼 것까지는 없다. 양반층의 보수적 사고와 상업에 종사하지 못하는 현실이 경제발전에 더욱 심각한 제약요인으로 보아야 한다. 그래서 유수원 및 박제가와 같은 실학자는 양반층의 상업종사를 주장하였다. 양반이 상업에 종사하고 국제무역이 활성화되면, 경제적·문화적으로 진취적인 세력이 되어 근대화에 우호적인 자산이 되었을 것이다.

이상의 점에서 필자는 해로무역육성책이 채택되었더라면 나라가 부강해지고 실학과 서학의 영향력이 확산되어 근대문명의 충격에 더욱 능동적으로 대응할 수 있었다고 믿는다. 그랬더라면 자주적 근대화의 전망이 어둡지 않았다.[102] 그런데 개항 전 해로무역의 육성을 주장한 조선인은 극소수였다. 거의 모든 엘리트는 박제가와는 달리 국제무역으로 인한 경제적 이익이 크지 않은 반면, 서학의 확산과 상업의 활성화로 유교 윤리가 타락하는 부작용이 심각하다고 생각하였다.[103] 그런 가운데 정조와 같은 뛰어난 군주도 박제가의 주장을 채택하지 않았다. 정조는 기본적으로 주자학

---

101) 安鼎福『順菴叢書』권17, 雜著 天學考(乙巳).
102) 동남아에서는 무역이 활발한 지역이 식민지로 전락하였고, 무역에 덜 의존적인 국가가 17세기 상업위기를 잘 극복해나갔는데(Anthony Reid, op.cit.), 이 사실에서 드러나듯이, 무역 발전이 지속적 근대성장의 충분조건일 수는 없다. 필자는 민간 무역을 제한한 정책이 조선의 경제발전에는 중대한 애로 요인이었다고 주장한다.
103) 이헌창, 2003, 「조선 중·후기 실학자의 해로무역육성론(海路貿易育成論)」, 『조선시대의 사상과 문화』, 집문당.

자이면서 실학자의 성향도 가지고 있었다고 평가되는데,[104] 서학의 확산을 경계하였다. 그는 시장의 긍정적 기능을 인식한 군주였으되 박제가와 같은 정도로 시장의 의의를 이해하고 가난의 문제의식을 절실히 가지지는 않았다. 정조와 같은 진보적인 인사의 입장에서 드러나듯이, 결국 조선사회는 박제가의 개혁·개방론을 수용할 수 없었다. 사리(私利) 추구를 경계하는 주자성리학의 강한 영향력이 정책 전환의 중대한 제약 요인이었던 것이다.

그렇다면 개항 전 조선시대에 식민지화의 책임을 물어야 하는가? 그런데 개항 전 조선시대도 보통 이상의 성취를 이루었다.[105] 그래서 개항기에 들어가 근대문명의 충격에 대해 아시아에서는 보통 이상의 대응력을 발휘할 수 있었다.

조선의 경제발전에 대한 기본 장애 요인인 민간무역의 억제책은 조선왕조 이전부터 시작되었다. 신라와 당나라의 국가권력이 약화된 9세기의 동북아 해역에 민간 무역이 성장하는 가운데 장보고 등 신라인이 동아시아 해역의 무역을 주도한 사실은 널리 알려져 있다. 그런데 고려인은 사절단과 무관하게 사적으로 해로무역에 종사하지 않게 되었는데, 이것은 민간 해상무역의 억제책 때문으로 보인다. 명의 조공책봉체제에 깊게 편입된 조선 초에 사무역이 금지되어 무역 제한이 특히 강하였다. 그러다 16·17세기에 무역 제한이 완화되어 조공사절에 수반한 민간 육로 무역이 허용되었다. 청나라는 정성공(鄭成功)의 반란세력을 봉쇄하는 1656년부터 해금을 강력히 추진하다 1684년에는 완화하였는데, 조선은 더욱 완고하여 1882년

---

104) 李東歡, 2000, 「正祖 聖學의 性格」, 『民族文化』 23.
105) "조선시대에 집권국가제도의 발전, 法典의 정비, 公 관념의 진전, 유교의 이상에 가까운 정치 발전, 관료행정의 발전, 농업기술의 발전, 인구와 농촌정기시의 높은 밀도, 소농경영의 성장, 회계의 발전, 사유제도의 진전, 노비제의 해체, 중서층의 성장에 따른 반상제의 동요, 정치적·경제적 주체로서 민의 성장, 사회와 사회적 자본의 형성, 선진문명의 학술 열의, 기록문화의 발전, 학술의 발전, 실학의 성립, 교육의 확대 등 정치·경제·사회·문화 전반의 고른 변화가 있었을 뿐만 아니라, 지역적으로 균등한 발전이 있었다."(이헌창, 앞의 논문 「조선시대를 바라보는 제3의 시각」, 158쪽).

에야 해금을 해제하였다.

조선이 무역에 소극적인 근본 원인은 중국의 조공책봉체제에 깊게 편입되었기 때문이다. 이 체제 아래 중국은 무역의 경제적 동기를 외교적·군사적 동기를 종속시켜서, 중국에 공물을 바치고 선물을 받는 공무역을 중시하고 민간 사무역을 규제하였다. 이러한 조공책봉체제의 채택은 무역의 경제적 이익을 희생하였지만, 중국에게는 변경의 평화를 유지하면서 종주권(宗主權)을 확보하는 이익을 주고 조선에게는 중국과의 평화적 관계를 낳았는데, 후자가 전자보다 높게 평가되었으므로, 조공체제는 양국 모두에게 합리적 선택이라고 할 수 있다. 676년 당나라가 한반도 전역을 지배하려는 시도가 좌절된 이후 중원에 위치한 국가가 조선을 침공한 적은 없던 것이다.[106] 국경을 맞닿은 나라 간에 이처럼 장구한 세월의 평화는 세계사에서 유례를 찾기 힘들다. 조공책봉체제로 장구한 세월의 평화와 안정을 누린 만큼, 그것이 무역의 발전을 제약하여 국력을 약화시켜 훗날 식민지화의 원인이 되었다고 한탄할 것까지는 없다.

조공책봉체제는 특히 조선시대에 국제적 평화를 보장하여, 개항 전 약 500년 동안 임진왜란, 병자호란 외에 국가를 위협하는 외침은 없었다. 이러한 평화 속에서 조선은 군비에 소홀하였고, 적은 군사비 덕분에 조세를 적게 거두어 절약하며 지냈다. 조선은 조세를 적게 거두어 절약하면서도 환곡 등으로 민생안정에 적극적인 시책을 행한 점에서 유교의 이상에 가까운 정치를 펼칠 수 있었다. 그 결과 재정과 군사력이 약화되어, 앞서 살펴본 바와 같이, 개항기 자주적 근대화에 지장을 초래하였다. 갑자기 세율을 증가하는 것은 조세 저항을 유발할 우려가 있었고, 군사력의 강화도 단기간에 이루어지기 어려운 노릇이었다.

결국 중국의 조공책봉체제에 편입된 것이 장기간 국제평화를 보장한 반면, 무역발전, 그리고 재정과 군사력의 강화에 불리하게 작용하였다. 만약 고구려가 삼국을 통일하여 한반도와 만주를 장악하는 강력한 국가가 존속

---

106) Hun-Chang Lee and Peter Temin, 2010, "The Political Economy of Preindustrial Korean Trade," *Journal of Institutional and Theoretical Economics*, 166-3.

하였다면, 동아시아에서 중국이 종주권을 행사하는 조공책봉체제가 성립하기 곤란하였고 유럽처럼 국가 간 경쟁체제가 성립하였을 수도 있다. 그런데 신라의 통일로 영토가 한반도에 국한된 이후 출현한 국가는 중국에 도저히 대적할 수 없었다. 게다가 일차적으로 원(元), 이차적으로 청(淸)의 성립으로 중국과 대항하는 만주의 독자적인 세력이 소멸되고 만주가 중국의 영토로 확고히 편입되어 한반도의 국가는 중국과 국경을 맞닿게 되었다. 그 결과 원·명·청시대의 고려와 조선은 외교적 자유가 한층 약해지고 중국의 국제질서에 강하게 편입될 수밖에 없었다. 그래서 원의 간섭을 받았고, 명의 조공체제에 깊게 편입되었다.107) 중국처럼 선진 문명의 군사적 강대국이 조공책봉체제를 요구하는데, 중국과 국경을 맞닿은 소국인 조선이 그것에 순응하는 것은 불가피하였다. 그렇다면 한국의 영토가 반도에 국한되고 중국이 만주까지 확고히 지배하여 조선과 국경을 공유하게 되는 지정학적 환경 속에서 조선왕조, 아니 통일신라 이래의 한국사의 궤적은 기본적으로 정해졌다고 생각된다. 국제환경을 동일하게 하고 한반도에 백인이나 흑인과 같은 다른 인종을 살게 하여 다시 실험을 하더라도, 역사가 크게 달라지지는 않았을 가능성이 있다.

앞서 1900년경 일본의 국내총생산은 조선의 5배 정도, 1인당 생산은 2배 정도라고 언급했다. 조선의 개항 전에는 이 정도는 아니었지만, 이미 양국 간 국력 차는 상당히 벌어져 있었고 일본의 1인당 생산은 조선보다 높았다. 한국의 삼국시대까지, 그리고 일본으로 보면 율령국가의 성립 이전인 6세기경까지는 한국이 일본보다 문명적으로 선진적이었다. 그런데 어떻게 그 후 양국 간 격차가 줄어들어 16세기 전후 일본이 조선을 추월하게 되던가? 한국은 지리적 위치로 중국의 영향을 강하게 받아 중앙집권체제가 순조롭게 정착하고, 조공무역체제로의 편입으로 사무역(私貿易)이 10세기 이후 위축되었다. 규모가 크지 않은 나라에서 국제무역이 활발하지 못하고 현물재정의 운용 원칙이 강화되어서는 시장의 역동적인 발전이 곤란하

---

107) P. I. Yun, 1998, "Rethinking the Tribute System: Korean States and Northeast Asian Interstate Relations, 600-1600." Ph.D. diss., University of California: Los Angeles.

였다. 그 반면 일본은 중화질서로부터 상대적으로 자유로운 지리적 위치로 분권제가 뿌리를 내리고 유교 이념의 영향력이 약하였다. 도쿠가와 일본은 집권적 봉건제로 문화적 다원성이 높아 조선과 중국보다 서양 근대문명을 훨씬 원활히 수용할 수 있었다. 국제환경·정치제도·문화의 이러한 차이로 인해 일본에서는 한국과 달리 국가재분배의 힘이 약한 반면 시장이 지속적이고 역동적으로 발달하였다. 전근대에 한일 간 경제발전속도의 차이는 '지리→정치제도→시장발달'의 인과관계로 상당 부분 설명될 수 있다.108)

VII. 맺음말: 식민지화의 책임을 어디에 물을 것인가

1910년 조선이 식민지화된 내적 원인은 조선의 약한 국력에서 쉽게 찾을 수 있다. 국력의 괄목할 신장을 위해서는 근대 공업국가로 발돋움해야만 했다. 후진적인 조선이 공업화를 활기차게 추진하기 위해서는 일본의 명치유신(明治維新)처럼 근대국가를 창출하여야 했으나, 국가의 부분적 개량에 그쳤다. 개항기에 다방면의 근대적인 변화가 있었고 그 속도는 아시아 대륙에서는 늦은 편이 아니었으나, 그런 정도로는 조선이 개항 후부터 30년 정도 주어진 '시간과의 경쟁'이란 가혹한 도전에서 이길 수가 없었다. 그래서 국권 상실의 책임을 개항기에 살았던 조선인에게만 돌릴 수는 없다. 그것은 식민지화 이전 한국사의 전시기가 책임질 일이다. 개항기의 가혹한 외압을 극복할 수 있는 길이 있었다 하더라도, 그것은 비범한 노력과 국제환경의 행운이 따라야 이룰 수 있는 몹시 좁은 문이었다. 단, 개항기에 세입을 18세기보다 늘리지 못한 사실 등은 개항기의 대응이 식민지화

---

108) Hun-Chang Lee, "When and how did Japan catch up with Korea?—A comparative study of the pre-industrial economies of Korea and Japan," CEI Working Paper Series, No. 2006-15, Institute of Economic Research, Hitotsubashi University (http://cei.ier.hit-u.ac.jp/working/2006/main.html).

의 책임으로부터 면제되기는 어려움을 드러낸다.

　조선의 1인당 생산이 적고 세율이 낮고 군사력이 약한 것은 개항 전의 유산이었다. 주자성리학의 강고한 지배력은 개항 전부터 실학과 서학의 확산을 제약하였다. 국제무역이 활성화되지 못하고 도시화율이 낮은 것은 경제발전을 제약하여 국력을 약화시키고 주자성리학이라는 도덕주의의 번성을 낳은 환경을 제공한 점에서, 시장 상층의 미발달은 식민지화로 귀결된 근본적인 내부 요인이었다.

　시장 상층이 미발달하고 재정과 군사력이 약하고 유교 이념이 강한 것은 조선이 조공책봉체제의 중화세계질서에 깊게 편입된 사실과 관련이 있다. 6절에서 조공책봉체제로의 편입은 불가피하고도 합리적인 선택이라고 보았다. 조공책봉체제에 편입되어 해금 등 민간 무역에 대한 제약이 강한 상태에서 시장 발전이 도모될 수 없어 경제성장에 근본적인 제약이 따랐다. 중화세계질서가 제공한 장기간 평화는 군사력의 약화, 나아가 낮은 세율을 낳았다. 시장이 미발달한 농경사회 위에서 성립한 집권국가체제는 유교, 그중에도 도덕적 이념이 특히 강한 주자성리학의 정착에 양호한 좋은 환경을 만들었고, 국제평화는 낮은 세율로 安民의 유교 이상을 실현할 수 있게 하였다. 조선시대 사람들은 근대경제학을 몰라 극소수를 제외하고는 무역 제한이 장기적으로 경제발전을 제약한다는 사실을 몰랐으며, 경제력을 더욱 빠르게 신장하지 않으면 20세기에 들어가 식민지화될 것이라는 사실을 알 도리가 없었다.

　중국이라는 대국의 역사를 독립변수로 전제한다면, 고구려가 멸망한 이후부터 식민지화까지 동아시아의 지정학적 환경에서 한국의 역사적 궤적은 대체로 정해졌다고 할 수 있다. 그렇게 역사의 수레바퀴가 흘러가는 과정에서 결국 조선이 식민지화된 것이다. 조선이 식민지화된 내적 요인은 약한 국력이지만, 조선의 국력을 규정한 근원적인 요인은 국제환경이었다. 여기서 특정 개인이나 단체가 잘못해서 식민지화된 것은 아니다. 물론 고종과 개화파가 비범한 능력을 발휘하였다면, 정조가 장수하여 진보파를 보호한 가운데 진보세력의 역량이 더욱 강화되었더라면, 소현세자(昭顯世子)

가 왕위를 계승하여 중국·서양 문물의 도입에 적극적이었더라면 하는 등의 아쉬움은 남는다. 그래서 식민지화 이전의 한국사의 궤적이 필연적이라고 할 것까지는 없어도, 신라의 삼국통일 이후 역사의 수레바퀴가 나아갈 방향은 대체로 정해진 것이었다.

식민지화 이전의 한국사를 규정한 근본적인 요인이 동아시아의 지정학적 환경이라면, 우리는 식민지화를 중국이라는 이웃을 잘못 둔 탓으로 돌려야 할 것인가. 그런데 고조선부터 조선왕조까지 한국은 중위권 이상의 문명 수준을 유지하였는데, 이것은 인접한 중국이라는 선진문명의 전파에 힘입은 바가 컸다. 개항 전 조선왕조는 정치·경제·문화 등의 영역에서 전근대 국가로서는 보통이나 그 이상의 성취를 이루었다. 그로 인해 축적된 사회적 역량은 개항기 근대문명의 수용, 그리고 20세기 역사발전에 기여하였다. 그리고 고구려의 멸망 이후 이웃한 중국과 장구한 세월의 평화를 누렸다. 중화세계에 깊게 편입되어 서양문명의 도입과 무역 발전에 불리한 바가 있었지만, 중국과 이웃하여 누린 이익은 그것을 능가하였다. 일본이 근대화에 성공한 일은 특별한 일로서, 설사 중국과는 다른 성격의 나라가 국경을 공유했다고 해도 식민지화를 피했을 것이라는 보장은 없다.

그렇다면 조선을 식민지화한 일본을 이웃으로 둔 것을 원망해야 할 것인가. 일본은 근대화의 성공적인 수행으로 개항기 조선의 근대화를 자극한 반면, 조선의 지배를 집요하게 추구하였다. 그런데 제국주의시대에는 국력이 약하고서는 일반적으로 주권을 보전하기가 힘들었다. 1882년에 임오군란으로 조선을 둘러싼 중국과 일본의 대립이 본격화되고 곧 이어 러시아도 조선에 개입하는 가혹한 국제환경, 그리고 절박한 '시간과의 경쟁'에 직면하였다.[109]

식민지화를 포함하여 조선왕조의 역사는 세계사적으로 보아 보통의 역

---

[109] 국제환경 내지 지리적 위치는 19세기 조선의 자주적 근대화에 불리하게 작용하였으나, 전근대와 근대를 포괄하는 장구한 세월로 본다면 한국은 국제관계의 혜택을 본 나라였다고 필자는 평가한다(이헌창, 2009, 「한국 근·현대의 국제환경」, 해외한민족연구소 편, 『한반도 제3의 기회』, 華山文化社).

사였다. 19세기까지 아시아에서는 일본이 유일하게 자주적 근대화에 성공하였는데, 그것은 놀라운 성취였다. 조선 식민지화의 내인(內因)과 아울러 일본 근대화 성공의 내인을 함께 탐구하여 비교해보는 과제가 흥미롭고도 유익하게 생각된다. 19세기 후반 일본인이 조선인보다 근대화에 우월한 역량을 발휘하였는데, 그 차이는 제도·문화·경제환경 등에 규정된 것이었다. 앞서 언급하였듯이, 양국 간 제도·문화·경제환경 등의 차이는 장구한 세월에 걸쳐 형성된 것으로 궁극적으로 지리적 위치의 영향을 크게 받았다. 한국을 둘러싼 국제환경이 청일전쟁과 제2차 세계대전으로 근본적으로 변하자, 해방 후 한국인은 국민국가를 수립하고 대외지향적 개발전략을 추진하면서 일본인에 못지않은 역량을 발휘할 수 있었다. 그리고 근대의 기술발전은 지리의 속박을 완화시켰다.

1910년 국권 상실에 이르는 과정을 보고 얻을 수 있는 역사적 교훈은 무엇일까. 박제가처럼 우리나라의 지리적 위치와 국제환경을 냉철히 고찰한 다음 우리의 국력과 사회적 역량을 증대하는 전략을 수립하는 일은 100년 전의 식민지화를 피하는 길이었을 뿐만 아니라 앞으로 한국이 다른 나라에게 무시당하지 않는 방도이기도 하다. 이러한 전략은 대외적으로 국익에 도움이 되도록 국제관계를 설정하고, 대내적으로 각 개인의 능력 발휘가 사회에도 공헌하도록 제도를 설계하는 일이다.

❖ 참고문헌

고마츠 히사오 외 씀, 이평래 옮김, 2005, 『중앙 유라시아의 역사』, 소나무.
김기태 옮김, 1994, 『동남아사 입문』, 한국외국어대학교출판부.
김낙년 편, 2006, 『한국의 경제성장 1910~1942』, 서울대학교출판부.
김낙년, 2001, 「조선무역의 장기동향」, 안병직 편, 『韓國經濟成長史』, 서울대학교
    출판부
김근수, 1992, 『한국잡지사연구』, 한국학연구소.
김영애, 2001, 『태국사』, 한국외국어대학교출판부.

金載昊, 1997,「甲午改革이후 近代的 財政制度의 形成過程에 관한 硏究」, 서울대 경제학박사학위논문.
金泰雄, 1997,「開港前後~大韓帝國期의 地方財政改革 硏究」, 서울대 문학박사학위논문.
그레고리 클라크 지음, 이은주 옮김, 2009,『맬서스, 산업혁명, 그리고 이해할 수 없는 신세계』, 한스미디어.
나카무라 사토루·박섭 엮고 지음, 2007,『近代 東아시아 經濟의 歷史的 구조』, 일조각.
노대환, 2010,「19세기 조선 외교 정책의 변화―베트남 응우옌 왕조와의 비교」,『조선시대사학보』53.
로이드 E. 이스트만 지음, 이승휘 옮김, 1999(2003),『중국 사회의 지속과 변화』, 돌베개.
민두기, 2002,『시간과의 경쟁』, 연세대학교출판부.
밀턴 오스본 지음, 조흥국 책임 번역·감수, 2003,『한 권에 담은 동남아시아 역사』, 오름.
밀톤 W. 마이어 지음, 김기태 옮김, 1991/1994,『동남아사 입문』, 한국외국어대학교출판부.
朴二澤, 2008,「식민지기 조선인 인구추계의 재검토: 1910~1940」,『大東文化硏究』63.
朴贊勝, 2008,「한국의 근대국가 건설운동과 공화제」,『歷史學報』200.
박희진·차명수, 2004,「조선후기와 일제시대의 인구변동」, 이영훈 편,『수량경제사로 다시 본 조선후기』, 서울대학교 출판부.
백영서 외, 2009,『동아시아 근대이행의 세 갈래』, 창비.
버나드 루이스, 이희수 옮김, 1998/2009,『중동의 역사』, 까치.
앙드레 슈미드 지음, 정여울 옮김, 2007,『제국 그 사이의 한국 1895~1919』, 휴머니스트.
吳斗煥, 1991,『韓國近代貨幣史硏究』, 韓國硏究院.
유인선, 2002,『새로 쓴 베트남의 역사』, 이산.
李東歡, 2000,「正祖 聖學의 性格」,『民族文化』23.
李相一, 1995,「雲養 金允植의 思想과 活動 硏究」, 동국대 문학박사학위논문.
이영훈, 2011,「17세기 후반-20세기 전반 手稻作 土地生産性의 長期趨勢」, 낙성대경제연구소, WP 2011-7.

李潤相, 1996, 「1894~1910년간 재정 제도와 운영의 변화」, 서울대 문학박사학위 논문.
李憲昶, 1999, 『韓國經濟通史』, 法文社.
———, 1999, 「朝鮮後期社會와 日本近世社會의 商品流通의 比較硏究」, 『財政政策論集』 創刊號, 韓國財政政策學會.
이헌창, 2001, 「개항기 근대화정책」, 안병직 편, 『韓国経済成長史―예비적 고찰』, 서울대학교출판부.
———, 2003, 「조선 중·후기 실학자의 해로무역육성론(海路貿易育成論)」, 『조선시대의 사상과 문화』, 집문당.
———, 2004, 「한국 전근대 무역의 類型과 그 변동에 관한 연구」, 『경제사학』 36.
———, 2004, 「제한된 합리적 선택으로서 조선시대 유교」, 『韓國實學硏究』 7, 한국실학학회.
———, 2006, 「한국사에서의 수도 집중」, 『韓國史硏究』 134.
———, 2009, 「한국 근·현대의 국제환경」, 해외한민족연구소 편, 『한반도 제3의 기회』, 華山文化社.
———, 2009, 「19세기·20세기초 商去來 會計文書로서의 掌記에 관한 연구」, 『古文書硏究』 35.
———, 2010, 「조선시대를 바라보는 제3의 시각」, 『韓国史硏究』 148.
이헌창 엮음, 2010, 『조선후기 재정과 시장: 경제체제론의 접근』, 서울대학교출판문화원.
임형택, 2010, 「17~19세기 동아시아 상황과 연행·연행록」, 실학박물관 편, 『燕行 세계로 향하는 길』.
조길태, 2000, 『인도사』(개정판), 민음사.
필립 리처드슨 지음, 강진아·구범진 옮김, 2007, 『쟁점으로 읽는 중국근대경제사 1800~1950』, 푸른역사.
河元鎬, 1997, 『韓國近代經濟史硏究』, 신서원.
玄光浩, 2002, 『大韓帝国의 対外政策』, 신서원.
D. H. 퍼킨스 지음, 양필승 옮김, 1997, 『中國經濟史 1368~1968』, 신서원.

石井寬治, 1991, 『日本經濟史』(第2版), 東京大學出版會.
———, 2000, 「幕末開港と外壓への對應」, 石井寬治·原郎·武田晴人 編, 『日本經濟史1 幕末維新期』, 東京大學出版會.

岩橋勝・李紅梅, 2010, 「近世日本中国朝鮮における貨幣經濟化比較史試論」, 大阪經濟大學日本經濟史研究所 編, 『東アジア經濟史研究 第一集—中國・韓國・日本・琉球の交流』, 思文閣出版.
江見康一・塩野谷祐, 1976/1988, 『財政支出(長期經濟統計 7)』, 東洋經濟新報社.
大川一司・高松信清・山本有造, 1974/1989, 『国民所得(長期經濟統計 1)』, 東洋經濟新報社.
植村泰夫・桜谷勝美・堀和生 編, 2001, 『東アゾア經濟の軌跡』, 靑木書店.
村上勝彦, 1979, 「日本帝國主義による朝鮮綿業の再編成」, 『日本帝國主義と東アゾア』, アジア經濟研究所.
中村哲, 1991, 『日本初期資本主義論』, ミネルヴァ書房.
安秉直, 2005, 「キャッチ・アップ過程としての韓国經濟成長史」, 『歷史学研究』 802.
安秉珆, 1977, 「日本人地主の經濟的合理主義と經營方式」, 『朝鮮社会の構造と日本帝国主義』, 龍溪書舍.
馬家駿・湯重南, 1988, 『日中近代化の比較』, 六興出版.
國文學研究資料館 編, 2009, 『中近世アーカイブズの多國間比較』, 岩田書院.

Acemoglu, Daron, Simon Johnson & James A. Robinson, 2002, "Reversal of Fortune: Geography and Institution in the Making of the Modern World Income Distributions," *Quarterly Journal of Economics*, 117.

Acemoglu, Daron, Simon Johnson & James Robinson, 2005, "The Rise of Europe: Atlantic Trade, Institutional Change and Economic Growth," *American Economic Review*, 95.

Baten, Joerg, Devin Ma, Stephen Morgan and Qing Wand, 2010, "Evolution of Living Standards and Human Capital in China in 18-20th Century: Evidence from Real Wage and Anthropometrics," *Explorations in Economic History*, 47(3).

Braudel, Fernand, 1979, *Civilization and Capitalism 15th~18th Century*, Vol. II, trans. by S. Reynolds, Harper & Row.

Dasgupta, A., 1982/1987, "Indian Merchants and the Trade in the Indian Ocean," *The Cambridge Economic History of India*, Vol. 1.

Fairbank, John F. and Kwang-Ching Liu eds., 1980, *The Cambridge History of China*, vol. 11 part 2, Cambridge University Press.

Feuerwerker, Albert, 1984, "The state and the economy in late imperial China,"

Theory and Society, 13-3.

Galor, Odel, 2005, "From Stagnation to Growth: Unified Growth Theory," Phillipe Aghion and Steven N. Durlauf eds., *Handbook of Economic Growth*, Volume 1A, Elsevier North-Holland.

Habib, Irfan, 1982/1987, "Population," *The Cambridge Economic History of India*, Vol. 1, Cambridge University Press.

Issawi, Charles, 1980, *The Economic History of Turkey 1800~1914*, The University of Chicago Press.

Lee, Hun-Chang, "When and how did Japan catch up with Korea?—A comparative study of the pre-industrial economies of Korea and Japan," CEI Working Paper Series, No. 2006-15, Institute of Economic Research, Hitotsubashi University (http://cei.ier.hit-u.ac.jp/ working/2006/main.html).

Lee, Hun-Chang and Peter Temin, 2010, "The Political Economy of Preindustrial Korean Trade," *Journal of Institutional and Theoretical Economics*, 166(3).

Karaman, K. Kivanc and Sevket Pamuk, 2010, "Ottoman State Finances in European Perspective, 1500~1914," *Journal of Economic History*, 70(3).

Maddison, Angus, 2003, *The World Economy: Historical Statistics,* Paris: OECD.

Maddison, Angus, 2007, *Contours of the World Economy, 1-2030 AD*, Oxford University Press.

Pomeranz, Kenneth, 2000, *The Great Divergence*, Princeton University Press.

Rawski, Thomas G., 1989, *Economic Growth in Prewar China*, University of California Press.

Sachs, Jeffery D., 2001, "Tropical Underdevelopment," NBER Working Paper 8119

Tarling, Nicholas ed., 1992, *The Cambridge History of Southeast Asia*, Vol. 1, Cambridge University Press.

Yun, P. I., 1998, "Rethinking the Tribute System: Korean States and Northeast Asian Interstate Relations, 600-1600." Ph.D. diss., University of California: Los Angeles.

국권 상실의 정치사상적 요인

김 정 호 (인하대학교)

I. 머리말

이 글은 한말(韓末) 국권 상실의 정치사상적 요인을 해명하려는 것이다. 본론에 앞서 올해로 정확히 101년이 경과한 국권 상실의 원인을 정치사상적 측면에서 분석하려는 작업이 연구의 시각, 방법과 범위, 그리고 내용 등 모든 부분에서 상당히 어려운 것임을 토로하지 않을 수 없다.

한 국가의 흥망성쇠(興亡盛衰) 과정에는 역사적으로 장기간 축적되어 온 내적·외적 요인이 존재하기 마련이다. 시대에 따라 혹은 국가적 특수성에 기인하여 어느 한 쪽이 두드러지기도 하고, 두 가지 요소가 모두 중요하게 작용하기도 함은 물론이다. 우리의 경우는 어떠한가? 그동안 우리는 100년 전 망국(亡國)의 외적 요인에 대해서는 많은 연구를 진행해 왔다. 반면 우리 자신의 역사적 과오를 과감 없이 드러낼 수밖에 없는 내적 요인을 언급하는 데에는 매우 인색해 왔던 것이 사실이다. 특히 국권 상실과 관련하여 내적 요인을 지적하는 것이 자칫 망국의 필연성만을 강조하게 되어 결국 일본의 식민지화를 정당화하려는 일본 보수주의자들의 논리에 동조하는 것이 아니냐는 비판에 흔히 직면하기도 한다. 지금까지 한국 학계에서 한말 국권 상실의 요인을 내적 모순에 집중하지 못하고 주로 일본 제국주의의 침략이나 국제질서 또는 정세변동이라는 외적 모순에 치중해 온 것도 그 이유라고 생각된다.[1] 그럼에도 불구하고 과거 역사적 치욕에 대한

---

1) 주권상실에 이르는 한말의 정치변동을 설명하는 기존연구의 경우에도 주로 국권 상

철저한 자기반성을 통한 성숙된 역사의식의 고취와 민족의 미래발전이라는 목적을 놓고 볼 때, 현 시점에서 국권 상실의 외적 요인과 함께 내적 요인을 철저히 검토하는 작업은 연구가 갖는 본질적 어려움을 상쇄할 수 있을 정도로 큰 의미를 지니고 있는 것이라고 판단된다.

국권 상실의 요인을 정치사상적 측면에서 분석할 경우 수반되는 어려움 또한 지적될 수 있다. 정치사상이란 일반적으로 '시대의 문제를 인식하고 해결하려는 과정에서 형성되고 전개된 정치적 사유방식과 행위양식'을 의미[2]하고 그 특성상 '과거'와 '현재'를 연결하는 '연속성'을 지니고 있다.[3] 이렇게 본다면 한말 국권 상실의 정치사상적 요인을 분석하려 할 경우 우선 동시대(同時代)의 문제를 진단하고 처방을 제시하려 했던 한국 내 모든 정치세력의 사유체계 및 현실행태에 대한 분석내용이 제시되어야 할 것이다. 동시에 그들에게 영향을 미쳤던 정치사상적 요소들, 구체적으로 정치의식, 행태, 제도 등의 기반이 되었던 전통적인 정치이념 및 관념에 대한 설명도 필요할 것이다. 따라서 내적 요인 분석을 위한 연구범위와 대상은 '국권상실기(國權喪失期)'에 한정되지 않고 최소한 '조선조'라는 광범위한 담론체를 필요로 하는 것이 될 수밖에 없다. 다시 말해 조선의 건국으로부터 국권 상실에 이르는 역사적 과정에서 축적된 내적 모순을 분석하지 않으면 안 되는 것이다.

이 점은 외적 요인으로서 일본의 정치사상적 특성을 설명하는 경우에도 동일하다. 실제로 국권 상실을 강제한 일본의 경우, 역사적으로 한반도 침

실 과정에서 일본 제국주의 침략에 어떻게 각 세력 또는 집단들이 정치적·사상적으로 대응했는지, 그것이 지니는 의미는 무엇인지를 해명하려는 데 목적을 두어 왔다고 볼 수 있다. 즉 '원인'보다는 '대응'에 초점을 맞춰왔던 것이라 할 수 있다.

2) 이와 관련하여 박충석 교수는 정치사상을 '정치적 사고의 존재양식'이라는 측면에서 파악했고(박충석, 1982, 『韓國政治思想史』, 三英社), 김한식 교수는 "인간·자연·신(神)의 정치적 상관관계를 인간의 입장에서 논리적으로 전개한 일련의 학적(學的) 체계"(김한식, 2006, 『한국인의 정치사상』, 백산서당, 64쪽)라고 정의한 바 있다.

3) 심지어 외형상 이전(以前)과 이후(以後)가 전혀 다르게 보이는 정치사상의 경우라도, 결국 '이전'을 인식하고 그것을 극복 또는 전환시킨 것이라는 점에서 연속적 측면을 지니고 있는 것이다.

략을 포함한 자민족 중심의 대외팽창 노선을 견지하는 정치사상적 경향을 근세 이후 지속해 왔고, 그것이 결국 일본적 제국주의의 주요한 사상적 기반이 되었음은 자명하다. 따라서 국권 상실의 외적 요인을 보다 거시적으로 분석하기 위해서는 한국 학계에서 흔히 지적하는 정한론(征韓論)이나 천황제(天皇制) 헌법을 기초로 한 군국주의적(軍國主義的) 국가형성에 한정되기보다는 일본 근세정치사상사의 특성과 전개과정을 전반적으로 조망할 필요가 있는 것이다.4) 이렇듯 한말 국권 상실의 정치사상적 요인을 규명하는 작업은 실로 매우 방대한 내용을 포함할 수밖에 없으며, 연구의 어려움을 가중시키는 요소라고 생각된다.

연구의 시각, 범위와 대상이 지닌 이와 같은 특성을 감안하면서 필자는 크게 다음과 같은 두 가지 방향에서 논의를 진행하려고 한다. 우선 앞서 언급한 바와 같이 그동안 상대적으로 국권 상실의 내적 요인에 대한 분석이 부족했고, 민족의 미래발전을 위한 자기반성의 필요성이 요구되는 시점임을 감안하여 외적 요인보다는 내적 요인에 대한 분석에 초점을 맞추고자 한다. 물론 필요할 경우 외적 요인으로서 일본 정치사상사의 특성이 언급될 것이다. 다음으로 어느 특정시기를 집중적으로 다루기보다는 국권 상실을 초래한 정치사상적 요소들의 역사적 흐름과 그것이 국권 상실로 이어지는 연속적 측면을 거시적으로 설명하고자 한다. 그 과정에서 필자가 주목한 세 가지 요소, (1) 정치권력의 효율성 미약, (2) 대안적 국가통합 이념구조의 미비, (3) 민(民)의 정치적 성장구조의 취약성 등이 차례로 언급될 것이다.

---

4) 근세 일본정치사상사의 전개와 특성에 대해서는 김정호, 2003, 『근세 동아시아의 개혁사상』, 논형 및 김정호, 2005, 『도전과 응전의 정치사상』, 모시는 사람들을 참조 바람.

II. 정치권력의 효율성 미약

한 국가가 쇠퇴기에 접어들면 국가를 운영하는 '정치권력의 효율성(efficiency)'5)이 극도로 저하되는 것이 일반적 경향이다. 국가적 생산력이 저하되고, 정치권력층 내부의 갈등이 심해지며, 내부로부터의 불만을 해소하거나 외부로부터의 충격에 효과적으로 대응하지 못하는 등의 총체적 문제점이 두드러지게 마련이다. 이른바 효율적 국가운영이 불가능한 상태로 접어드는 것이다.

조선조 전반을 조망해 볼 때, 이러한 국가운영의 비효율성은 이미 임진왜란(壬辰倭亂) 이전부터 강화되고 있었음을 알 수 있다. 비록 왕권을 둘러싼 정쟁(政爭)은 조선조 성립 초기부터 있었으나 성종(成宗)대 때까지만 하더라도 정치권력층 내부의 문제가 국가적 안정성을 위협하는 데 까지는 이르지 않았다. 오히려 태종(太宗), 세종(世宗), 세조(世祖), 그리고 성종(成宗)대에는 국력의 강화와 정치체제의 정비 등 조선조 최고의 발전기를 구가하기도 했다. 그러나 성종대(成宗代) 말부터 임진왜란에 이르는 100년 동안 무오사화(戊午士禍, 1498), 갑자사화(甲子士禍, 1504), 기묘사화(己卯士禍, 1519), 을사사화(乙巳士禍, 1545) 등 이른바 4대 사화와 중종반정(中宗反正, 1506) 등을 거치면서 정치권력 내부의 치열한 투쟁과 갈등이 지속되었고, 파벌과 붕당이 고착화되는 계기가 마련되었다.

정치적 파벌과 붕당은 한편으로 정치권력에 대한 개인 또는 집단적 욕구의 결과이기도 하지만 조선조의 경우에는 장자계승제(長子繼承制)에 대한 과도한 집착에 보다 근본적인 원인이 있다고 생각된다.6) 주지하다시피

---

5) 여기서 '정치권력의 효율성'이란 효율적 국가운영 및 관리와 동일한 의미이다. 이는 단순히 정치권력의 안정적 유지에 국한되는 것이 아니라 국가적 독립성의 유지, 민생(民生)의 안전, 국력의 신장 등과 같이 국가발전을 위한 전략의 수립과 추진, 그리고 그것의 가시적인 결과획득까지 포괄하는 것임에 유의할 필요가 있다.

6) 이에 대해 김만규 교수는 "고려조의 경우, 조선조와는 달리 국가관리 능력이 없거나 미숙한 원자(元子) 또는 나이 어린 왕자에게 무리하게 왕위를 계승시키는 일이 거의 없었다. 고려조 전체적으로 장자계승이 14왕(154년)이고, 형제 또는 종형제 계승이 9왕(118년), 그리고 국가관리 능력자에 대한 선위(禪位)로서의 숙부가 조카에게,

조선조는 한반도 내에서 고려조를 멸망시키고 성립된 정권이었다. 고려의 불교통치이념을 비판하고 주자학적 유학에 바탕을 둔 중앙집권적 정치체제를 추구했다. 조선조 성립 이후 군주들은 가능한 장자(長子)에게 왕위를 계승하여 정치권력의 정당성(legitimacy)을 확보하는데 주력했다. 그럼에도 불구하고 오히려 그러한 장자계승을 통한 정치권력의 정당성 확보노력은 조선조 초기부터 정치권력 내부의 극심한 투쟁과 갈등을 야기함으로써 결국 정치권력의 효율성을 저하시키는 요인으로 작용했다. 예를 들어 태종(太宗)의 등장이나 단종(端宗)의 폐위와 수양대군(首陽大君) 세조(世祖)의 집권, 연산군(燕山君)의 폐위와 중종반정(中宗反正), 광해군(光海君)의 폐위와 인조반정(仁祖反正) 등은 장자로 왕위를 계승하는 과정에서 발생한 정치적 갈등이었고, 그 결과는 정치권력 내부의 집단적 붕당정치의 등장이었다고 볼 수 있는 것이다.

보다 중요한 것은 정치권력을 둘러싼 갈등이 단순히 정치권 내부의 문제로 끝나지 않는다는 데 있다. 정치적 갈등은 갈등의 승리자에게는 권력의 독점을 가져다주고 그에 따른 보상을 얻을 수 있게 하며, 패배자에게는 가혹한 처분이 가해진다. 권력의 독점은 자파(自派)의 이익에 의존하는 정책결정과 매관매직(賣官賣職), 중간관리층의 가렴주구(苛斂誅求)를 야기한다. 또한 패배자는 다시 권력을 잡기 위해 수단과 방법을 가리지 않게 되며, 결국 이러한 현상의 반복은 정치권력투쟁이 지속될 수밖에 없는 구조를 고착화시키는 것이다. 그러한 과정에서 국가적 힘의 근원인 백성(국민)은 철저히 소외되고 핍박당하여 온전한 삶을 영위하기 어려운 상태가 되

조카가 숙부에게 또는 아들이 아버지에게 왕위를 계승한 경우가 5왕(76년)으로서, 왕권을 둘러 싼 왕가(王家) 내의 피비린내 나는 권력투쟁은 거의 없었다. 이것은 고려 태조 왕건이 자손에게 남긴 유훈(遺訓)인『훈요십조(訓要十條)』의 제3조에 '왕위계승은 적자(嫡子)로서 하는 것이 상전(常典, 원칙)이지만, 만일 원자(元子, 長子)가 불초(不肖)할 때에는 차자(次子)에게, 또 만일 차자가 그러할 때에는 그 형제 중 여러 사람들(衆人)의 추대를 받는 자에게 대통(大統)을 잇게 하라' 하여, 장자계승은 원칙이지만 차중자(次衆子) 상속이 더 좋을 수도 있다고 규정함으로써, 국가관리 능력이 있는 사람에게 왕위를 계승시키도록 한 영향도 있었던 것으로 보인다"(김만규, 2005,『바로 보는 한국의 정치사상』, 논형, 214~216쪽)고 지적한 바 있다.

고, 국력의 약화는 외부세력의 침략에 대한 효율적 대응을 불가능하게 하는 것이다.

1592년 발발한 임진왜란과 이어진 정유재란(丁酉再亂), 1627년 정묘호란(丁卯胡亂) 및 1636년의 병자호란(丙子胡亂)은 당시 조선이 처한 정치권력의 효율성 약화가 초래한 민족 최대의 굴욕적 사건이라고 할 수 있다. 근 50년에 이르는 기간 동안 국토가 유린당하고 백성들이 살육되는 상황이 지속된 것은 물론 일본 도요토미 히데요시(豊臣秀吉)의 대륙침략정책이나 중국대륙 내에서의 명청교체기(明淸交替期)라는 국제관계의 변동에도 요인이 있겠으나, 그러한 침략에 대비하지 못한 것은 전적으로 조선조 정치권력층의 갈등과 무능력의 결과라고 할 수 있다.

16~17세기의 이러한 정치권력의 효율성 저하는 18세기 영정조(英正祖)대의 여러 가지 노력에도 불구하고 회복되지 못했다. 임진왜란 이전부터 불거진 붕당정치의 폐해가 지속되었고, 오히려 19세기에 들어 이른바 "특정 세도가(勢道家) 내지 척신(戚臣)이 권세를 자행하던 정치형태"[7]로서의 세도정치(勢道政治)가 전개되면서 더 강화되는 모습을 보였다. 먼저 사회경제적인 측면에서 임진왜란 이후 19세기 중엽에 이르는 기간 동안 국가적 부의 원천인 농지가 대폭 감소했다. 구체적으로 임진왜란 직전인 1591년(선조 24년) 150여만 결에 이르렀던 전국의 농지는 1774년(영조 50년) 실제 세를 내는 출세실결(出稅實結)이 80만 7,366결로, 그리고 1844년(헌종 10년)에는 78만 6,976결로 감소함으로써,[8] 국력은 약화되고 백성들의 생활은 극도의 빈곤과 기아에 허덕이게 되었다. 정치적으로는 순조(純祖) - 헌종(憲宗) - 철종(哲宗) - 고종(高宗)으로 이어지는 과정에서 척족(戚族)에 의한 권력의 독점과 척족 간의 갈등이 전정(田政)·군정(軍政)·환곡(還穀)의 삼정문란(三政紊亂)을 초래했다. 이와 함께 1811년의 홍경래난(洪景來亂)을 비롯하여 1862년의 진주민란(晉州民亂)에 이르기까지 사회적 불안정이

---

7) 유미림, 1995, 「유교적 성치 이상의 상실과 체제위기」, 한국·동양정치사상사학회 편, 『한국정치사상사』, 백산서당, 501쪽.
8) 李相佰, 1965, 『韓國史 - 近世前期篇』, 乙酉文化社, 293~294쪽 참조.

지속되기도 했다. 매관매직도 성행하여 양반계층의 급속한 증가가 두드러졌고, 상대적으로 노서민(奴庶民)의 수가 줄어드는 모순적 상황9)이 전개되기도 했다. 이른바 효율적 국가관리나 국가경영의 목표가 내부 요인으로 인해 상실되고 있었던 것이다.

19세기 후반 서구열강의 문호개방 압력과 동아시아에서의 급속한 국제정세의 변동은 조선 정치권력의 효율성과 관련된 마지막 시험대였다고 해도 과언이 아니다. 이전의 외적 충격과는 본질적으로 다른 서세동점(西勢東漸)의 위기상황은 국가적 독립성의 유지와 국정개혁 및 국가적 생산력의 증대를 통한 발전이라는 성공적 국가경영을 요구하는 것이었다. 그럼에도 불구하고 보수적 정치권력층은 사대주의(事大主義) 외교노선을 견지하면서 오로지 자신들의 권력유지에 급급하였고, 수차례의 정치적 갈등을 효율적으로 관리하는데 실패했다. 물론 민간차원에서 전개된 동학운동(東學運動)과 위정척사운동(衛正斥邪運動), 일부 개명지식인들의 개화운동(開化運動) 및 독립자강운동(獨立自强運動) 등은 민족보위와 발전을 지향했다는 동일한 정치적·사상적 의의를 지닌 것이었다고 평가할 수 있다. 그러나 결국 역동적인 내적 정치권력 변동의 가능성과 방법론을 제시하지 못하거나, 정치권력층의 보수적 입장에 좌절됨으로써 한말 정치권력의 비효율성을 근본적으로 변화시키는 동력은 되지 못했다.

이렇듯 조선조 중반 이후 장기간 축적되어 온 권력투쟁의 폐해와 이에 따른 정치권력의 비효율성은 한말 국권 상실을 초래한 내적 요인의 하나였다. 돌이켜 볼 때 역사적으로 효율적 국가경영의 목표설정이 정치권력 투쟁에 매몰되는 현상이 빈번하게 초래되었다. 또한 정치권 내부의 분열이 결국 리더십의 부재와 정치권력 행사의 효율성을 저하시키기도 했다. 더욱이 그러한 리더십의 부재를 타개할 정치권력 변동의 인적·제도적 역동성 또한 결여되어 있었던 것이다. 한말의 국권 상실은 우리에게 정치권력의 효율성이 얼마나 중요한 것인가를 일깨워주는 역사적 경험이라고 할 수 있다.

---

9) 위의 책, 295~296쪽 참조.

III. 대안적 국가통합 이념구조의 미비

한말 국권 상실의 두 번째 내적 요인으로는 국가통합의 대안적 이념구조가 미비되었다는 점을 들 수 있다. 국가통합의 이념구조란 '한 국가 또는 사회를 통합적으로 구성하고 유지시키는 지배적인(dominant) 정치 및 사회의식 체계'를 의미한다. 국가통합의 이념구조가 지속적이고 굳건할수록 국가사회적 안정성(stability)이 높아지는 것이 일반적이다. 다른 한편 국가통합 이념구조의 안정성 여부는 현실 정치사회의 변동과 불가분의 관계를 가지기 때문에 정치사회변동의 폭이 클수록 안정성이 낮아질 수밖에 없는 것이다. 물론 국가사회적 안전성이 곧 그 국가사회가 진보(progress)하고 있음을 의미하는 것만은 아니다.[10]

조선조는 주자학적 유학의 통치이념을 국가통합의 이념구조로 수용하여 성립된 왕조였다. 주자학적 유학은 내부적으로 강력한 중앙집권적 정치체제를 지향하며 차별과 위계의 수직적 계층관계를 통해 국가적 통합과 안정성을 추구하는 특징을 지니고 있다. 보다 구체적으로 끊임없는 자기수양을 통해 성군(聖君)이 되려고 노력하는 군주와 군주를 보필하여 정치를 담당하는 관료, 그리고 이들로부터 통치를 받도록 규정된 일반 백성(국민)이 철저한 계서적(階序的) 관계를 이루면서 충성(忠誠)과 자애(慈愛)의 도덕적 가치규범을 실천함으로써 궁극적으로 '차별의 공동체적 국가사회'를 건설하고 유지하는 것을 이상으로 한다.[11] 이른바 유학적 전통의 민본정치(民本政治) 또는 위민정치(爲民政治)의 핵심도 여기에 있는 것이다.[12] 또한 대외적으로는 명분(名分)과 의리(義理)에 입각한 한족(漢族) 중심의

---
10) 전근대 동아시아 역사를 조망해 보면 국가사회적 안정기에는 유학적 국가통합이념이 지배적이었고, 불안기에는 유학적 국가통합이념의 약화와 그것을 대치하기 위한 대안적 정치이념들이 등장하곤 했다. 그러므로 국가사회적 안정성이 곧 봉건적 정치질서의 극복과정, 즉 '진보'를 의미하는 것으로만은 볼 수 없는 것이다.
11) 주자학적 유학의 내용과 정치사상적 특성에 관해서는 김정호, 『근세 동아시아의 개혁사상』, 49~59쪽을 참조 바람.
12) 이런 점에서 조선조 초기 세종대(世宗代)의 모습은 주자학적 국가통합의 이념적 구조가 가장 잘 구현된 것이라고 평가할 수 있을 것이다.

중화주의적 국제질서의 구축과 유지에 중점을 둔다.

그러나 조선조의 주자학적 유학을 근간으로 하는 국가통합의 이념구조는 불과 200여 년이 채 지나지 않아 한계를 노출하기 시작했다. 앞장에서 언급한 바와 같이 16~17세기 양란(兩亂) 이전부터 이미 정치권력층 내부의 갈등과 무능력이 두드러졌고, 일본과 중국 청(淸)으로부터의 침략은 국가사회적 안정성과 정치권력에 대한 신뢰를 무너뜨렸다. 여기에 의리와 명분에 입각한 대외관계의 지속이 지닌 모순도 명확히 노출되었다.

그럼에도 불구하고 배타적인 주자학적 유학의 정치이념을 대치할 대안적 국가통합이념은 쉽게 형성되지 못했다. 17세기 이후에도 여전히 주자학적 유학의 정치이념을 지속시키려는 보수적 입장이 강했고, 그것을 수정하려는 반대세력 사이에 사문난적(斯文亂賊) 논쟁으로 대표되는 강렬한 정치적·사상적 투쟁이 전개되었던 것이다.

18세기 후반부터 구체적으로 전개되기 시작한 실학사상(實學思想)13)은 조선조 최초의 대안적 국가통합이념 구조의 등장을 알리는 것이었다. 후기실학파라고 불리는 일단의 지식인들은 주자학적 유학의 '차별적 공동체이념'과 대별되는 '평등적 공동체를 위한 국가통합적 정치이념구조'의 근간을 제시했다. 예를 들어 홍대용은 "인간으로서 물(物)을 보면 인간이 귀하고 물이 천하겠지만 물로서 인간을 보면 사물은 귀하고 인간이 천하게 마련이다. 그러나 자연(天)의 입장에서 보면 사람이나 물(物)은 마찬가지로 동등하다"14)라고 하고, 또 "인간, 금수(禽獸), 초목(草木)의 세 가지 생물이 자연계 내에서 상호 생멸과 쇠왕(衰旺)을 거듭하고 있으므로 이들 사이에는 귀천(貴賤)의 차별이 있을 수 없다"15)고 함으로써 자연계 내에서 인간과 사물 간의 차별을 부정했다. 나아가 홍대용은 이러한 평등성의 논리를 민족간·국가간 관계로 확대·적용시키는 한편 그것을 정책대안으로 구체

---

13) 실학의 개념정의와 전개과정에 관해서는 김한식, 1979, 『實學의 政治思想』, 一志社를 참조 바람.
14) 『湛軒書』「內集」補遺 毉山問答: "以人視物 人貴而物賤 以物視人 物貴而人賤 自天而視之 人與物均也"
15) 『湛軒書』「內集」補遺 毉山問答: "三生之類块軋泯棼 互相衰旺 抑將有貴賤之等乎"

화시키기도 했다. 예를 들어 그는 다음과 같이 언급했다.

> 중국은 서양에 대해서 경도의 차이가 180도에 이르는데, 중국 사람은 중국을 세상의 중심(正界)으로 삼고 서양을 변방(倒界)으로 여기며 서양 사람은 서양을 세상의 중심으로 삼고 중국을 변방으로 여긴다. 그러나 사실 세상 어디에 사는 사람이거나를 막론하고 지역에 따라 다 자기 나라를 중심으로 여기는 것은 마찬가지이니, 세계를 가로로 보거나 세로로 보거나 변방이란 없고 모든 나라가 세상의 중심이다.[16]

이와 함께 노동천시(勞動賤視)와 관록세습제(官祿世襲制)의 폐지 및 능력에 따른 관직배분 등 혁신적 개혁방안을 다음과 같이 제시하기도 했다.

> 재능과 학식이 있으면 농부나 상인의 자식이 낭묘(廊廟)에 들어가 앉더라도 참담할 것이 없고, 재능과 학식이 없으면 공경(公卿)의 자식이 종으로 던져진다 할지라도 한탄할 것이 없다.[17]
>
> 면(面)내에 8세 이상의 자제들을 다 모아서 가르쳐야 한다.····우수한 자는 차례로 뽑아 태학으로 보낸다.····대개 인품에는 고하(高下)가 있고 재질에 장단점이 있다. 그 고하에 따라 단점을 버리고 장점을 쓰면 천하에 전혀 못 쓰고 버릴 재질이란 없다. 면에서 가르치는 데에는 그 뜻이 높고 재질이 많은 사람은 위로 올려 조정에서 쓰도록 하고, 그 재질이 둔하고 용렬한 사람은 아래로 돌려 야(野)에서 쓰도록 하며, 그 생각이 창의적이고 솜씨가 재빠른 사람은 공업으로 돌리고, 이(利)에 밝고 재화를 좋아하는 사람은 상업으로 돌리며, 그 꾀를 좋아하고 용맹이 있는 사람은 무반(武班)으로 돌리고, 소경은 점쟁이로, 궁형(宮刑) 당한 사람은 문지기로 돌리며, 벙어리·귀머거리·앉은뱅이까지도 각각 모두 일자리를 마련해주도록 해야 한다.[18]

---

16) 『湛軒書』「內集」補遺 鼇山問答: "中國之於西洋 經度之差 至于一百八十 中國之人 以中國爲正界 以西洋爲倒界 西洋之人 以西洋爲正界 以中國爲倒界 其實戴天履地 隨界皆然 無橫無倒 均是正界"

17) 『湛軒書』「內集」補遺 林下經綸: "有才有學 則農賈之子 坐於廊廟 而不以爲僭 無才無學 則公卿之子 歸於輿撓 而不以爲恨"

18) 『湛軒書』「內集」補遺 林下經綸: "面中子弟 八歲以上 感聚而教之···擧其最而以次升之 至于大學···凡人品有高 下材有長短 因其高下 而舍短而用長 則天下無全棄之才 面中之教 其志高而才多者 升之於上而用於朝 其質鈍而庸鄙者 歸之於下而用於野

이러한 홍대용 정치사상의 내용은 북학파인 박지원(朴趾源, 1737~1805)을 거쳐 19세기 중·후반의 최한기(崔漢綺, 1803~1879)의 정치사상으로 연계되었다. 최한기는 "진정한 의미의 충효(忠孝)란 국가와 백성에 충성하고 효도하는 것이다"[19]라고 함으로써 전통적 유학사상의 충효관(忠孝觀)과는 근본적으로 다른 입장을 취했다. 특히 최한기는 모든 인간은 신분(身分)에 관계없이 각기 자신만의 고유한 장점을 가지고 있다[20]는 점에서 동등하다는 주장을 통해 홍대용의 논리를 보다 발전시켰다. 구체적으로 그는 "인간에게는 원래 사농공상(士農工商)이라는 신분적 구별은 없는 것이다",[21] "인간이 하늘로부터 부여받은 재능과 지혜는 본래 귀천(貴賤)·빈부(貧富)를 구별할 수 없는 것이다"[22]라고 하여 일체의 신분적 차별을 거부했다. 나아가 최한기는 "사농공상이 서로 도와서 활동하는 것이 마치 한 몸의 눈과 귀와 코와 입과 손과 발이 서로 불가분의 관계를 가지고 기능하는 것과 같다"[23]고 하여 평등적 정치사회공동체 구축을 위해 사회 계층 간의 분업적 역할분담이 중요함을 강조했다.

이와 함께 최한기는 홍대용이 국가·민족 간 상대적 동등성만을 논증한 것에 비해 "서방 사람이 지은 서적은 동·남·북방 사람에게 도움이 되는 것이 있고, 동방 사람이 지은 서적은 서·남·북방 사람에게 도움이 되는 것이 있으며, 남·북방 사람이 지은 서적은 또한 동·서방 사람에게 도움이 되는 것이 있다"[24]고 하여 평등관의 관점에서 각국 또는 각 지역이 상

其巧思而敏手者 歸之於工 其通利而好貨者 歸之於賈問 其好謀而有勇者 歸之於武 瞽者以卜 宮者以閽 以至於喑聾跛躄 莫不各有所事"
19) 『明南樓叢書』「人政」卷二十四 用人門五 忠孝分別: "且家之孝子未必盡爲國之忠臣 國之忠臣未必盡爲家之孝子…明於人道大體治安範圍達於統民運化卽於國於民盡忠效忠之人"
20) 『明南樓叢書』「人政」卷四 測人門四 行事 將來事測人測: "人各有長"
21) 『明南樓叢書』「人政」卷二十五 用人門六 工商通運化: "人生原無士農工商之定限"
22) 『明南樓叢書』「人政」卷十五 選人門二 薦擧格式: "天生才智本無限於貴賤貧富"
23) 『明南樓叢書』「人政」卷十五 選人門二 商賈: "士農工之事務 有藉商而流通 如一身耳目口鼻手足 相須而濟事業"
24) 『明南樓隨錄』: "西方人所著書有補於東南北人 東方人所著書 有益於西南北人 南北人所著書 亦爲東西人所共求"

호보익(相互補益)할 수 있는 장점들을 가지고 있음을 밝힘으로써 국가·민족 간 관계의 평등성 논리를 조화와 협력의 공동체적 발전논리로 확대시키기도 했다.

 이처럼 후기 실학사상은 기존의 주자학적 국가통합이념의 차별성과 폐쇄성에서 벗어나 동등성과 개방성에 바탕을 둔 새로운 국가통합이념의 방향성을 제시했다는 의의를 지닌 것이었다. 국가적 생산력의 증대를 통한 민생안정이라는 뚜렷한 공동체 중심적 정치목표, 그것을 달성하기 위해 계층 또는 인간 개개인이 지닌 독자성과 능력을 최대한 존중하는 태도, 그리고 계층 또는 개인 간 상호 협력의 조화로운 실천의식 등이 주자학적 국가통합이념의 한계를 극복할 유용한 대안적 통합이념의 내용이었다.

 그럼에도 불구하고 동시에 실학사상은 두 가지의 한계를 지니고 있었다. 하나는 그러한 대안적 국가통합의 이념구조가 오직 일부 지식인들만이 공유하는, 즉 영향력의 면에서 매우 좁은 범주에 머물렀다는 점이다. 이는 곧 그것이 현실 변화의 동력으로 작용하기 어려운 구조적 문제점을 안고 있었음을 의미하는 것이다. 후기 실학사상가들은 대안적 국가통합이념의 실현을 현명한 군주나 고위관료들의 결정에 의존했지, 사회 전체적으로 확대시키려는 의지를 갖고 있지는 않았다. 따라서 그들이 제시한 국가통합의 새로운 이념구조와 실천방안이 국가정책에 반영되지 않는 한 대안적 통합이념의 확대는 불가능한 것이었다. 다른 하나는 실학사상에 나타난 대안적 국가통합이념 역시 점진적 사회변화를 전제로 한 것일 뿐 그것을 실천할 구체적인 정치체제의 구상 내지는 군주체제의 변화 등 정치체제 자체의 본질적 변화를 추구한 것은 아니었다는 점이다. 물론 이러한 지적은 장기간에 걸친 주자학적 국가통합이념의 공고화, 대안적 정치체제의 경험부족 등 후기 실학사상가들이 극복하기 어려운 구조적 한계가 존재했음을 감안하면 지나친 것일 수도 있다. 다만 그러한 정치체제 자체의 변동가능성이 150여 년간의 실학사상 발전과정에서 전혀 언급되지 않은 것은 한계로 지적되지 않을 수 없는 것이라 생각된다.

 19세기 중반 이후 전개된 서세동점의 국가적 위기상황은 기존의 주자학적 국가통합이념의 취약성을 보다 극명하게 드러내는 한편 대안적 국가통합이념의 발전을 가능하게 하는 배경이 되었다. 새로운 대안적 국가통합의 이념구조는 실학사상이 제시한 동등성과 개방성을 기초로 한 평등적 국가공동체의 구축과 동일한 정치목표를 지녔으나, 19세기 중반 이후 조선의 사회변동에 접목될 수 있는 보다 혁신적이고 실천적인 내용을 담고 있었다. 대안적 국가통합의 이념은 크게 두 가지의 형태로 나타났다. 하나는 동학사상(東學思想)이며, 다른 하나는 개화사상(開化思想)이었다.[25]

먼저 동학사상은 정치적 성격을 강하게 내포한 '종교정치사상(宗敎政治思想)'[26]이라는 특징을 가지고 있었다. 19세기 말 대규모 농민운동의 사상적 기반으로서 동학사상은 차별적 정치질서에 대한 철저한 저항과 평등적 정치사회공동체 건설에의 명확한 지향이라는 측면에서 이전의 실학사상보다 일층 강화된 혁신성을 보였다. 이러한 점은 특히 2대 교주 최시형(崔時亨, 1827~1898)의 사상에 잘 드러나고 있다.

최시형은 "우리나라에는 두 가지 큰 폐해가 있으니, 그 하나는 적서(嫡庶) 간의 차별이고 다른 하나는 반상(班常) 간의 차별이다. 적서를 차별하는 것은 가정이 망하는 근원이고, 반상을 차별하는 것은 국가가 망하는 근본이다"[27]라고 하여 현존하는 보수적 차별관을 비판했다. 또한 "사람은 한울이라 平等이오 差別이 없나니 사람이 人爲로서 貴賤을 分別함은 곧 天意에 어기는 것이니 諸君은 一切貴賤의 差別을 철폐하야 先師의 뜻을 잇기로 盟誓하라"[28]는 표현을 통하여 무차별의 평등질서를 요구했다.

---

25) 물론 당시의 소위 동도서기론(東道西器論)이나 위정척사사상(衛正斥邪思想) 역시 중요한 대안적 국가통합이념이었음은 부인할 수 없다. 다만 그들의 국가통합적 정치이념은 봉건성의 극복이라는 역사발전과정을 놓고 볼 때 기본적으로 기존의 주자학적 국가통합이념의 범주 안에 머무르고 있었음도 사실이다. 이 점에서 동도서기론이나 위정척사사상을 '새로운' 국가통합의 이념구조로 파악하기는 어렵다고 할 수 있다.
26) 신일철, 1995, 『동학사상의이해』, 사회비평사, 36쪽.
27) 『天道敎經典』「海月神師法說」難疑問答 布德: "我國之內 有兩大弊風 一則 嫡庶之別 次則 班常之別 嫡庶之別 亡家之本 班常之別 亡國之本 此是吾國內 痼疾也"
28) 『天道敎創建史』第二編 第二章 道統承受.

이와 함께 최시형은 '동질적(同質的) 기화(氣化)' '이질적(異質的) 기화(氣化)'라는 표현으로 인간과 타개체(他個體)의 자존적 특성을 설명하는 한편 '이천식천(以天食天)'과 '인오동포물오동포(人吾同胞物吾同胞)'의 개념을 통해 조화와 협력의 평등적 공동체 구축의 필요성을 역설[29]했다. 동시에 홍대용이나 최한기의 사상에 나타난 것과 같은 방식으로 인간의 독자적 능력의 인정과 그것의 활용을 다음과 같이 주장하기도 했다.

> 썩어서 버릴 사람이란 한 명도 없는 것이니 한 사람을 한 번 버리면 큰일에 해(害)가 된다. 쓰는 일에 있어 인간은 모두 각기 자신만의 고유한 특기와 능력을 가지고 있는 것이니 이를 택하여 적재적소(適材適所)에 활용하면 이루지 못하는 것이 없는 것이다.[30]

동학사상의 실천론 역시 의미를 지니고 있다. 구체적으로 1대 교주 최제우(崔濟愚, 1824~1864)는 '오심즉여심(吾心卽汝心)'을 통해, 그리고 2대 교주 최시형은 물물천(物物天) 사사천(事事天), 경천(敬天)·경인(敬人)·경물(敬物)의 삼경사상(三敬思想)을 통해 자연계 개체 간의 평등적 조화와 협력의 실천을 강조했다. 이와 함께 최시형은 "사람이 거저 놀고 있으면 한울님이 싫어하신다"[31]고 하여 생산의 중요성을 역설했고, 3대 교주 손병희(孫秉熙, 1861~1922)는 서로 사랑하고 도와주는 것이 큰 도(大道)이기 때문에 그것을 실천하면 반드시 그에 대한 하늘의 보답이 있을 것[32]이라고 하여 상애(相愛)·상조(相助)의 실천론을 제시하기도 했다.

다음으로 개화사상의 등장은 실학사상의 개방성과 동등성의 이념구조가 서구 근대시민권 사상과 결합되어 전개된 특성을 지닌 것이었다.[33] 개

---

29) 『神師聖師法說』「海月神師法說」 三敬 및 以天食天 참조.
30) 『神師聖師法說』「海月神師法說」 難疑問答 吾道之運:"人無一人捨朽 一人一捨毁害 大事 用事 人皆有特技專能 擇定於適材適所則 無不成功者 未之有也"
31) 『天道敎創建史』第二編 第六章 布德 降書 敎ং一般.
32) 『天道敎經典』「義庵聖師法說」無體法經 神通考: "人必相愛 大道必得 念念思之 我愛衆生 衆去天路 靈橋必成 衆生我愛 我去天路 靈橋必成 眷眷相愛 必有得果 性心身三端 相助相愛 大道大宗"

화사상의 이러한 특징은 유길준(俞吉濬, 1856~1914), 김옥균(金玉均, 1851~1890), 박영효(朴永孝, 1861~1939) 등 개화사상가들의 논의에 공통적으로 잘 드러나 있다.

먼저 유길준은 모든 인간이 천부(天賦)의 자유권을 가지고 있다는 점에서 평등하며, 이러한 자유권에 바탕을 둔 동등성은 현실 사회질서 내에서 귀천(貴賤)·빈부(貧富)·강약(强弱)·대소(大小)의 차이에도 불구하고 지속된다는 것을 분명히 했다. 또한 그럼으로써 인간이 자신의 능력과 기호(嗜好)에 따라 자유롭게 선택하는 사농공상(士農工商)으로 대표되는 직업 사이에 차별이란 원천적으로 존재할 수 없다고 보았다. 이에 대해 유길준은 "인간이 천지(天地) 사이에서 태어나 인간이 되는 이치로 보면 인간에게는 상인(上人)도 없고 하인(下人)도 없는 것이니, 천자(天子)도 인간이고 필부(匹夫)도 역시 같은 인간인 것이다. 천자·필부라고 하는 것은 인간 세상의 법률과 기강(紀綱)에 의해 세워진 지위의 구별이며, 이러한 지위에 따라 각각의 칭호(稱號)가 달라지고 이로서 귀천(貴賤)·존비(尊卑)의 계급이 생긴 것이다. 그럼에도 불구하고 이것이 인간으로서의 본연적 권리의 유무(有無)를 의미하는 것은 아니다"34)라고 하여 인간의 본질적 평등성을 강조했다. 이와 함께 "인간이면 누구나 사농공상(士農工商)이라는 직업상의 차별을 두지 않고 자신이 육체적·정신적 노력을 기울인 만큼의 이익을 추구할 권리를 가지고 있다"35)고 하고, 또 국가의 법률은 지위나 문

---

33) 이른바 개화기(開化期)는 1876년의 개국으로부터 1910년 국권 상실에 이르는 기간을 의미한다. 시기별로 개화사상 및 운동의 세부 목표와 성격에 차이를 보이고 있는 것이 사실이다. 다만 여기서는 대안적 국가통합의 이념구조로서 개화사상이 동학사상을 비롯한 동시대 다른 사상들과 대비되는 내용이 무엇인지를 해명하려는 데 목적이 있으므로 개화사상의 시기별 전개과정은 별도로 다루지 않으려 한다.
34) 『俞吉濬全書I』「西遊見聞」第四編 人民의 權利: "人이 天地間에 生ᄒᆞ야 各其人이 되ᄂᆞᆫ 理로 視면 人上人도 無ᄒᆞ고 人下人도 無ᄒᆞ니 天子도 人이오 匹夫도 亦人이로되 天子라 謂홈과 匹夫라 謂홈이 人世의 法律大紀로 乃地位의 區別을 立홈인則 此를 遵照ᄒᆞ야 其次序의 設行홈으로 地位의 等分이 各其 占有ᄒᆞᆯ 層度로 名號가 附成ᄒᆞᄂᆞ니 尊卑貴賤의 階級이 始分홈이라 然則 地位도 其當然ᄒᆞᆯ 通義가 自有ᄒᆞᆯ디니 其權利의 無홈이 奈何로 其可ᄒᆞ리오"
35) 『俞吉濬全書I』「西遊見聞」第四編 人民의 權利: "各其才의 能ᄒᆞ되 其心의 樂ᄒᆞᆯ 바

별(門閥)의 차별을 두지 않고 각기 자신이 좋아하는 바를 쫓아 사(士)가 되고 싶은 사람은 사(士)가 되고 농공상(農工商)이 되고 싶은 사람은 자기가 원하는 대로 농부 또는 상공인이 될 수 있는 권리를 보호하는 데 목적이 있다36)고 함으로써 전통적인 유학의 차별적 통합이념을 부정하고 평등적 정치이념을 추구하는 입장을 고수했다. 특히 유길준은 여자가 남자와 다르기는 하지만 역시 인간이라는 점에서는 동등하며, 여자도 교육여하에 따라서 남자만큼의 능력을 발휘할 수 있다는 주장37)을 통해 전통적인 남존여비(男尊女卑)의 차별관을 부정하기도 했다.

평등적 정치사회공동체 구축을 위한 실천방법론의 측면에서 유길준은 먼저 "자기의 권리를 중요하게 생각하는 사람은 타인(他人)의 권리 역시 중요하게 생각하여 감히 침범하지 못한다"38)고 함으로써 타인의 권리를 존중할 당위성을 역설했다. 또 "세상 사람들이 상호 간에 교류하는 도(道)란 비록 가족 내에서의 친애(親愛)와 자정(慈情)에 비하여 피차(彼此)의 차별은 있겠지만, 완급(緩急)을 막론하고 서로 도우면서 우락(憂樂)을 함께 하여 현실의 어려움을 극복하고 대중(大衆)의 이익을 보전하는 것이다"39)라고 하여 개체 간 조화와 협력의 필요성을 강조했다. 동시에 "같은 국가의 사람일 경우 일가(一家)의 분별(分別)로 보면 피아(彼我)의 구별이 있으나,

---

　　를 營逐ᄒᆞ야 他人의 抑渴과 妨碍를 不受ᄒᆞᄂᆞᆫ지라 士農工商의 業에 貴賤의 區分을 不立ᄒᆞ며 爾我의 事功을 各治ᄒᆞ야 心勞와 力役의 獲致ᄒᆞᄂᆞᆫ 利益을 享受ᄒᆞᄂᆞ니"
36) 『俞吉濬全書 I』 「西遊見聞」 第五編 政府의 治制: "人民이 各其所好를 從事ᄒᆞ야 士를 好ᄒᆞᄂᆞᆫ 者ᄂᆞᆫ 士가 되고 農을 好ᄒᆞᄂᆞᆫ 者ᄂᆞᆫ 農이되며 工商을 好ᄒᆞᄂᆞᆫ 者ᄂᆞᆫ 工商이 되야 士農工商의 間에 地位의 區別을 不立ᄒᆞ고 本來門閥을 不論ᄒᆞᄂᆞᆫ 故로"
37) 『俞吉濬全書 I』 「西遊見聞」 第十五編 女子待接ᄒᆞᄂᆞᆫ 禮貌: "女子가 男子와 有異ᄒᆞ다ᄒᆞ나 亦人이라"; 『俞吉濬全書 I』 「西遊見聞」 第十五編 女子待接ᄒᆞᄂᆞᆫ 禮貌: "故로 女子를 敎喜이 要緊喜이며 平時라도 女子가 學識이 有ᄒᆞ면 力役의 勞를 不須ᄒᆞ야도 能就ᄒᆞᄂᆞᆫ 事가 多喜은 男子의 行ᄒᆞᄂᆞᆫ 者를 女子도 亦能ᄒᆞ야 其功이 男子에게 不讓ᄒᆞᄂᆞᆫ지라"
38) 『俞吉濬全書 I』 「西遊見聞」 第四編 人民의 權利: "自己의 權利를 愛惜ᄒᆞᄂᆞᆫ 者ᄂᆞᆫ 他人의 權利를 顧護ᄒᆞ야 敢히 侵犯ᄒᆞ지 못ᄒᆞᄂᆞᆫ지라"
39) 『俞吉濬全書 I』 「西遊見聞」 第四編 人世의 競爭: "世人의 結交ᄒᆞᄂᆞᆫ 道가 家族間의 親愛慈情에 比ᄒᆞ야 彼此의 差別은 固有ᄒᆞ나 緩急에 相救ᄒᆞ고 憂樂을 與同ᄒᆞ야 現世의 光景을 飾ᄒᆞ고 大衆의 福祿을 保ᄒᆞᄂᆞᆫ 者라"

합하여 일국(一國)으로 논하면 비록 타인이라 하더라도 아무런 구별이 없는 것이다"40)라는 주장을 통하여 자타(自他)의 차별 없이 서로를 아끼고 사랑할 것을 요구하기도 했다.

다음으로 소위 급진개화파로 불리는 김옥균과 박영효는 유길준과 달리 전통적인 유학적 오륜질서(五倫秩序)의 유지를 국가통합 이념구조의 내용으로 전혀 언급하지 않았고, 군주세습제(君主世襲制)유지의 필요성도 주장하지 않았다. 대신 현존하는 차별적이고 폐쇄적인 국가통합이념의 근본적 변혁을 통한 새로운 평등적 정치사회공동체 구축의 중요성과 당위성을 역설하는 데 집중했다.

김옥균과 박영효에게 있어 대안적 국가통합의 이념구조 구축을 위한 출발점은 인간이 자유권(自由權)과 독자성(獨自性)을 가진 동등한 존재라는 인식으로부터 시작된다. 즉 인간이라면 누구든지 일체의 구속을 받지 않을 보편적 권리와 각기 자기만의 능력을 보유하고 있기 때문에 개별 인간이 자신의 적성과 소질에 따라 자유롭게 선택하는 직업 간에는 결코 귀천(貴賤)의 차별이 있을 수 없다는 입장을 견지했다. 박영효가 "인간은 아무런 속박(束縛)없이 자기가 좋아하는 데로 사(士)가 되고 싶은 사람은 사(士)가 되고 농공상(農工商)이 되고 싶은 사람은 농공상(農工商)이 될 수 있는 것으로서, 그러한 사농공상(士農工商間) 간에 직업상이나 문벌상의 차별이란 있을 수 없다"41)고 한 것은 이들의 태도를 잘 보여주는 것이라고 하겠다.

그러나 급진개화파 사상가들은 단지 사농공상 사이의 무차별성(無差別性)을 강조하는 것에 그치지 않았다. 즉 김옥균과 박영효는 직업상의 평등뿐만 아니라 노비제도(奴婢制度)의 폐지와 양반계층의 해체를 중심으로

---

40) 『兪吉濬全書 I』「西遊見聞」第十二編 孩嬰撫育ᄒᆞᄂᆞᆫ 規模: "同國人이 各其 一家의 分別로 視ᄒᆞ면 彼我의 分이 有ᄒᆞ나 合ᄒᆞ야 一國으로 議論ᄒᆞ면 雖他人이라도 同室의 義가 有ᄒᆞᆫ지라"
41) 『近代韓國名論說集』「開化에 대한 上疏」: "國法寬 而人不束縛 人爲其所好 欲爲士者爲士 欲爲農者爲農 欲爲工者爲工 欲爲商者爲商 少無區別 士農工商之間 而論其門閥 亦不以政府之位"

한 전통적 신분질서의 타파와 평등적 사회관계의 구축, 그리고 개별 개체로서 남녀(男女)·부부(夫婦)의 동등권(同等權) 인정의 필요성까지도 적극 주장42)했다. 특히 구체적인 정책대안으로서 박영효는 사회적 신분에 관계없이 서로 통혼(通婚)할 수 있도록 하고, 또 능력이 있으면 비록 천(賤)한 신분이라도 대관(大官)의 일을 수행할 수 있도록 해야 한다43)고 했다. 이와 함께 인권보호(人權保護)의 측면에서 인간이 다른 인간을 타고(乘) 이동하는 것을 금지시켜 우마차(牛馬車)로 대치시키고,44) 혹형(酷刑)이나 연좌법(連坐法)을 폐지하며,45) 노비(奴婢)를 포함해 모든 인간에게 재판을 받을 권리를 부여해야 하고, 남편이 아내에게 강폭(强暴)하게 대하지 못하도록 해야 할 것 등을 요구하기도 했다.

동시에 급진개화사상가들은 "인간은 혼자 살 수 없고 반드시 타인(他人)에게 의존하여 삶을 영위하는 존재이다. 따라서 부득불(不得不) 타인과 함께 모여 살고 왕래하며 상호 간의 장점을 수용하면서 협력하는 것이다. 이러한 가운데 혹은 사(士)가 되기도 하고 혹은 농공상(農工商)이 되기도 하면서 서로 교류하고 왕래하며 분주(奔走)하게 근로(勤勞)에 힘쓰는 것이다"46)라고 함으로써, 대안적 국가통합 이념구조의 중요한 내용을 구성하는 동등성에 기초한 조화와 협력의 공동체구축에 관해서도 명확한 입장을 피력했다.

---

42) 『金玉均全集』「池運永事件糾彈上疏文」: "方今 世界가 商業을 主로하여 서로 生業의 多를 競할 時에 當하여 兩班을 除하여 그 弊源을 芟盡할 事를 務치 아니하면 國家의 廢亡을 기대함뿐이오니"; 『近代韓國名論說集』「開化에 대한 上疏」: "故美政府 以禁奴之事 爲大戰遂禁之 天下亦隨之而禁 豈不美哉…而臣愚謂尙有數事 可使人民 得其通義者 一曰 男女 夫婦 均其權也…一曰 兩班 常中 庶之等級也"
43) 『近代韓國名金說集』「開化에 대한 上疏」: "令班常中庶 任意相與婚姻 而有才德者 雖賤用之於大官事 如此則男女貴賤之勢 必漸至均一 而和氣滿國也"
44) 『近代韓國名金說集』「開化에 대한 上疏」: "時時喩人民 以不可以人乘人 用人如獸之義 而使用車馬牛代之 則漸知其爲恥 而自止也"
45) 『近代韓國名金說集』「開化에 대한 上疏」: "廢酷刑 以保生命事 廢拏戮之典 只治原犯 而不可及父母兄弟妻子事"
46) 『近代韓國名金說集』「開化에 대한 上疏」: "且人者不能獨處 必賴他而遂生者也 故不得不群居往來 而相助以其長是以或爲士 或爲農 或爲工 或爲商 奔走勤勞於往來相交之事"

정치사상적 측면에서 19세기 중반 이후 전개된 이러한 대안적 국가통합의 이념구조는 조선 사회가 전근대사회에서 근대사회로 이행하는 데 필요한 중요한 가치를 담고 있는 것이었다. 그럼에도 불구하고 그것은 결국 현실 조선 사회가 국권 상실이라는 민족 최대의 시련을 미연에 방지하게 할 수 있는 국가통합의 이념으로는 작용하지 못했다. 여기에는 무엇보다 제국주의세력의 강력함 및 대외관계의 변화라는 외적 요인과 당시 보수적 집권층의 저항에 우선적인 원인이 있었음은 분명하다. 그러나 동시에 동학사상과 개화사상이 각기 지닌 한계 역시 주요한 요인으로 작용했음을 지적하지 않을 수 없다.

구체적으로 동학사상은 종교의 형태를 가진 농민을 중심으로 한 자생적 변혁사상으로서 '아래로부터' 도출된 대안적 국가통합의 이념이었다. 동학사상과 이를 바탕으로 전개된 동학운동에 나타난 체계적인 조직화의 능력이 이전과는 다른 차원의 문제해결을 가능하게 할 수 있는 가능성을 보여준 것은 사실이다. 즉 '위에 의해서 주도된' 변화가 지닌 영향력 내지 파급력의 문제가 동학사상의 이념구조와 실천론을 통해서 극복될 수 있는 여지가 있는 것이었다. 하지만 동학사상은 그러한 영향력, 파급력의 가능성을 정치레벨(political level)까지 상승시키지는 못했다. 새로운 대안적 통합이념을 실현할 수 있는 새로운 정치체제나 정치세력 등장의 필요성을 제시하지 못했던 것이다. 19세기 말 동학농민군이 결국 대원군(大院君)의 재집권을 요구한 사실은 그러한 한계를 잘 보여주고 있는 것이다.

개화사상의 경우는 어떠한가? 개화사상의 대안적 국가통합이념은 동학사상의 그것에 비해 근대적이고 체계적인 것이었다. 사상가에 따라 그 지향점이 다르기는 하지만 동학사상이 언급하지 못한 정치체제 변동의 문제를 다룸으로써 대안적 통합이념의 정치적 실현가능성을 높일 수 있는 계기를 제공했다. 그럼에도 불구하고 앞서 언급한 바와 같이 대안적 통합이념이 기존의 보수적 통합이념을 압도하기 위해서는 그 파급력과 영향력이 상대적으로 강해야 하는 데 개화사상은 그 부분을 간과했다. 소수 선각자적 지식인이나 정치가들의 논의가 국민 대다수의 지지를 받을 수 있게 할 수 있는 노력이 부족했던 것이다. 19세기 말의 독립협회(獨立協會)나 1905년 을사보호조약(乙巳保護條約) 이후 전개된 국권회복운동의 주체들이 그러한 한계를 깨달았을 때는 이미 새로운 대안적 국가통합이념의 실현이 외부세력이나 국내의 보수세력에 의해 저지당할 수밖에 없는 상황에 놓이게 된 뒤였던 것이다.

무엇보다 아쉬운 점은 동학사상과 개화사상에 나타난 대안적 통합이념 구조가 매우 유사한 내용을 포함하고 있고, 나아가 서로의 한계를 보안할 수 있는 내용을 담고 있었음에도 불구하고 이를 통합하려는 노력이 전혀 진행되지 못했다는 사실이다. 주도세력 및 현실의 정치적 지향점의 차이가 국권 상실 직전 매우 유용한 대안적 통합이념의 실현을 불가능하게 했고, 결국 그러한 대안적 국가통합 이념구조의 미비가 국권 상실에 이르는 내적 요인으로 작용했던 것이다.

IV. 민(民)의 정치적 성장구조의 취약성

한말 국권 상실의 세 번째 정치사상적 요인으로는 민(民)[47]의 능력에 대한 전통적 신뢰결여와 그 결과로서 민의 '정치적 성장구조'[48]의 취약을 지적할 수 있다. 이는 위에서 살펴본 대안적 국가통합 이념구조의 미비 부분에서도 간단히 언급된 바 있으나, 그 중요성에 비추어 좀 더 논의가 필요하다고 생각된다.

한 국가사회의 지속적 성장과 안정적 발전이 민(民)의 정치적 능력의 신장과 밀접한 관련을 사지고 있음은 자명하다. 서구 근대시민사회의 역사

---

47) 여기서 '민(民)'은 정치권력층을 제외한 일반 대중을 의미한다.
48) '정치적 성장구조'란 정치·사회적 문제에 대한 민(民)의 자각을 가능하게 하는 구조를 뜻하는 것이다. 이는 반드시 민(民)의 정치참여를 의미하는 것은 아니다. 민의 정치참여는 그러한 참여를 가능하게 힌 정치의식의 성숙이 전제되어야 한다는 측면에서 필자는 오히려 결과로서의 정치참여보다는 정치의식의 성장과정에 대한 정치사상적 논의에 초점을 맞추고자 한다.

가 그렇고, 일본의 근대정치사 역시 민의 정치적 성장과 불가분의 관계를 맺고 있다. 우리는 흔히 메이지 유신 이후에야 비로소 일본의 계몽적 지식인들이 주도가 되어 서구적 근대화를 위한 가장 중요한 방안으로 민의 정치적 능력신장을 추구한 것으로 알고 있다. 그러나 사실 일본에서 민(民)의 정치적 성장은 17세기 초 에도(江戶) 막부의 성립(1603년) 이후 얼마 지나지 않아서부터 이미 그 징후가 보이고 있었다. 일본 역시 막번체제(幕藩體制)라는 봉건적 정치구조를 유지했다. 체제의 특성상 분권화의 경향이 강했고, 근세 초기부터 사회경제적 분업화가 두드러졌다. 지배-피지배의 정치권력을 지탱하는 이념구조가 존재하는 동시에 피지배층의 정치사회적 역할을 대변하는 정치사상[49]이 함께 대두되었다. 이들은 일반인을 대상으로 한 강의를 통해 자신들의 사상을 사회적으로 전파하는 데 힘썼다. 물론 그 내용이 모두 반봉건(反封建)을 지향한 것도 아니고 고쿠가쿠(國學)와 같이 일본중심적 민족주의를 고양시키려는 보수성을 띤 것도 있었다. 어쨌든 일본에서의 사상가와 사상내용은 출신성분과 생각의 공유라는 차원에서 보면 현실 사회의 일반 민(民)과 그리 큰 간격을 두지 않았던 것만은 분명하다. 더욱이 에도 막부의 정치권력이 한계를 드러내던 18세기 말부터 19세기 초에 이르면 이미 양학적(洋學的) 지식의 폭넓은 전파를 바탕으로 전 국민을 대상으로 한 교육기회의 확대와 천문학, 과학기술, 지리 등 지식의 확대와 국민적 공유를 위한 실용적 교육내용으로의 전환, 교육기관의 증설, 계몽적 지식의 전파를 위한 인쇄술의 개발과 활용 등이 정책대안으로 제시되고 있다.[50] 이는 곧 민의 정치적 능력과 성장의 필요성을 일본의 사상가들이 인식하고 있었음을 의미하며, 그러한 정치사상적 흐름

---

[49] 낭인(浪人)출신으로서 하급무사계층의 이익을 대변한 일본 고학(古學)의 창도자 야마가 소코(山鹿素行, 1622~1685), 중농(中農) 출신으로서 쵸닌(町人)층의 사회적 역할을 강조한 일본 심학(心學)의 창시자 이시다 바이간(石田梅岩, 1685~1744), 농민중심의 변혁사상을 전개한 안도 쇼에키(安藤昌益, 1703~1762) 등이 대표적이다.
[50] 참고로 일본 양학적(洋學的) 지식인들의 출신 역시 화가, 의사, 하급무사, 통사(역관), 상인 등 중인계층 이하에 집중되었다. 이에 대해서는 김정호, 『도전과 응전의 정치사상』을 참조 바람.

이 19세기 후반 일본의 문명개화론자들에게 이어진 것이라고 할 수 있다.[51]

반면 조선조의 경우에는 최소한 19세기 말까지는 민의 정치적 능력신장의 구조가 구상되지 않았다. 조선조 이전에는 물론이거니와 특히 유학적 전통이 강한 조선조에서 민은 통치의 대상일 뿐 '생각을 공유하는' 주체로서 상정되지 못했다. 기본적으로 우민관(愚民觀)에 입각한 정치질서관이 지배적이었던 것이다. 소위 민의(民意)의 반영, 민본(民本) 또는 위민(爲民)이라는 개념 또한 정치의 '주체'와 '대상'을 구분하는 것일 뿐 결코 민(民)의 정치적 능력에 대한 신뢰를 바탕으로 제시된 것은 아니었다.

정치사상가들 역시 그러한 입장에서 벗어나지 못했다. 사상가들의 출신은 거의 대부분 양반지식인 계층이었다. 그들은 자신들만의 언어(言語)로 논쟁했고, 그러한 논쟁의 내용을 일반 민(民) 차원으로 확대시키려 하지 않았다. 주자학적 유학의 전통을 고수한 보수적 지식인들은 물론이고, 대안적 국가통합의 이념구조를 제시한 실학적 지식인들 역시 민(民)의 성장가능성을 지적하지 못했다. 앞서 살펴본 홍대용이나 최한기 같은 사상가들 역시 민(民)의 사회적 기능과 역할에 대한 존중, 나아가 계층사이의 차별을 부정하는 논지를 전개했음에도 그러한 생각들을 민과 공유할 수 있는 구조를 제시하지 않았다. 이러한 전통은 19세기 중반 이후 서세동점의 위기상황에 직면하여 다양한 정치사상적 대안이 도출되었음에도 어느 것도 지속적이고 효과적으로 조선을 구하지 못한 근본적인 요인이었다고 생각된다. 이와 관련하여 흔히 1884년 갑신정변(甲申政變)의 실패요인으로서 외세에의 의존과 위로부터의 개혁의 한계를 지적해 왔으나, 사실 '위로부터의 개혁'은 갑신정변 주도세력에 한정된 것도 아니고, 실제로 아래로부터의 개혁을 실행하려 해도 당시 민의 정치의식이 전혀 그것을 뒷받침할 수 없었다는 점에 유의할 필요가 있는 것이다. 다른 한편 동학운동은 동학이라

---

51) 필자가 한편으로 일본 중심적 민족주의의 정치사상적 전통이 20세기 초 일본의 군국주의적 제국주의로 이어져 한말 국권 상실의 외적 요인으로 작용하였음을 직시하면서도, 다른 한편으로 일본 근대화의 동력이 단순히 서구적 지식과 기술을 수용한 데 있던 것만은 아니었음에 주목하는 것은 이런 측면 때문이다.

는 '종교정치이념'을 토대로 민의 조직화를 추구했다는 점에서 민의 정치적 성장가능성을 보여준 것이라 평가할 수 있다. 그러나 청일전쟁(淸日戰爭)을 거치면서 정치적 동력이 지속되지 못했고, 무엇보다 민의 조직화는 가능했으나 그것이 정치사회적 이슈들에 대한 민의 자각능력의 확대로 이어지지 못한 한계 또한 지니고 있었다.

　실제 일본의 경우와 유사한 형태로 민의 정치적 성장구조를 추진한 것은 독립협회(獨立協會)의 활동이 시작된 1896년부터 1910년 국권 상실에 이르는 10여 년간의 기간이다. 이 시기에 『독립신문(獨立新聞)』을 비롯하여 『황성신문(皇城新聞)』, 『대한매일신보(大韓每日申報)』 등이 창간됨으로써 다양한 정치적 견해를 일반 대중이 공유할 수 있는 매개체가 구축되어 민의 정치의식 성장에 크게 기여할 수 있는 계기가 마련되었다. 그럼에도 불구하고 조선은 1905년 을사보호조약(乙巳保護條約)으로 일본에게 실질적으로 주권을 빼앗기게 되었다. 1905년부터 1910년까지 장지연(張志淵), 박은식(朴殷植) 등이 제시한 교육론과 실천적 방안은 민의 정치적 능력 신장을 통해 국권회복을 이루려는 국권 상실 이전의 마지막 노력이었다.[52] 돌이켜 보면 우리에게 민의 정치적 성장의 필요성이 인식되고 그 구체적 방안이 제시되기까지 너무 오랜 기간이 경과한 반면, 그것의 실천을 통해 국가적 독립성의 유지와 발전을 이룩하기에는 너무 짧은 시간이었던 것이다.

V. 맺음말

　한말 국권 상실은 동아시아를 둘러싼 제국주의 열강의 각축 및 일본의 침략주의 외교노선에 의해 국권이 강제로 박탈당한 사건이다. 이후 36년

---

[52] 국권회복기 정치사상적 동향과 정치사상적 의의에 관한 보다 자세한 논의는 우남숙, 2005, 「민족과 국가의 발견」, 한국·동양정치사상사학회 편, 『한국정치사상사』, 백산서당을 참조 바람.

간 한반도는 일본 제국주의의 식민지로 전락함으로써 한민족(韓民族)에게는 씻을 수 없는 치욕의 역사가 되었다.

이 글은 과거에 대한 철저한 자기반성을 통한 성숙된 역사의식의 고취와 민족의 미래발전이라는 목적하에서, 한말 국권 상실의 정치사상적 요인을 주로 대내적 측면을 중심으로 검토한 것이다.

구체적으로 필자는 (1) 정치권력의 효율성 미약, (2) 대안적 국가통합 이념구조의 미비, (3) 민(民)의 정치적 성장구조의 취약성 등을 국권 상실의 대내적 요인으로 지적했다. 먼저 '정치권력의 효율성 미약'에 대해서는 조선조 성립 이후 장기간 지속된 정치권력층 내부의 분열과 권력유지에 급급한 정치행태가 국가경영 내지는 국가관리의 효율성을 저하시킴으로써 결국 19세기 말 20세기 초 한반도가 처한 위기상황에 대응하지 못하고 국권을 상실하게 하는 요인이 되었음을 설명했다.

다음으로 '대안적 국가통합 이념구조의 미비'부분에서는 주자학적 유학 정치이념의 한계를 극복하여 동등성과 개방성에 기초한 조화와 협력의 평등적 공동체를 이룰 수 있는 대안적 국가통합이념구조가 실학(實學)·동학(東學)·개화사상(開化思想) 등의 형태로 제시되었음을 지적했다. 그럼에도 불구하고 그들의 정치적 영향력 내지는 파급력의 한계 그리고 대안적 이념들을 아우를 수 있는 통합적 이념구조의 구축 노력 미흡으로 인해 결국 국권 상실을 저지하는 데에는 실패했다는 점을 언급했다.

마지막으로 '민(民)의 정치적 성장구조의 취약성'에 대해서는 유학적 우민관(愚民觀)에 기초하여 민의 정치적 성장구조의 구축이 장기간 차단되었고, 대안적 국가통합이념을 제시한 사상가들 역시 그 한계를 극복하지 못함으로써, 국권 상실 이전 10여 년에 걸친 인식의 전환과 실천적 노력에도 불구하고 결국 국가적 독립성의 유지와 발전이라는 결실을 거두지 못했다는 측면을 지적했다.

이와 같은 한말 국권 상실의 내적 요인에 대한 필자의 분석이 국권 상실의 역사적 필연성을 강조하려는 것은 물론 아니다. 본문에도 언급했듯이 정치사상적으로 한말의 국권 상실은 지속적으로 진행되어 온 일본의 민족주의적 대외침략노선의 결과이고, 그것이 당시 제국주의 열강들의 이해관계와 맞물려 발생한 것이다. 하지만 역사상 모든 국가의 멸망과정에는 그것을 촉진했던 내적 요인이 존재하기 마련이다. 오늘의 시점에서 그러한 내적 요인을 지적함으로써 자기반성의 계기를 마련하는 것이 그동안 수없이 강조했던 외적 요인을 되풀이하는 것만큼이나 중요하다는 것이 필자의 판단이다. 이 글이 그러한 취지에 조금이나마 근접하여 독자로 하여금 역사적 자기인식의 계기가 되었으면 하는 바람을 가져 본다.

❖ 참고문헌

金都鍊 譯註, 1990, 『論語』, 玄音社.
김만규, 2005, 『바로 보는 한국의 정치사상』, 논형.
金時俊, 1997, 『大學・中庸』, 惠園出版社.
金玉均 外, 1993, 『한국의 명논설』, 민성사.
金玉均 外 著, 李民樹外 譯, 1981, 『韓國의 近代思想』, 三省出版社.
김정호, 2003, 『근세 동아시아의 개혁사상』, 논형.
―――, 2005, 『도전과 응전의 정치사상』, 모시는 사람들.
김한식, 1979, 『實學의 政治思想』, 一志社.
―――, 2006, 『한국인의 정치사상』, 백산서당.
檀國大附設東洋學硏究所 編, 1975, 『朴殷植全書』, 단국대학교.
―――, 1979~1989, 『張志淵全書』, 단국대학교.
朴趾源, 1974, 『燕巖集』, 景仁文化社.
―――, 1994, 『燕巖先生文集』, 景仁文化社.
박충석, 1980, 『韓國政治思想史』, 三英社.
박충석・유근호, 1982, 『조선조의 정치사상』, 평화출판사.
신일철, 1995, 『동학사상의 이해』, 사회비평사.
우남숙, 2005, 「민족과 국가의 발견」, 한국・동양정치사상사학회 편, 『한국정치사상사』, 백산서당.
유미림, 2005, 「유교적 정치 이상의 상실과 체제위기」, 한국・동양정치사상사학회 편,『한국정치사상사』, 백산서당.
月刊「新東亞」編輯室 編, 1979,『近代韓國名論說集』, 東亞日報社.
俞吉濬, 1971,『俞吉濬全書』, 일조각.
李敦化, 1970,『天道敎創建史』, 景仁文化社.
李相佰, 1965,『韓國史-近世前期篇』, 乙酉文化社.
朱 熹, 1977,『朱子大全』, 景文社.
──, 1982,『朱子語類』, 臺北: 中華書局.
천도교중앙총부 編, 1969,『天道敎經典』, 천도교중앙총부 출판부.
──, 1986,『神師聖師法說』, 천도교중앙총부 출판부.
최완기, 1994,「붕당정치의 전개와 정국의 변화」,『한국사 9』, 한길사.
崔漢綺, 1971,『明南樓叢書』, 景仁文化社.
──, 1986,『明南樓全書』, 驪江出版社.
韓國學文獻硏究所 編, 1979,『金玉均全集』, 亞細亞文化社.
한국·동양정치사상사학회 편, 2005,『한국정치사상사』, 백산서당.
洪大容, 1972,『湛軒書』, 景仁文化社.

국권 상실과 일본의 한반도 정책*

전 상 숙 (이화여자대학교)

I. 머리말

　이 글은, 일본의 한국 '병합'을 근대 국가 일본의 국내외 정치 · 외교사적인 맥락에서 고찰하여, 일본의 한국 병합과 식민지배정책이 근대 일본 국가에서 갖는 정치적 의미와 목적을 제고하고자 한다. 이는 곧 일본의 한국 병합의 목적과 식민지배정책의 특질을 총체적으로 파악하기 위한 작업의 일환으로, 일본의 '한국병합'을 일본 국가의 '제국주의적 근대기획'이라는 관점에서, 일본 국가 이권의 확장을 위한 대륙정책과 그와 긴밀히 결부되어 진행된 외교정책의 변화와의 상관관계 속에서 고찰하고자 하는 것이다.
　명치유신 이후 세계 자본주의체제가 중공업을 산업적 기반으로 하는 제국주의 단계로 이행하는 시기에 시작된 일본의 근대화는 선진 근대 국가의 앞선 기술을 받아들여 급속히 성장하였다. 후발 산업 국가 일본은 영 · 미 중심의 선발 산업국가에 의존하는 협조적인 관계를 유지하면서, 동시에 근대 일본 국가의 성장을 담보할 자원과 시장을 확보하여 구미 열강에 필적할만한 경쟁력을 갖추기 위한 대륙정책을 추진하였다. 그것은 제국주의적 '대외 침략'으로 현재화되었고, 청일전쟁과 러일전쟁에 이르는 '식민지 획득 전쟁'을 통해서 일본은 동아시아의 제국으로 부상하였다. 그러나 일본의 식민제국화는 현상유지를 원하는 구미 제국주의 열강의 서구중심

---

* 이 글은 『동아연구』 제59집에 게재되었다.

주의에 위기감을 조성하여 일본에 대한 견제와 '황화론'의 확산을 초래하여, 일본 정부의 국가적 성장을 담보하기 위한 외교적 협조주의의 강화와 함께 대륙정책의 변화를 수반하였다.

구미 열강의 대일 견제에 대한 일본 정부 대응의 상기 양 측면은 서로 모순적인 것이었다. 그러나 일본 국가 성장의 필요와 서양에 대한 '동양'이라는 인식을 분명히 자각함으로써 구미의 '황화론'과는 대조적으로 일본에서 확산되고 있던 '아시아주의'적 사상과 결합될 소지를 내포한 것이었다. 그것은 러일전쟁 이후 일본의 대륙정책이 '북수남진'으로부터 육군 중심의 '북진대륙정책'으로 전환되어 박차가 가해진 한국 '병합'을 통해서 그 단초적인 모습을 드러내었다. 이 글은 이러한 제양상들을 유기적인 상관관계 속에서 고찰하여 일본의 한국 '병합'과 식민지배정책이 근대 일본 국가에서 갖는 정치적 의미와 목적을 제고하고자 한다. 필자는 일본의 한국 병합의 목적과 식민지배정책의 특질을 총체적으로 파악하기 위한 작업의 일환으로, 러일전쟁 이후 1910년 일본의 한국 병합에 이르기까지 일본 육군벌(閥)을 중심으로 한 대륙정책이 형성되는 과정과 그와 긴밀한 관계 속에서 구축된 '조선총독정치체제'에 대하여 고찰한 바 있다(전상숙 2006 ; 전상숙 2009). 이 글은 그 연장선상에서 일본의 한국 '병합'을, 근대 일본의 국가적 발전이라는 측면에서 추진된 일본 국내외 정치·외교사적인 맥락을 통해서 일본의 한국병합의 의미와 식민지 한국이 근대 국가 일본에 대하여 갖는 정치적 의미 및 목적을 제고하려는 것이다.

이러한 연구는 종래 분절적으로 고찰되었던 일본의 한국 병합과 식민지배정책사 연구의 한계를 극복하고,[1] 일본의 한국병합과 식민지배정책을 통시적으로 고찰하여 일본의 한국 식민지배정책의 성격과 특질을 명료히 하고자 하는 데 그 목적이 있다. 이러한 연구가 일제하 한국사회에 대한 이해를 제고하는데 일조하여 궁극적으로 근·현대 한국사회를 유기적·연속적으로 고찰하는데 기여할 것이라고 생각한다.

---

[1] 기존 연구 검토는 전상숙(2006)과 전상숙(2009) 참조.

II. 러일전쟁 이후 '황화론'의 고조와 인종주의적 역발상, '아시아주의'

주지하듯이 일본은 청일전쟁과 러일전쟁을 통하여 대륙진출의 장애로 적대시하던 중국과 러시아의 한국에 대한 영향력을 퇴각시키고 한국에 대한 지배력을 독점하게 되었다. 청일전쟁은 일본이 승리함으로써 전통적인 동아시아의 중화체제를 와해시키고 동아시아의 제국으로 성장하게 되는 직접적인 계기가 되었다. 그리고 러일전쟁은 일본이 동아시아의 제국으로써 구미 열강과 어깨를 나란히 하는 제국주의 열강의 일원이 될 수 있는 자질을 인정받는 계기가 되었다. 청일전쟁과 러일전쟁은 동아시아의 섬나라 일본이 세계적인 제국주의 열강의 일원이 되는 도약의 전환점이면서 동시에 대만과 한국을 거점으로 하여 '대륙국가화 기획'을 구현할 수 있게 한 장기간에 걸친 '식민지 획득 전쟁'이었다고 할 수 있다.

그러나 미국에 의해 문호를 개방하고 뒤늦게 근대화를 시작한 일본이 10여 년간에 동·서양의 강국과 치룬 전쟁의 승리는 서구 열강의 경각심을 불러일으켜, 일본에 대한 경계심이 확산되는 계기가 되었다. 특히 러일전쟁 이후 미국, 영국, 프랑스, 태평양 연안의 영국 자치령, 청국 등에서는 일본이 러시아를 패퇴시킨 것을 일본이 서양 국가세력을 극동에서 배제하려는 제일보로 보는 시각이 대두하였다. 일본이 장차 프랑스령 인도차이나에 진출한 프랑스, 필리핀에 진출한 미국을 공격할 것이고, 오스트레일리아 뉴질랜드, 캐나다를 공격할 것이며 네덜란드는 네덜란드령 인도에서 쫓겨나고 결국 청국의 인적·물적 자원을 조직·개발하여 유럽을 향하게 될 것이라는 주장까지 제기되었다(오카 요시타케 1996, 62).

주지하듯이 일본의 근대화는 영·미와의 협조관계 속에서 그들에 의지하며 이루어졌다. 그러한 일본이 제국주의 국가로 발전하는데 구미 열강이 공공연히 반대하지 않은 것은 일본을 그리 위협적인 존재로 느끼지 않았기 때문이었다고 할 수 있다. 그러나 한편에서는 19세기 말 이래 일본의 근대화, 서양화 현상에 대한 관심이 고조되어 동서관계의 장래에 대한 심각한 그리고 때로는 숙명론적인 의견이 대두하기도 하였다. 과학 기술의 진보가 아시아에도 영향을 끼쳐서 '잠자는 아시아'가 차차 공업화에 눈뜨고 있다고 여겨졌다. 그것은 아시아가 서양화된다면 종래의 서양 우위가 상실되지 않을까하는 불안함이 반영된 것이었다. 서양화한 아시아와 서양의 진정한 차이는 과연 어디에 있으며 아시아는 서양화한 후에도 여전히 이질적인 문명이며 반서양적일까 하는 등의 문제가 제기되었다. 그 가운데 극단적인 비관론이 '황화론(黃禍論, Yellow Peril, Japanese Peril)'으로 발전하였다. 황화론은 서양적인 정신문명을 가지지 않은 아시아인이 근대적 기술을 도입하여 표면적으로 서양화하여 아시아에서 서양의 우위를 타파하려 한다는 이미지에 근거한 일종의 숙명론으로 1890년 후반 이후 꽤 일반화되어 있었다(이리에 아키라 1993, 56).

황화론은, 사회진화론과 결합되어 서구 열강이 식민지를 개척하면서 자의적으로 인류를 인종에 따라 구별하고 평가하여 그에 기초해서 우월한 인종의 열등한 인종에 대한 지배를 정당화한 인종주의 내지 인종학을(전복희 1996, 115) 배경으로 한 서구 우월주의가 일본의 대두를 보면서 형성된 불안함이 반영된 사회적 담론이었다고 할 수 있다. 그것은 일본과의 전쟁에 패한 러시아에서 특히 강하게 나타났다(권희영 2006, 344 ; 이채문 1998, 231~232). 그러나 이 시기 이민 문제를 둘러싸고 형성되기 시작한 미·일 간의 긴장이 러일전쟁에서 승리한 일본에 대한 배일운동(유기식 1997, 9~12), 황화론으로 표출된 것은 일본 정부가 예기치 못한 서구 우월주의의 정서적 반발로써 일본 정부에 당혹감과 위기감을 안겨주었다. 황화론은 19세기 말 이래의 현상으로 새로운 것은 아니었다. 그러나 러일전쟁을 계기로 미국 서해안에서 '황화'로 표출된 미국에서의 배일운동은 일부 미국인의 행위라기보다는 근본적으로 미국인의 문화적·인종적 편견과 세계관에서 유래한 것이었다고 할 수 있었다. "생활 수준이 높은 백인과 생활 수준이 낮은 동양인 중 어느 쪽이 세계를 지배할 것인가라는 세계적인 문제의 일부"라고 한 샌프란시스코의 한 신문 보도와 같이 일본의 대두에 대한 두려움, 불안감과 결부된 황화론, 배일운동은 외교 안건으로써 미일전쟁론을 불러일으킬 정도였다(Charles E. Neu 1967, 20~50 ; 이리에 아키라 1993, 30·65~66 ; 오카 1996, 63).

아시아의 서구화, 근대화에 대한 관심에서 나온 '황화론'은 1890년대 일본이 명치유신 이래 헌법 발포와 제국의회 개최 등 근대적 국내 정치체제를 구축하고 국가 이익, 국력의 관점에서 일본의 발전을 대외적으로 적극적으로 꾀하기 시작하던 시점에서 등장하기 시작하였다. 실상 1890년, 일본 육군을 창설한 초대 수상 야마가타 아리토모(山縣有朋)는 일본의 외교와 군사 문제에 대한 의견서를 발표하여 '국가 독립 자위의 길'은 '주권선'과 '이익선'을 정해서 그것을 지키는데 있다고 하였다(야마가타. 「外交政策論」. 大山梓 1966(1890. 3), 196~201). 주권선은 일본 영토를 지칭한 것이었다. 자국 영토를 지키는 것은 당연하지만 그러기 위해서는 이익선, 즉 본국 영토의 '안위와 상호 밀접하게 관계되는' 인근 지역도 방어해야 한다는 것이었다. 부득이한 경우에는 무력을 사용해서라도 이익선을 '보호'하여 일본 본토의 안전을 확실히 해야 한다는 것이 그 요체였다. 그것은 러시아의 시베리아철도 건설 착수가 임박한 시점에서 대러 견제책으로 제안된 것이었다. 러시아의 시베리아철도가 완성될 경우 조선에 대한 러시아의 침투가 활발해져 '조선의 독립'이 위협받게 되고 그러면 일본 쓰시마(對馬島) 제도의 주권선이 머리 위에 칼을 들이댄 것과 같은 위협을 당하는 형세가 될 것이므로 일본의 독립을 완전히 하기 위하여 일치노력해야 할 방책으로써 '조선의 독립' 방어를 제안한 것이었다. 이러한 방침은 제1회 제국의회의 시정방침연설을 통해서 국책으로 정해졌다(야마가타. 「帝國の國是に就ての演說」. 大山梓 1966(1891. 2. 16), 204~207). 그리고 1893년 군비의견서를 통해서 시베리아철도가 완성될 때 본격적으로 행해질 러시아 등 서구열강의 동양 침략에 대한 준비에 착수하였다(야마가타 1893. 10. 215~222).

일본이 국가의 발전이라는 적극적인 대외정책의 입장에서 서구 열강과 맺은 불평등조약을 개정하며 '조선 독립'을 위해 치른 청일전쟁은 성공적이었다. 조약개정은 단순히 굴욕적인 조약을 철폐하려는 것뿐만 아니라, 일본 국력의 기초로써 경제력을 충실히 하는 문제와 밀접하게 연결되어 있었던 것이었다(이리에 1993, 35). 야마가타는 부산에서 의주를 관통하는 조선 종관철도와 대련만에서 금주를 관통하는 요동반도철도를 부설하여 장래 중국을 횡단하여 인도에 이르는 철도를 부설하고자 하는 적극적인 청국본토진출계획을 갖고 있었다(고바야시 1996, 27). 그러한 일본의 적극적인 대외정책은 삼국간섭과 하문(厦門)점령의 실패로 열강에 대한 열세를 절감하는 한편으로 삼국간섭 직후 1895년 군비확충의견서를 통해서 일본이 "동양의 맹주"가 될 것을 제창하고(야마가타 1895. 5. 15, 230) 군비의 충실을 본격화하는 것으로 현재화되었다. 그 결과 러일전쟁을 승리로 이끌었지만 황화론의 고조는 아직 현실적으로 필요한 영미협조주의 외교를 위태롭게 하는 것이었다. 그러므로 일본은 이를 진정시키기 위하여 열강과의 정치적 협조관계 속에서 일본의 지위를 인정받아 소기의 성과를 이루려는 종래의 영미협조주의를 더욱 적극적으로 강화하는 한편 대륙진출을 위한 군비확충을 꾀하였다. 일본은 대륙정책을 구미 열강과의 외교적 협조관계 속에서 조율해간 것이다.

그러나 일본 국내 일각에서는 대조적으로 정부가 구미 열강의 눈치를 보는 듯한 영미협조주의 외교정책으로 일관하는 것을 비판하고, 동양의 단결을 강조하며 일본이 솔선해서 아시아의 지도자가 되어 서양에 대치해야 한다는 주장이 대두하였다. 1880년 흥아회(興亞會)가 결성된 이래 아시아 연대 주장은 계속된 것이었다. 그러나 청일전쟁을 경험하고 1898년 동아동문회로 조직적으로 확대 병합된 이후 그것은 일본의 중국과 조선에 대한 강한 지도의식을 드러내며 정치화를 강력히 표명하기 시작하였다. 그러한 아시아연대주의는 유력한 정치가, 군인, 관료가 다수가 동아동문회에 참가하고 있을 정도로 주류 정치가와 군인 가운데에서도 확산되어가고 있었다(스벤 사아러 2008, 137~139).

그러한 흐름은 일본이 아시아의 맹주가 되어 연대해야 한다는 현양사나 민권파의 흐름, 흑룡회 등과 이합집산하며 '아시아주의'[2]의 기초를 형성해

---

2) 아시아주의(Asianism)이라는 말은 황화론 담론의 일부로서 이미 1900년을 전후한 시점에 영어나 독일어의 출판물에서 등장한 Pan-Asianism(us)이라는 말로부터 연원한

갔다. 그것은 일본이 아시아의 일국으로서 서양의 아시아 진출에 대항하여 아시아의 '각성'과 '아시아인의 아시아'를 이룩해야 한다는 입장이었다. 일본을 맹주로 하여 아시아가 그 역사적 유산을 자각하여 서양사상의 영향으로 인한 혼미에서 벗어나 또다시 힘차게 세계 문명에 공헌할 수 있다는 생각이 고조되었다. 명치정부가 조약개정이나 전쟁을 통한 영토 문제 등에서 성과를 거둘수록 아시아주의적 사상을 지닌 사람들의 정부의 영미 협주주의에 대한 반대와 비판이 강해졌다(이리에 아키라 1993, 42~56).

러일전쟁은 서구에서 황화론이 고조되는 것을 보며 일본인이 '백인'과의 상대적인 관점에서 '유색인종'이라는 것을 인식하고 '백인' 제국주의에 대한 '유색인종' 아시아의 연대와 그에 대한 지도의식을 강화하는 전환점이었다. 러일전쟁은 아시아주의자와 아시아 연대 사상에 중대한 기로였다. 러일전쟁 이후 일본의 일각에서는 황화론보다도 '백화론(白禍論)'이 현실성 있는 시나리오라는 사실에 주의를 기울여야 한다는 주장이 제기되며 일본을 맹주로 한 아시아주의 사상이 확산되고 있었다(스벤 사아러 2008, 139~140).

그러한 아시아주의는, 막말명치초 정한론(征韓論)의 계보를 잇는 '주권선' 일본과 직결된 '이익선' 조선 논리를 서구 제국주의의 인종론에 기초하여 뒷받침한 '일선동조(日鮮同祖)'·'내선일여(內鮮一如)' 논리가 개발되어 확산되는 가운데 일본의 식민주의를 정당화하는 침략의 논리로 발전해 가게 되었다. 명치초 일본에 도입된 인종론은(Peter Duus 1995, 414) 1886년 동경인류학회 창설을 통해서 일본인의 일본인종에 대한 연구로 활성화되었다. 일본의 일본인종에 대한 연구는 일본인종이 여러 인종이 혼합된 것이라는 것을 역설하며 조선인이 일본인과 같은 인종이라고는 할 수 없지만 일본인과 깊은 연관이 있다고 하여 일선동조론, 곧 침략의 논리로 일본인종의 다인종성을 전환시켰다(오쿠마 1995, 73~79). 구미에서 일본에 대한 황화론이 횡행하던 시기 일본에서는 조선인의 민족적 정체성을 완전히

다(스벤 사아러 2008, p.148 각주 44 참조).

무시하는 일선동조·내선일여 등등의 의론이 횡행하는(나카츠카 1993, 92) 한편으로, 아시아의 맹주로서의 일본을 지향하는 아시아 연대주의·아시아주의가 확산, 강화되고 있었다. 일본의 대륙진출을 뒷받침하는 사회적 분위기가 조성되고 있었던 것이다.

　구미에서 인종론이 백인종과 유색인종과의 차이를 차별화의 논리로 정립하여 제국주의 지배를 정당화하는 논의로 활용된 반면에, 일본에서 받아들여진 인종론은 일선동조론으로부터 비롯하여 일본인이 그들과 같은 피부 빛과 모양을 갖고 있는 아시아인과의 동질성을 결합하는 논리로 재정립되어 아시아 일본의 아시아 제국주의 지배를 정당화하는 아시아주의 논의로 발전해갔다. 이러한 일본에서의 인종론의 침략론으로의 전환은 아이러니하게도 구미에서 인종주의에 기초한 황화론이 고조되어 일본 정부가 현실주의적인 영미협조주의 전략을 고수하던 시기에 이루어졌다. 황화론이 인종주의적 편견과 서구 우월주의에 입각한 백인의 일본 대두에 대한 경계심을 반영한 것이라고 한다면, 일본의 아시아주의 대두와 침략론으로의 전환은 구미와의 협조·의존관계 속에서 일본국가의 발전을 꾀할 수밖에 없었던 섬나라 후발자본주의 국가 일본의 열세를 극복하고 강대국 열강의 일원이 되고 싶은 일본 사회의 총체적인 열망을 반영한다고 할 수 있다.

　이 점에서 황화론과 아시아주의는 그 맥을 같이 하고 있었다고 할 수 있다. 양자는 모두 패권의 목적을 배경으로 한 것으로써, 동양과 서양이 상호 대등한 측면에서 인식하기 시작하면서 종래의 차이와 그에 따른 관계의 문제를 심각하게 고려하게 되었다는 것을 역설적으로 드러낸 것이었다. 황화론은 서구 중심적 우월주의에 입각하여 그들과는 전혀 다른 동양의 섬나라 일본이 그들과 같은 그룹의 일원이 되는 것을 견제하고 그에 대한 기득권을 유지하려는 패권의 논리를 표출한 것이었다고 할 수 있다. 아시아주의 또한 근대화를 통하여 발전한 인종적으로 다른 서양의 존재와 차이를 대자적으로 인정하는 가운데, 서구적 근대화가 동반한 예속성을 비판하고 이를 극복하여 구미 국가와 같은 열강의 일원으로서 동양의 맹주가 되고자 한 일본의 제국주의적 패권의 논리를 표출한 것이었다고 할 수 있다. 이 점에서 일본의 아시아주의는 서구에 대한 도전의 논리이면서 동시에 아시아에 대한 지배와 패권의 논리였다고 하겠다. 또한 이 점에서 일본 정부와 민간 사회는 비록 현실의 외교적 입장의 차이를 표출하기는 했어도, 총체적으로 그 지향을 같이 하고 있었다고 할 수 있다. 국가적 발전 방략의 모색이 국가와 민간 사회 양측에서 모두 서양과의 차이와 격차를 인식하고 이를 극복하기 위한 실질적인 방안을 구하는 방향으로 향하고 있었던 것이다. 러일전쟁 이후 구미에서 황화론이 고조되는 것에 대해 그 인종주의적 역발상이라 할 수 있는 아시아주의가 침략의 논리로 전환된 것은 그러한 의미를 갖는다고 하겠다.

III. 일본 육군의 북진대륙정책과 한국 병합

근대적인 국내 정치체제를 정비하고 국가이익, 국력의 관점에서 일본이 국가의 발전을 적극적으로 꾀하기 시작할 때 야마가타는 1890년 주권선 - 이익선 논리를 주창하여 한국에 대한 배타적인 영향력 확보를 국책으로 결정하였다. 막말명치초의 정한론으로도 알 수 있듯이, 한국 문제에 대한 일본에서의 의견은 항상 일치하는 것이 아니었다. 그러나 반도 한국이 섬나라 일본에 대하여 갖는 군사상의 의미에 대해서는 근본적으로 일치하고 있었다. 즉 동해-쓰시마해협-황해를 합하여 한국과 그 주변이 제3국의 지배 아래 들어가는 것은 일본의 안전상 꼭 피해야 한다는 것이 일본의 기본 입장이었다(이리에 1993, 37). 야마가타의 이익선론을 통해서 "조선의 독립" 방어·"조선을 보호"한다고 한 것은, 한국이 전통적으로 조선에 영향력을 행사하던 중국과 새로이 침투해오고 있는 러시아의 영향으로부터 벗어나서 독자적인 주권국가로서의 위상을 정립할 수 있도록 하여 주권선 일본의 독립을 안전하게 지켜야 한다는 일본 국방의 의미를 강조한 것이었다. 반도 한국, 이익선의 보호는 군사상의 의미에서 한국을 주권선 일본의 방위와 직결시킨 것이었다(전상숙 2006, 122). 이를 국책을 결의하고 군비를 확충하며 치른 청일전쟁으로 일본은 대만을 편입하게 되어 동아시아의 제국주의 국가가 되었다. 그리고 열강에 앞서 제국주의적 중국 분할의 첫 발을 내딛고 한국의 지배권을 둘러싼 사활적인 대러 투쟁의 길로 들어서게 되었다.

그러나 러시아가 삼국간섭을 통해서 조선지배를 위한 군사상의 필요에서 점거한 요동반도를 박탈하고 명성황후세력과 결탁하여 본격적으로 한국으로 진출해옴으로써 한국에 대한 영향력을 확보할 수 없었다. 앞에서 언급했듯이 중국 본토 진출 구상을 갖고 있던 일본은 국제체제의 현상유지를 원하는 열강의 제국주의적 패권으로 인한 '굴욕'과 제국주의의 장벽을 절감해야 했고 한국 정책도 후퇴하지 않을 수 없었다. 그리하여 북쪽으로의 대륙정책을 억제하고 국력 배양에 주력하면서 열강의 중국분할시 편승하여 남쪽 복건성(福建省)으로 진출할 준비를 해놓는다는 북수남진(北守南進)·중국분할편승론이 형성되었다(고바야시 1996, 28·95~96).

그러나 의화단사건과 이를 기회로 한 하문(廈門)출병사건은 일본 내 권력관계와 대륙정책을 전환시키는 계기가 되었다. 의화단사건시 지리적 조건상 북경에 신속히 대규모 병력 출병이 가능했던 일본은 사건 진압에 결정적으로 기여하였다. 이때 일본은 열강의 관심이 북경에 집중해 있는 것을 틈타 복건성을 세력하에 두고자 하문점령을 시도하였다. 그러나 영국을 필두로 한 열강의 철병 요구로 목적을 달성할 수 없었고 '극동의 헌병', '구미열강의 주구'라는 불명예만 얻었다(고바야시 1996, 38~39). 이 경험으로 일본은 큰 교훈을 얻고 대륙정책을 전환하는 계기가 되었다. 의화단 진압의 주력으로써 열강의 이권을 수호하는데 크게 기여했음에도 불구하고 보상은커녕 '극동의 헌병' 정도로 취급될 뿐 열강의 일원으로써 이권분할에 동참하는 자격이 인정되지 않았다. 일본은 지리적 편의와 군사적 독점만으로는 아직 열강과 겨룰 수 없다는 것을 자각하는 한편으로 극동의 헌병에 만족해야 하는 일은 하지 않는다는 분위기가 고조되었다(이노우에 1975, 54~60).

이 사건으로 북쪽으로는 한국을 놓고 러시아와 타협하고 남쪽으로 복건성 방면에 세력권을 확보하여 열강에 편승해 중국본토로 이권을 확장해 가려던 북수남진·중국분할편승론의 유효성이 급속히 상실되었다. 또한 열강과의 동맹의 필요에서 영일동맹이 추진되는 한편으로, 이를 놓고 만주와 한국에 이권과 영향력을 강화하고 있는 러시아에 대한 입장의 차이가 표출되어 대립하게 되었다. 영국과의 동맹은 러시아와의 전쟁을 고려하지 않을 수 없었던 것이었으므로 동맹 추진세력은 러시아와의 전쟁도 불사하겠다는 입장이었고, 반대 측은 일본의 전력을 감안해 러시아와의 전쟁을 피하고 대러협상을 통해서 외교적으로 문제를 해결하자는 입장이었다. 이는 곧 의화단사건을 통해서 열강과의 동맹과 적극적인 북진대륙정책의 필요를 절감한 야마가타그룹과 이토(伊藤博文)세력 간의 대립이었다. 결국 1902년 영일동맹이 성사되었다. 이로써 이토가 입헌정우회를 창립하면서 시작된 '반(反) 정당' 야마가타와의 대립(마츠시타 1967, 331~37)은 야마가타의 승리로 돌아갔다고 할 수 있다.

이토와 야마가타를 정점으로 한두 세력 간의 논쟁에 종지부를 찍은 영일동맹의 체결은 야마가타의 비호 아래 육군대신을 역임한 카츠라(桂太郞) 내각이 들어서면서 급진전되어 성사되었다. 입헌정치의 진전을 수용하려는 이토에 반하여 정당을 혐오하는 야마가타는 일본 육군을 창설하고 초대 육군대신을 역임한, 군부를 대표하는 인물이었다(마스미 1992, 199~200 ; 이노우에 1975, 45~46). 카츠라는 그의 비호 아래 군제를 개혁하고 4내각의 육군대신을 역임하며 야마가타에 이어 두 번째로 군인 수상이 된 인물로 청일전쟁 이후 특히 발언권이 강화된 육군, 죠수벌(長州閥)의 지도자였다. 군사적 방위의 차원에서 이익선 논리를 국책으로 정하고 성공적으로 치룬 청일전쟁 이후 군벌의 위세는 마치 제국의 운명을 어깨에 진 듯 높아졌다 (이노우에 1975, 50). 대륙 한국에서 치러진 청일전쟁의 결과 자연히 논공행상에서 문관에 비해 무관이 압도적으로 많았고, 그 가운데서도 육군이 해군에 비하여 4배 이상을 수여하였다(마츠시타 1967, 239~241). 그리하여 군벌 중에서도 육군의 정치적 발언력이 높아갔다. 그것은 통수권의 독립과 대신무관제로 정부로부터 독립적으로 행동할 수 있었다. 하문출병사건은 그러한 군벌이 대만총독부와 주도해서 행한 것이었다.

그러한 가운데 체결된 영일동맹은 열강과 동맹의 필요를 절감한 일본이 대러 견제의 공동 목표를 갖는 영국에 힘입어 적극적인 북진대륙정책을 추진하기 위한 것이었다. 그 초석을 놓은 것이 야마가타였다. 그리고 그 초석에 입각하여 의지를 관철시킨 것이 카츠라였다. 그들에 의해 영일동맹의 체결로 육주해종(陸主海從) 대륙정책 노선이 확정되었다고 할 수 있다(고바야시 1996, 55). 영일동맹의 체결은 죠슈벌 육군 군부가 국정 운영의 주도권을 확고히 하고 적극적으로 '북진대륙정책' 의지를 천명한 것이면서 동시에 야마가타 그룹의 정치적 입지를 공고히 하는 기반이 되었다(전상숙 2006, 126~127). 그 북진대륙정책은 1902년 카츠라 내각에 카츠라의 뒤를 잇는 죠슈벌 육군대신 테라우치(寺內正毅)가 입각함으로써 정치와 군사가 일치하여 적극 추진되었다.

만주와 한국 문제를 둘러싸고 러시아와 전운이 감돌던 때 육군대신으로 입각한 테라우치는, 의회의 비협조로 재원 마련에 난항을 겪고 있던 군비확충 문제를 용지정리 단행, 병기탄약조제 사업 조정 등으로 해결하며 1903년 6월 어전회의에서 대러협상의 원칙, 개전의 결의를[3] 이끌었다(쿠로다 1920, 238~242). 카츠라 내각은 이 기회를 활용해서 한국을 완전히 확보하여 북진대륙진출의 거점으로 삼고자 하였다. 그리하여 이를 결의하기 위해 개최된 제19회 제국의회에서 개전 반대가 예상외로 강력하자 의회를 해산하고, 내각 단독으로 재정상 긴급처분으로 군비충실에 필요한 경비와 경부선 철도 속성 공사 보조금 지출을 의결하고 이를 위한 국구 채권의 발행을 칙령으로 발표하였다. 그리고 테라우치 육군대신은 새로운 군사 최고 기관인 군사참의원을 개설하고 전시 대본영 조례를 수정하여 참모총장과 해군 군사령부장을 각 막료장(幕僚長)으로 하는 육군체제를 정비하는 한편 경부선 철도의 속성을 독려해 군로가 열릴 수 있도록 하는 등 전쟁

---

3) 당시 대러 개전론자들의 개전 결의 활동에 대해서는 마츠시타(1967), pp.351~353 참조.

수행 준비의 만반을 기하였다(쿠로다 1920, 241~254 ; 전상숙 2006, 128~129).

그 결과 러일전쟁은 해군을 제외하면, 수상을 비롯해서 육군대신, 야마가타 참모총장, 만주군 참모총장 코다마(兒玉源太郎) 등 야마가타 그룹의 죠슈벌 육군 군부가 중심이 되어 수행되었다(키타오카 1978, 61 ; 마츠시타 1967, 353~356). 그 승리로 육군대신 테라우치를 중심으로 한 죠슈벌 육군 군부의 결속력과 정치적 발언력이 일층 고조되었다. 명실공히 죠슈벌 출신 육군 지도자를 수반으로 한 정부가 대륙의지를 천명하고, 그 지도부가 총동원하여 러일전쟁을 승리로 이끌어 정치적 위상과 발언권을 높여간 것이다. 이후 이들 육군 중심의 적극적인 북진대륙정책이 본격화되었다(전상숙 2006, 129~130).

1890년 야마가타가 이익선 논리로 한국 '보호'를 국책으로 결의한 이래 그것은 죠슈벌 육군의 지상과제였다. 러일 개전 직후부터 전세를 유리하게 이끈 일본은 1904년 5월 30일 한국의 '보호국화'를 결의한 "대한(對韓)방침"을 결정하였다(「對韓方針に關する決定」. 外務省 편 1965, 224~228). 7월, 고무라(小村) 외상은 "이 기회에 만주와 한국 및 연해주 방면의 이권을 확장해 국력의 발전을 꾀할 것"을 전쟁 강화의 방침을 밝혔다(「露日戰爭の講和條約に關する小村外務大臣の意見」. 外務省 편 1965, 228~229). 그리고 1904년 8월 일본은 한국에 '고문정치'를 단행하였고, 러일전쟁에 승리하자 한국을 보호국화 하였다(전상숙 2006, 132). 이로써 1890년 이래 일본 국가의 적극적 발전을 위하여 결의된 이익선 논리의 지상 목적이었던 '조선의 보호', 곧 한국에 대한 일본의 배타적 지배권 확보라는 일차적인 목적이 달성되었다.

그러나 일본은 곧이어 한국과 중국, 그리고 러시아와 국경을 접하는 삼각지대에 있으면서 정치적으로 한국과 중국 사이에 영유권이 확정되어 있지 않아 만주를 둘러싼 러시아의 남하정책과 관련하여 관심을 갖게 된 간도의 중요성에 주목하여 그곳에 장래 중국 이권을 위한 거점을 마련하고자 하였다. 1906년 3월 간도를 실지 조사한 한국주차군 참모부는 "공세를 취해 북함(北咸) 방면에서 길림지방으로 진출하려면 우선 간도를 점령해야 이 목적을 달성할 수 있다"는 내용의 보고서를 육군성과 외무성에 제출하였다(韓國駐箚軍參謀部. 1906. 3. 「間道ニ關スル調査槪要」). 그리고 육군은 간도 지역의 확보가 일본의 안보상 필수불가결하다는 점을 강조하며 이 지역을 확보할 방침을 결정한 '1906년도 일본 제국군대 작전계획'을 수립하였다. 거기에는 경제적인 면까지 고려한 장춘－길림 간 철도연장까지 포함되어 있었다(日本防衛廳防衛硏修所戰史部. 1967, 162). 그리고 육군대신 테라우치는 1906년 6월 남만주철도주식회사설립조령을 발포한 후 직접 7월에 설립위원장이 되어, 1907년 1월 철도회의 의장까지 역임하며 기존의 장춘·길림 사이의 철도부설 계획을 수정해서 한국 북부와 연결시키는 사업을 추진하였다(쿠로다 1920, 442~444). 그리고 러일협약 공포 직후 8월 19일 간도 용정촌에 한인 보호를 명분으로 '통감부간도임시파출소'를 개설하였다.

　이는 한국의 보호국화로 독점적인 영향력을 확보했다고 여긴 일본이 영일동맹을 체결하며 전환한 육군 중심 북진대륙정책의 일환으로써, 만주와 직결된 간도 지역을 확보하여 근대 일본 국가의 성장을 실질적으로 뒷받침할 이권의 팽창을 꾀한 것이었다. 그러한 육군의 북진 대륙진출 계획은 1907년 4월 최고 국책으로 결정된 '일본제국 국방방침'으로 확정되었다. 이 국방방침은 육군 참모본부의 죠슈벌 육군대장 다나카(田中義一)가 러일전쟁을 통해서 배운 교훈과 전후 채택해야 할 정책에 관하여 작성한 내용을 테라우치와 야마가타가 공감하여 야마가타의 수정을 거쳐 결의된 것이었다(키타오카 1978, 9 ; 모리야마 1987, 228~229). 영일동맹이 체결되자 영·일 해군세력에 대적할만한 해군은 더 극동에 존재하지 않으므로 육군을 확장시켜야 한다고 주장했던 다나카는(다카쿠라 1981, 211~212), 국방방침 입안 시 일본이 '섬나라'의 한계를 벗어나 '대륙 국가'가 되어 국운을 크게 신장해야 한다는 신조를 갖고 있었다(이리에 1993, 63). 제국국방방침은 그러한 다나카의 생각에 공감한 죠슈벌 육군 야마가타세력이 일본의 북방 대륙국가화를 결정한 것이었다고 할 수 있다.

　이 제국국방방침은 러일전쟁의 승리로 막말 이래 최대의 과제였던 국가적 독립을 달성했다는 판단 아래 새로운 국가 목표를 모색해야만 했던 일본이 그 새로운 국방정책의 기본방침을 정한 것이었다. 그러므로 그것은 일본의 '전후경영'과 관련하여 중요한 의미를 갖는다. '일본제국 국방방침'은, 러일전쟁 이후 러시아함대의 대패(大敗)로 해군에 유력한 가상(仮想)의 적이 없었던데 반해서 한국과 러시아와 국경을 접하고 있는 만주에서의 권익 확대로 안보상 중요성이 더욱 확장된 육군이 그 역할을 강조하며 국방방침의 주도권을 확정한 것이었다. 다시 말해서 영일동맹의 체결로 전환된 육주해종의 북진대륙정책, 육군을 주력으로 하고 해군을 보조자로 한 통일적 국방정책이 육군 주도하에 수립되어 국책으로 결정된 것이었다. 이를 통해서 육군은, 해군이 제창했던 수세(守勢)국방론・도제(島帝)국방론을 부정・극복하고 공세(攻勢)국방론・대륙제국론을 관철시킨 것이었다. '일본제국 국방방침'의 결정은, 육군이 만주와 한국에서의 권익을 불가분의 구성요소로 하는 대륙국가 일본 제국의 발전과 이를 위해 필요한 공세국방정책 추진을 결의한 것이었다(키타오카 1978, 9~13). 일본의 북진 대륙국가화, 대륙국가 제국일본이 육군에 의해 새로운 국가목표로 제창, 결의되었음을 의미한다. 이로써 영일동맹을 통해서 국정 운영의 주도권을 공고히 하고 적극적인 북진대륙정책의 의지를 천명한 죠슈벌 육군 군부의 계획도 국책상, 제도상으로 강력하게 보장받게 되었다(이노우에 1975, 74~76 ; 전상숙 2006, 135~136). 여기서 한국은 육군의 대륙국가화, 북진대륙정책의 기축이 되는 만주와 불가분의 밀접한 관계를 갖는 것으로 한국의 확보가 그 출발점이 되는 것이었다.

동북아 특히 만주를 둘러싼 열강의 이권 개입이 첨예화되고 있던 시점에서 1907년 8월 15일 일본은 제1차 러일협약을 체결하여 간도를 포함한 남만주 이권과 한국에 대한 재량권을 인정받아 러시아의 남하정책을 저지하고 제2의 러일전쟁의 위기도 해소하였다. 그것은 한국에 대한 배타적인 지배권을 확보한 것은 아니지만(최문형 2004, 352~365) 러일전쟁 이후 큰 문제의 하나였던 러시아의 복수전에 대한 대비가 일단락된 것이었으므로 한국과 만주에 대한 권익을 구체적으로 현실화하는 것이 최대 당면과제가

되었다.

　북진 대륙국가화 구상의 첫 단계인 한국에 대한 일본의 배타적 지배권을 확립은 1908년 7월 제2차 카츠라 내각이 들어서면서 본격화되었다. 그 직접적인 계기는, 중국이 1909년 3월 22일 간도 문제를 비롯한 일본과의 문제를 헤이그 중재재판소에 회부한다고 통고한 것이었다. 청일전쟁 직후 삼국간섭으로 외교적 굴욕뿐만 아니라 대한정책마저 후퇴해야 했던 일본은 그때와 같은 외교적 위기에 처하게 되었다고 여겼다. 당시 국제정세가 "열강이 하나같이 적이 되려한다"고 판단한 야마가타는 그러한 정세가 한국에 미치는 영향을 중시하여, 열강이 개입하게 되면 아직 완전히 "부용(附庸)"되지 않은 한국을 "또 다시" 포기하게 될 것을 우려하였다(야마가타.「第二對淸政策」. 大山梓 編 1966, 312~314). 그리하여 카츠라 수상과 고무라 외상에게 일본이 처한 국제 상황에 대한 위기의식을 촉구하였다. 이는 곧 한국에 대한 독점적 지배권 확보의 위기감과 필요를 역설한 것이었다(모리야마 1985, 82~85 ; 전상숙 2006, 136~137).

　당시 이미 '자치육성정책'을 지향했던 초대 통감 이토가 한국 조야의 강력한 저항에 좌절하여 신속한 병합 쪽으로 입장을 바꾸고 헤이그밀사사건을 계기로 고종 황제를 양위시킨 후 제3차 한일협약(1907. 7. 24)을 체결하여 한국 내정을 실질적인 식민지화하고 통감직 사의를 표명해 놓은 상황이었다(모리야마 1985, 79~80 ; 모리야마 1992, 175). 1909년 4월 카츠라 수상, 외무대신 고무라(小村壽太郎), 이토 통감, 3인이 만나 한국의 병합과 이토의 사직을 결정하였다(고무라 1920, 8~17 ; 도쿠토미 1917, 460). 5월 30일 카츠라 수상은 육군대신 테라우치를 제3대 한국통감으로 발령하였다(야마모토 1980, 498). 제2차 카츠라 내각에서 사이토 해상과 함께 유임되어 임시외상을 겸하며 부총리가 된 테라우치는 동아의 정세를 잘 알고 있어서 대(對) 중국 정책이나 만주경영에 대해서는 항시 각의를 주도하였다. 특히 한국 문제에 대해서는 선각자와도 같았다(쿠로다 1920, 441~442). 게다가 러일전쟁기 테라우치가 육군내신으로써 보여준 과단성이 높이 평가되어 병합 국책을 실행할 적임자로 여겨졌다(도키오 1926, 701).

육군대신에게 통감을 겸임케 하는 무리를 한 것은, 이번 기회에 한국병합을 완료하여 한국을 식민지로 하는데 그치지 않고 북진대륙정책의 기지로 삼아서 본격적으로 북진, 대륙으로 진출할 의도가 있었기 때문이었다(도키오 1926, 538 ; 우미노 2004, 202). 제3대 통감 테라우치는 한국병합을 주도할 야마가타그룹 죠슈벌 육군 군부가 도모해온 북진대륙정책의 책임자였던 것이었다. 테라우치의 한국통감 임명은 러시아와 영국으로부터 병합에 대한 승인을 얻는 것과 병행되었다. 테라우치의 통감 임명으로 일본은 한국병합에 필요한 내외의 조건을 갖추었던 것이다(전상숙 2006, 139~140).

이와 동시에 1909년 6월 3일 내각회의에서 병합 후 한국 시정방침이 결정되었고, 7월 6일 내각회의에서 "적당한 시기에 한국 병합을 단행"하기로 한국병합방침을 공식 결정한 후 천황의 재가를 받았다(「朝鮮併合ニ關スル件」. 外務省 1965, 340). 7월 8일에는 병합조약안이 결정되었다. 한국 병합의 "적당한 시기"는 통감 사임 후 한국병합을 적극 지원하던 이토의 암살로 한국병합의 여론이 조성되면서 결정되었다. 한국병합에 관한 전권을 위임받은 테라우치는(쿠로다 1920, 569) 부임하기에 앞서 한국 문제에 대한 각종 조사·입안을 준비하여, 헌병과 경찰을 일원화시켜서 한국의 질서 유지를 담당하도록 하는 한편 '한국병합준비위원회'를 설치하여 병합 후 통치방침을 준비하였다(쿠로다 1920, 569 ; 도키오 1926, 539~543). 이러한 사전준비를 통해서 테라우치가 수립해 놓은 통치 방침, 곧 천황대권에 의한 통치, 천황에 직예한 총독의 정무 통괄, 대권의 위임에 따른 총독의 제령권 및 명령권(「韓國に對する施政方針」. 外務省 1965, 336 ;「合併後半島統治と帝國憲法との關係」. 山本四郎 1984, 63~70) 등은 병합 후 그대로 실시되었다.

그와 같이 시정방침을 정하여 내각의 결의를 이끌어낸 테라우치는 7월 23일 한국으로 와(山邊健太郎 1971, 3), 8월 22일 이완용과 병합조약을 체결하였다. 테라우치와 이완용 사이에서 조인된 '한국 병합에 관한 조약'은 병합의 목적이 "특수하게 친밀한 관계를 생각해 상호 행복을 증진하고 동양의 평화를 영구히 확보"하는데 있다고 명시하였다(「韓國併合に關する條

約」. 外務省 1965, 340). 또한 병합 공포 당일 재가된 일본 천황의 '병합조서'에는 '화란(禍亂)'의 연원인 한국의 치안이 보호정치로는 안정되지 않아 병합을 단행한다고 하였다(詔書「韓國ヲ帝國ニ倂合ノ件」. 1910. 8. 29. 朝鮮總督府 1912, 附錄, 1). 같은 날 카츠라 수상과 고무라 외상도 각각 기자회견에서 한국이 극동 화근의 근원이기 때문에 병합한다고 밝혔다(도키오 1926, 624~627).

　일본의 한국병합은 주권선 일본 영토의 방위와 직결시킨 이익선 한국 수호의 논리에 입각하여 이루어졌다고 할 수 있다. 1890년 야마가타가 이익선 논리를 국책으로 결의한 이래 당면과제가 되었던 한국병합은, 삼국간섭 직후 야마가타가 제창한 "동양의 맹주" 일본이라는 목표와 결부되어 야마가타 그룹 죠슈벌 육군 군부가 중심이 되어 체결한 영일동맹을 통해서 적극적인 북진대륙정책으로 확립된 '제국국방방침'의 일환이 되었다. 그리하여 일본 국가의 발전이라는 입장에서 한국을 일본 국가의 국방과 직결시킨 이익선 논리는 결과적으로 청일전쟁과 러일전쟁을 거치면서 일본이 인근 동아시아 대륙에서 제국주의 국가로 나아가는 기본 논리가 되었다. 일본의 한국병합은 야마가타 그룹의 유력한 죠슈벌 육군 군부가 주력한 북진대륙정책, 대륙국가 일본의 초석을 마련한 것이었다.

　이러한 일본의 북진대륙정책은 삼국간섭과 하문사건 직후 열강의 간섭 위기, 그리고 러일전쟁 이후 고조된 '황화론'을 통해서 알 수 있듯이 현상 유지를 원하는 구미 제국주의 열강의 강력한 견제를 경험하며 상대적으로 열강의 관심이 적은 반도 한국을 기점으로 하여 가까운 동아시아 대륙으로 적극적으로 일본 국가의 발전을 꾀하기 위한 것이었다. 일본에게 그것은 삼국간섭과 러일전쟁 이후 고조된 '황화론'을 경험하며 열강에 대한 약세와 그로 인한 협조의 필요라고 하는 현실적인 이유로 구미 열강의 견제를 무마하기 위하여 구미협조주의 외교를 적극화하면서 동시에 실질적으로 가능한 방식으로 최선을 다하여 한국병합을 이루어 낸, 절실하고 적극적인 것이었다.[4] 또한 일본을 맹주로 한 아시아의 연대를 정치적으로 강력히 표명하기 시작한 동아동문회에 정당 정치의 주요 인물이 된 고노 히로나카(河野廣中), 이누카이 쓰요시(犬飼毅), 그리고 키요우라 게이고(淸浦 圭吾), 고토 신페이(後藤新平) 등과 같은 대표적인 관료의 일부, 우쓰노미야 타로(宇都宮太郎)와 같은 군인이 참가하고(스벤 사아러 2008, 137) 있었던 것에서 알 수 있는 바와 같이, 야마가타가 제창한 '동아의 맹주' 일본론은 민간에서 인종 인식과 함께 확산되고 있던 아시아의 맹주 아시아주의와 일본 국가의 발전을 공통분모로 하여 결합될 소지를 내포하고 있었던 것이다. 야마가타가 1914년 백인과 유색인의 경쟁을 말하며 세계대전 후 경쟁이 급격히 되어 백인이 힘을 합쳐 유색인을 적대시하게 될 것을 깨달아야 한다고(야마가타, 「對支政策意見書」別紙. 大山梓 1966, 340~345) 한 것은 그런 의미에서 음미해볼 필요가 있다.

IV. 일본 대륙국가화의 '교두보', 한반도

한국을 '주권선' 일본과 직결시킨 야마가타의 대륙진출 구상의 출발점은, 한국 병합을 단행함으로써 북진대륙정책을 현재화하는 것이었다. 그것은 대륙진출과 이를 위한 한국 지배의 필요라고 하는 국가적 요구에 입각한 것이었다. 그런데 거기에는 서로 다른 두 입장이 혼재되어 있었다고 할 수 있다. 앞에서 언급했듯이 청일전쟁으로부터 하문사건에 이르기까지 일본의 대륙정책은 '북수남진' 정책이었다. 이때 한국은 '북수'의 차원에서 섬나라 일본이 인접한 반도 한국에 안정된 거점을 마련하는 정도의 의미를 갖는 것으로 한국 전토에 대한 배타적 지배권을 고집하는 것은 아니었다. 삼국간섭 이후 야마가타가 러시아에 대해 북위 38도선 분할을 제안한 것은(모리야마 1987, 120 ; 고바야시 1996, 28) 그러한 대륙정책의 입장에서였다. 그러나 하문사건 이후 열강의 극동의 헌병과 같은 처우에 다시 한번 굴욕을 경험하며 실질적인 국가 발전을 모색하며 영일동맹을 맺어 육군

---

4) 전상숙(2006) 참조.

이 전환시킨 북진대륙정책에서 한국은 일본이 러일전쟁을 치르면서라도 전토를 확보해야 하는 일차적인 정책 목표가 되었다. 러일개전 당시 '만한교환론'이 운운된 것은 그러한 이유에서였다.

야마가타의 이익선 논리는 청일전쟁 이후 높아진 군벌의 발언력을 배경으로 적극적인 대륙정책으로 전개되었다. 그것은 섬나라 일본의 해군력을 활용한 북수남진·대륙정책으로 청일전쟁 당시까지 일치된 것이었다. 그러나 삼국간섭의 경험에 더하여 하문사건은 일본의 국가발전이라는 차원에서 대륙정책의 방향에 의문을 제기하게 하였다. 그것은 러시아와의 결전을 고려하지 않을 수 없었던 영일동맹 체결을 둘러싸고, 대러교전을 염두에 둔 동맹추진 측과 러시아와의 전쟁은 피하자는 입장으로 대립하였다. 결국 동맹체결세력의 승리로 귀결되었다. 그것은 야마가타 그룹 죠슈벌 육군 군부가 이끄는 내각과 군부가 하나가 되어 관철시킨 것으로, 대륙에서 전개된 청일전쟁 이후 특히 위세가 높아진 육군의 입장이 반영된 것이었다. 영일동맹 체결 이후 일본의 대륙정책은 일본 육군이 중심이 되어 종래의 '남진'을 유보하고 '북진' 곧 한국에 대한 독점적인 지배권을 확보하여 중국 만주방면으로 진출할 것을 추구하는 것으로 되었다(이노우에 1975, 59~60 ; 전상숙 2006, 123). 그러한 적극적인 북진대륙정책은 러일전쟁의 승리로 공고히 되어 1907년 '제국국방방침'에서 국책으로 확립되었다.

그리고 영일동맹 체결시와 마찬가지로 내각과 그 북진대륙정책의 추진자인 육군의 이해와 입장이 일치하여 한국병합을 단행하였다. 한국병합을 일치단결하여 달성한 죠슈벌 일본 육군 중심의 북진대륙정책에서 한국은 섬나라 일본에 대한 '반도'라고 하는 지리적 특성상 일견 섬나라 일본과 대륙을 연결하는 단순한 연륙교(連陸橋)와 같은 존재로 볼 수 있다. 그러나 러시아에 대한 군사력의 열세가 인정되던 당시 전쟁을 무릅쓰고 한국에 대한 배타적 지배를 확보한 것으로 보아 한국이 매우 중요한 전략적, 실질적인 의미를 갖는 북진대륙정책의 거점, 교두보로 여겨졌다고도 할 수 있다. 그러한 차이는 '주권선'(일본)과 직결시킨 '이익선'(한국)의 불안정성을 안정화하기 위하여 병합하는 데까지는 드러나지 않는 것이었다.

그러나 국가발전의 방위라고 하는 군사적 견지에서 '주권선' 일본과 직결시킨 '이익선' 한국의 병합이 완료됨으로써 현재화된 북진대륙정책에서 그 차이는, 일본의 한국 식민지 지배라고 하는 관점에서 볼 때 중요한 것이었다. 그 차이는 병합 후 한국을 어떻게 지배할 것인가, 곧 한국 식민지 지배정책과 그에 따른 지배체제의 구축이라는 측면에서 보면 식민지 조선의 지배와 직결된 중요한 것이었다. 여기에 한국병합의 전권을 위임받아 한국통감으로 테라우치 육군대신이 부임하여 병합을 단행하고, 초대 조선총독이 되어 '조선총독정치'의 기본 틀을 확립한 것은 중요한 의미를 갖는다.

주지하듯이 테라우치는 야마가타에서 카츠라로 이어지는 죠슈벌의 중심인물이었다. 테라우치의 일련의 행적은 일본이 대륙진출을 적극화하면서 한국을 '이익선'으로 규정하고 이를 일본의 '주권선'과 직결시켜서 병합하는데 핵심적인 역할을 한 야마가타를 중심으로 한 그룹의 죠슈벌 육군 군부의 대륙정책 속에 자리하고 있었다. 그것은 육군 죠슈벌의 인적 계보의 측면에서뿐만 아니라, 일본 천황에 직예한 군부의 군통수권 논리와 의식이 '이익선' 한국에 대해서 관철되는 방식을 보면 분명해진다. 1904년 일본 정부가 한일협정서를 체결하여 고문정치를 단행하면서 육군 군부는 죠슈벌 육군중장 하세가와(長谷川好道)를 한국주차군사령관에 임명하고, 한국주차군사령관이 천황에 직예하도록 하였다. 이것은 일본에서 군권이 천황에 직예하는 바와 같이 한국에서도 군권이 내각이 아니라 군부를 중심으로 하여 관통될 수 있도록 한 것이었다. 한국통감부 설치시 무관 통감을 예상했던 군부는 뜻밖에 문관 이토의 강한 반대에 직면하여 문관통감 이토 안과 이토의 조선주차군 지휘권 요구를 받아들여 칙령으로 관철되었다. 그것은 육군부의 북진대륙정책이라는 전략적 구상 속에서 결정된 것이었다. 당시 이토의 조선주차군 지휘권 요구를 전격 수용한 테라우치는, 군지휘권은 "법문"이 아니라 "실행상의 통수권 시행 능력 여하"가 중요하다는 생각에서 이토에게 임기(臨機)군대사용권을 허용하는 것으로 여겼다 (오오에 1992, 26). 이러한 테라우치의 태도는 이토 한국통감이 조선의병투쟁 진압의 역부족으로 주차군 증강을 요구하자 헌병대를 중핵으로 투입시켜서 한국통감의 통수권 사용을 제한하는 식으로 타나났다. 헌병대의 일부를 파견함으로써 육군대신의 군통수권이 한국에서도 실행되도록 한 것이었다. 문관 이토에게 한국주차군에 대한 지휘권을 허용하기는 했지만 사실상 한국 지배의 안정화에 일본 군부의 영향력이 행사되도록 한 것이었다(전상숙 2006, 134~138). 이와 같이 테라우치가 군부의 통수권을 한국에서까지 '실행상의 통수권 시행능력'으로 발휘될 수 있도록 한 것은, 일본의 국방과 직결시킨 '이익선' 한국 지배의 안정성을 군부가 확보하여 북진대륙정책을 주도하기 위해서였다(전상숙 2009, 17~18).

이와 같이 군통수권을 통해서 제도적으로 군부가 한국에서도 영향력을 행사할 수 있도록 해놓았음에도 불구하고, 현직 육군대신이 한국통감과 조선총독을 겸하며 조선에 체류했던 것이 의미하는 바는 무엇인가. 물론 그것은 앞에서 언급했듯이, 막말 이래 형성된 일본에 대한 한국의 국방상의 중요성에 있다고 하겠다. 1890년 야마가타의 한국에 대한 이익선 논리 또한 그러한 입장에서 제기된 것이기도 하였다.

그러나 다른 한편으로 보면, 거기에는 명치 말 이래 궁중·육군·추밀원·귀족원·문관 관료 등에 강력한 기반을 구축하고 있던 야마가타그룹(키부 1998, 27~28) 내에서 죠슈 육군 군부를 중심으로 한 북진대륙정책을 둘러싼 입장의 차이가 내재되어 있음을 알 수 있다. 그것은 야마가타 이래 죠슈 육군 군벌의 계보를 잇는 카츠라와 테라우치를 중심으로 긴장관계를 형성하고 있었다. 다시 말해서 테라우치에 대한 카츠라의 견제와 그와 연동된 일본 국내 정치세력 간의 조선 지배정책, 대륙정책 상의 차이가 있음을 알 수 있다. 테라우치는 러일전쟁 이후 육군을 죠수인을 중심으로 "테라우치체제"화하며 장악해갔다.[5] 이에 비해서 일찍이 입각하여 군정가로써 경력을 쌓고 있던 카츠라의 육군에서의 영향력은 상대적으로 일찍 후퇴하였다(키타오카 1978, 6·62~64). 이토와 같은 대정치가가 되고 싶은 정치적

---

[5] 러일전쟁 이후 일본 육군의 테라우치체제화에 대해서는 전싱숙(2006), pp.125~131 참조.

야망을 품고 있던 카츠라는 테라우치를 육군대신으로 입각시켰지만 러일 전쟁 이후 테라우치가 급부상하자 긴장하지 않을 수 없었다. 야마가타가 육군을 장악한 테라우치에게 힘을 실어주게 되면 세대교체가 이루어져 대권 이양의 야망이 좌절될 것이기 때문이었다. 그리하여 카츠라는 한국병합에 뜻을 같이한 테라우치가 조선총독부체제 정비 후 육군대신으로 귀임하려 하자 조선지배 안정화의 중요성을 역설하며 육군대신을 사임하더라도 조선총독으로 유임해 조선지배를 안정시켜줄 것을 당부하였다(하라일기 1911. 6. 1 ; 고바야시 1996, 192·290 ; 마쓰다 2005, 103). 이는 곧 카츠라가 테라우치를 같은 야마가타 그룹의 일원이자 죠슈 육군벌의 계승자로써 누구보다 '이익선' 한국의 의미를 잘 알고 있던 것을 활용해 일본 중앙 정계로 복귀하지 못하도록 떼어놓은 것이라고 할 수 있다(전상숙 2009, 19).

그리고 카츠라는 대정데모크라시를 배경으로 커가고 있던 군부에 대한 반감과 정당정치의 약진을 이용하여 '대정정변'을 이면에서 책동하며 신당(입헌동지회)을 결성하였다. 사실 카츠라는 야마가타의 비호 아래 그의 뒤를 잇는 군정가로 성장했지만 대륙정책에서 입장을 달리하고 있었다. 야마가타는 러시아의 위협을 국방의 견지에서 신중하게 고려하여 만주경영에 소극적이었다. 이에 반해서 카츠라는 만주의 경제적 가치를 높이 평가하여 대륙정책을 직면한 경제성장의 원동력으로 적극 추진하는 입장에서 러시아와의 전쟁도 불사하는 적극적인 북진대륙정책을 지향하였다. 카츠라의 지향은 이미 제2차 카츠라 내각 시기 군사적인 목적에만 국한하지 않는 철도광역화정책을 결의한 가운데에도 반영되어 있었다. 그러한 대륙정책에 대한 차이는, 테라우치의 부상을 경계한 카츠라가 대륙정책의 지향을 같이 하는 정당정치세력과 함께 신당을 결성하고 육해군대신문관제 채용을 결의하면서 현재화되었다. 카츠라는 대만총독부 체제개혁에 성공한 고토와 함께 적극적 대륙정책을 기축으로 하는 체제전환을 꾀하였다. 그는 데모크라시 풍조의 정세를 배경으로 정당세력과 함께 번벌중심의 국내 제도를 개혁하면서 대륙정책을 경제성장의 동력으로 추진하여 국정 운영의 주도권을 장악하고자 한 것이다(고바야시 1996, 277~283). 이와 같이 카츠라는 야마가타 그룹으로 이탈하였고, 그러한 일본 대륙정책의 입장 차이는 곧 식민지경영에 대한 입장의 차이와 직결되는 것이었다. 대륙정책에 대한 입장의 차이는 국내 정세변화와 연동되어 야마가타-테라우치 대 카츠라-고토의 대립을 결정적으로 만들었다(고바야시 1996, 43·139·188~216). 이러한 차이를 식민지 조선 경영(지배)의 측면에서 보면, 일본의 대륙국가화와 대륙국가 일본 국가 방위의 차원에서 조선 지배의 안정화를 우선시하고 일본 국가의 일부가 된 조선영토를 거점으로 하여 북진대륙정책을 추진하려는 '조선교두보관'과 만주의 경제적 가치를 높이 사 대륙정책을 일본 국가발전을 위한 경제성장의 원동력으로 우선시하여 만철 중심의 식민지경영을 추구하는 '조선연육교관'이 대립한 것이라고 할 수 있다(전상숙 2009, 20).

한국병합 당시 일본은 "조선을 식민지로 했다"고 하지 않고 "조선병합"이라던가 "일한병합"이라 하여 '병합(倂合)'이라는 용어를 사용하였다. 사실상 한국병합을 결의한 7월 6일 각의결정 원안 작성시 외무성 정무국장이었던 구라치(倉知鐵吉)에 의하면 '병합'이란 용어는 "한국이 완전히 廢滅하여 帝國 영토의 일보가 된다는 의미를 분명히 함과 동시에 그 어조가 너무 과격하지 않은 문자를 택하고자 고심"하여 "당시 아직 일반에 사용되지 않던 문자를 선택"하여 사용한 것이라고 한다(나카츠카 1977, 101~102). 일본 육군 죠슈 군벌이 중심이 되어 단행한 한국의 병합은 일본이 단순히 제국주의적 이권을 확보하기 위해서 식민지화한 것이 아니라 한국을 일본 국가화하여 일본이 대륙국가가 되어 북쪽 대륙으로 확장해 가기 위한 것이었다.

일본 국가의 발전과 이를 위한 한국, 대륙으로 연결된 육지를 영유해야 한다는 것이 일본의 기본적인 입장이었던 것은 주지의 사실이다. 또한 대륙정책의 측면에서도 궁극적으로 중국 본토로 이권을 확장해야 한다는 것을 공유하고 있었다. 테라우치-야마가타 역시 카츠라와 같이 철도광역화 정책에 원칙적으로 찬성하는 입장이었다. 앞에서 언급했듯이 테라우치가 제국군대 작전계획을 수립하고 장춘-길림 철도부설계획을 한국 북부와 연결시킨 것은 그러한 입장에서였다. 그러나 그러한 궁극적인 대륙정책의 목표를 달성하는데 일차적으로 중요시한 한국병합과 그에 따른 지배의 방식을 두고 북진대륙정책의 추진방식과 우선순위에 차이가 형성된 것이었다.

테라우치가 한국통감으로 부임하여 직면한 한국의 상황은 이토 통감의 주차군 증강 요구시 헌병을 파견해 영향력을 행사할 때 예기치 못했던 정도로 난감하였다. 그것은 테라우치가 병합을 달성해 소임을 다했다고 여겨 조선총독직 사의를 밝힐 정도였다(마쓰다 2005, 102~103). 일본의 조선지배 최고 통치권자의 눈에 조선의 상황은 이토의 예에서 볼 수 있듯이 자신의 지배방침을 꺾어야 할 만큼, 그리고 테라우치로 알 수 있듯이 더 이상 개입되기를 원치 않을 만큼 불안정하여 난감했던 것이다. 그러나 일본 국내 정치의 역학관계로 유임하게 된 조선총독 테라우치는 그를 유임케 한 카츠라의 명분과 같이 조선지배의 안정화에 최우선순위를 두지 않을 수 없었다. 그것은 대륙국가 일본의 주권방위, '국방'과 직결된 것이었기 때문이다. 테라우치 조선총독에게 가장 절실한 것은 조선의 치안을 확보하여 조선지배체제를 안정적으로 정립하는 것이었다.

그러므로 테라우치는 병합으로 한국이 지배권 안에 들어와 더 이상 국제적인 쟁점도 되지 않으므로 만주경영에 주력하여 단지 반도 조선을 섬나라 일본과 만주를 연결하는 연육교와 같이 취급하는 일본 정부의 중앙집권적 대륙철도광역화정책과 같은 대륙정책 관리방식을 받아들일 수 없었다. 무엇보다 조선지배의 안정성을 우선시 하지 않을 수 없었던 조선총독에게 필요한 것은 지배의 안정을 위한 재정을 확보하는 것이었다. 그가 일본 정계로부터 멀어져 있는 사이 일본에서는 데모크라시 풍조의 확산을 배경으로 대정정변으로 사이온지 내각을 도각시킨 군벌에 대한 비난이 고조되는 한편으로 우에하라(上原勇作)의 육군대신 취임을 계기로 형성된 우에하라군벌이 죠슈벌, 단적으로는 테라우치군벌을 교체하는 등(마츠시타b 1967, 98~99), 1910년 병합 당시와는 다른 방향으로 정계가 움직이고 있어서 죠슈육군벌의 북진대륙정책을 일관되게 추진할 형편이 아니었다.

일본 정계의 일선에서 물러나 조선총독으로 유임하고 있던 테라우치는 일본에서 대정데모크라시기 민중운동의 고양에 힘입어 정당세력이 급속히 대두하는데 반해서 육군 군부가 대정정변으로 안정적이던 계원(桂園)체제를 해체한 주적으로 간주되어 정치적으로 큰 타격을 입고 있던 상황에서 후일을 기대하는 동료들의 권고를 받으며 조선지배의 안정화를 위한 정치체제를 구축하고자 하였다(경성일보 1911. 6. 4 사설 ; 야마모토 1984, 587 ; 아카기 1911, 24). 일본의 정계는 군벌 카츠라가 정당세력과 제휴하여 정당을 결성한 것으로도 알 수 있듯이 군부의 발언권이 쇠퇴하고 정계개편이 이루어지고 있어서 이미 병합한 조선지배의 안정성과 같은 문제에 굳이 관심을 두지 않아 아카시(明石元二郞) 조선주차헌병대 사령관 겸 조선총독부 경부총장이 테라우치의 유임을 적극 권유할 정도였다(야마모토 1984, 6~28 · 590).

조선총독부의 재정독립에 산업이 낙후한 조선의 현실에서 철도는 운임수입으로 세입 보충을 기대할 수 있는 유력한 재원이자 재정독립에 필요한 유력한 조선개발 수단이었다(야마모토 1984, 70 ; 고바야시 1996, 195, 206~207). 테라우치의 조선 치안질서 확립의 필요에 대한 위기의식과 해결의지는 한국병합으로부터 조선총독부체제를 구축하는 실무 경험을 통해서 형성되었다고 할 수 있다. 그것은 테라우치가 카츠라의 철도광역화정책에 원칙적으로 동의하면서도 조선의 치안질서 확보와 재정독립을 우선시하여 일원적 철도광역화정책을 수용할 수 없었던 근본적인 요인이었다. 테라우치는 야마가타의 '주권선 · 이익선'론에 입각한 일본 국가의 발전, 일본의 대륙국가화라는 입장에서 국방의 차원에 입각해 조선지배의 안정성을 중시한 '조선교두보관'을 가지고 있었다고 할 수 있다. 여기서 병합된 한국, 조선은 일본 육군 죠슈 군부의 북진대륙정책의 교두보이고, 테라우치는 그 북진대륙정책의 초석을 정비하는 주요 임무를 담당하게 되었던 것이다(전상숙 2009, 21). 테라우치가 구축한 조선총독체제는 일본 육군 죠슈 군벌의 북진대륙정책의 교두보로써 구축되었던 것이다.

V. 맺음말

　세계 자본주의체제가 중공업을 산업적 기반으로 하는 제국주의 단계로 이행하는 시기에 시작된 일본의 근대화는, 영·미 중심의 선발 산업국가에 의존하는 협조적인 관계 속에서 이루어졌다. 그것은 필연적으로 국제체제의 현상유지를 원하는 구미 제국주의 열강의 서구중심주의적 견제를 수반하여, 일본의 러일전쟁 승리 이후 일본에 대한 위기감 '황화론'의 확산을 가져왔다. 일본이 근대적으로 국내 체제를 정비하고 국가이익·국력의 관점에서 일본 국가의 발전을 대외적으로 적극적으로 꾀하기 시작하던 시점에 등장하여 확산된 황화론은, 일본 정부의 국가적 성장을 담보하기 위한 외교적 협조주의의 강화와 함께 역설적으로 북진대륙정책으로의 변화를 수반하였다.

　구미 열강의 견제에 대한 일본 정부의 그러한 대응 양식은 상호 모순적인 것이라 할 수 있다. 그러나 황화론과 구미 열강의 견제는 일본의 국가적 성장의 필요와 서양에 대한 동양이라는 인식을 분명히 하게 되는 계기가 되었다. 그리하여 '황화론'과 마찬가지로 인종주의적 관점에 입각하고 있으나 그와는 대조적으로 '백화'를 말하며 일본을 맹주로 하는 아시아의 연대를 주창하며 '아시아주의'적 사상이 확산되었고, 일본이 대륙정책을 종래의 해군 중심의 북수남진으로부터 육군 중심의 '북진대륙정책'으로 전환하여 한국의 '병합'에 박차를 가하는 추동력이 되었다. 그리고 일본 국가의 발전이라는 공통된 관심과 지향을 갖고 있던 외교적 구미협조주의와 육군의 북진대륙정책은, '일선동조'론에서 보이는 바와 같이, 육군 죠슈벌을 중심으로 단행된 한국병합을 통해서 아시아주의와 일본의 군국주의적 제국주의가 습합될 수 있는 단초적인 모습을 드러내었다.

　일본의 국가적 발전이라는 견지에서 대륙진출과 한국지배의 필요를 역설하며 한국을 주권선 일본과 직결시킨 야마가타의 대륙진출 구상은 한국병합을 통해서 적극적인 북진대륙정책으로 현재화되었다. 그러나 국가의 발전을 위한 방위라고 하는 군사적 견지에서 주권선 일본과 직결시킨 이익선 한국의 병합은 북진대륙정책의 차원에서 내재되어 있던 미묘한 대륙경영 방식의 차이를 표출하였다. 그 차이는 일본의 한국 식민지 지배라고 하는 관점에서 볼 때, 병합한 한국을 어떻게 지배할 것인가 곧 식민지 조선총독부 지배체제를 어떻게 구축할 것인가 하는, 조선지배와 직결된 중요한 것이었다.

여기서 한국병합의 전권을 갖고 한국통감으로 부임하여 병합을 단행한 육군대신 테라우치가 초대 조선총독이 되어 조선총독정치의 기본체제를 구축하였다는 것은 중요한 의미를 갖는다. 테라우치는 야마가타의 이익선론에 입각하여 단지 일본 국가의 발전이라는 관점에선 북진대륙정책이 아니라, 일본의 대륙국가화 곧 조선 지배의 안정성을 확립하여 일본의 일부로 하고 안정된 조선 곧 확보된 대륙국가 일본으로서의 조선을 기반으로 하여 북진대륙정책을 추진하고자 한 것이었다. 조선총독 테라우치의 대륙경영의 입장은 단지 조선을 대륙으로 나아가는 '연육교'와 같은 존재로 보아 병합으로 조선에 대한 확보가 이루어진 것으로 보고 조선 자체의 안정적 발전과 같은 것에는 무심하고 만철 중심의 대륙경영에 관심을 집중했던 '조선연육교관'과는 다른 것이었다. 그는, 조선을 일본의 일부로써 북진대륙정책의 '교두보'로 중시하여 지배의 안정성을 위한 재정독립 등 자체적인 안정적 개발을 이루어 이에 기초하여 북진대륙정책을 추진하고자 한 '조선교두보관'을 갖고 있었다고 할 수 있다. 테라우치는 그 북진대륙정책의 초석을 정비하는 주요 임무를 담당한 육군 죠수 군벌의 후계자였다. 여기서 병합된 한국, 조선은 일본 육군 죠슈 군벌의 북진대륙정책의 교두보로써 설정된 것이었다. 테라우치가 구축한 조선총독체제는 일본 육군벌 북진대륙정책의 교두보로써 구축된 것으로, 조선지배의 전권을 갖고 있는 조선총독의 권한은 그러한 조선의 입지가 일본 국내의 정세변화로부터 자유로울 수 있도록 하기 위한 제도적 장치와도 같았던 것이었다고 할 수 있다.

❖ 참고문헌

권희영, 2006, 「20세기 초 러시아 극동에서의 황화론」, 『정신문화연구』 통권 103호.
마스미 쥬노스케(升味準之輔), 이경의 역, 1992, 『일본정치사 II』, 형설출판사.
마쓰다 도시히코, 2005, 「일본 육군의 중국대륙침략정책과 조선(1910~1915)」, 권태억 외, 『한국 근대사회와 문화』 II, 서울대학교출판부.
스벤 사아러, 2008, 「국제관계의 변용과 내셔널 아이덴티니 형성」, 『한국문화』 41.
오카 요시타케(岡義武), 장인성 옮김, 1996, 『근대 일본 정치사』, 소화.
유기식, 1997, 「캘리포니아에서의 배일운동의 확대」, 『경북사학』 제20집.
이리에 아키라(入江昭), 1993, 『일본의 외교』, 푸른산.
이채문, 1998. 12, 「황화론이 러시아 극동지역의 발전에서 가지는 함의」, 한국사회학회, 『사회학대회논문집』.
전복희, 1996, 『사회진화론과 국가사상』, 한울.
전상숙, 2006, 「러일전쟁 전후 일본의 대륙정책과 테라우치(寺內正毅)」, 『사회와 역사』 통권 제71집.
―――, 2009, 「조선총독정치체제와 관료제」, 『한국정치외교사논총』 제31집1호.
최문형, 2004, 『국제관계로 본 러일전쟁과 일본의 한국병합』, 지식산업사.

고무라 쥬타로(小村壽太郎), 1920, 『朝鮮併合之裏面』, 東京: 中外新論社.
고바야시 미치히코(小林道彦), 1996, 『日本の大陸政策 1895-1914』, 東京: 南窓社.
나카츠카 아키라(中塚明), 1977, 『近代日本と朝鮮』, 東京: 三省堂.
―――, 1993, 『近代日本の朝鮮認識』, 東京: 硏文出版.
다카쿠라 테츠이치(高倉徹一) 編, 1981 복각, 『田中義一傳記』, 東京: 原書房.
도쿠토미 소호(德富蘇奉), 1917, 『公爵桂太郎傳』, 東京: 故桂公爵記念事業會.
도키오 도쿠니(釋尾東邦), 1926, 『韓國併合史』, 京城: 朝鮮及滿洲社.
마츠시타 요시오(松下芳南a), 1967, 『日本軍閥の興亡 1』, 東京: 人物往來社.
―――b, 1967, 『日本軍閥の興亡 2』, 東京: 人物往來社.
모리야마 시게토(森山茂德), 1985, 「日韓併合の國際關係」, 近代日本硏究會, 『日本外交の危機認識』, 東京: 山川出版社.
―――, 1987, 『近代日韓關係史硏究: 朝鮮植民地化と國際關係』, 東京: 東京大學出版會.
―――, 1992, 『日韓關係』, 東京: 吉川弘文館.

아카기 카쿠도(赤木格堂), 1911, 「朝鮮總督專任論」, 『日本及日本人』第560號.
야마가타 아리토모(山縣有朋), 1890. 3. 3, 「外交政略論」, 大山梓 編, 1966, 『山縣有朋意見書』, 東京: 原書房.
─────, 1890. 12. 6, 「帝國の國是に就ての演說」, 大山梓 編, 1966, 『山縣有朋意見書』, 東京: 原書房.
─────, 1893. 10, 「軍備意見書」, 大山梓 編, 1966, 『山縣有朋意見書』, 東京: 原書房.
─────, 1895. 4. 15, 「軍備擴充意見書」, 大山梓 編, 1966, 『山縣有朋意見書』, 東京: 原書房.
─────, 1909. 4, 「第二對淸政策」, 大山梓 編, 1966, 『山縣有朋意見書』, 東京: 原書房.
─────, 1914. 8, 「對支政策意見書」別紙, 大山梓 編, 1966, 『山縣有朋意見書』, 東京: 原書房.
야마모토 시로(山本四郞) 編, 1980, 『寺內正毅日記-1900~1918-』, 京都: 京都女子大學.
───── 編, 1984, 『寺內正毅關係文書-首相以前』, 京都: 京都女子大學.
야마베 겐타로(山邊健太郞), 1971, 『日韓倂合小史』, 東京: 岩波書店.
오오에 시노부(大江志乃夫), 1992, 「植民地戰爭と總督府の成立」, 『岩波講座 近代日本と植民地 2』, 東京: 岩波書店.
오쿠마 에이지(小熊英二), 1995, 『單一民族神話の基源』, 東京: 新曜社.
外務省 編, 1965, 『日本外交年表竝主要文書』上, 東京: 原書房.
우미노 후쿠주(海野福壽), 2004, 『伊藤博文と韓國倂合』, 東京: 靑木書店.
이노우에 키요시(井上淸), 1975, 『日本の軍國主義 Ⅲ』, 東京: 現代評論社.
日本防衛廳防衛硏修所戰史部 編, 1967, 『戰史叢書大本營陸軍部 1』, 東京: 朝雲新聞社.
朝鮮總督府, 1912, 『朝鮮總督府施政年報』, 京城: 朝鮮總督府.
쿠로다 키시로(黑田甲子郞), 1920, 『元帥寺內伯爵傳』, 東京: 元帥寺內伯爵傳記編纂所.
키타오카 신이치(北岡申一), 1978, 『日本陸軍と大陸政策』, 東京: 東京大學出版會.
키부 요시나리(季武嘉也), 1998, 『大正期の政治構造』, 東京: 吉川弘文館.
하라케이이치로(原奎一郞) 編, 1965, 『原敬日記』第3卷, 東京: 福村出版.
韓國駐箚軍參謀部, 1906. 3, 「間島ニ關スル調査槪要」.

Charles E. Neu, 1967, *An Uncertain Friendship-Theodore Roosevelt and Japan 1906-1909*, Cambridge, Massachusetts: Harvard University Press.

Peter Duus, 1995, *The Abacus and the Sword : the Japanese Penetration of Korea, 1895-1910*, Berkeley, California: University of California Press.

대한제국 각 정치세력의
국권 상실에 대한 인식과 대응

서 영 희 (한국산업기술대학교)

I. 머리말

을사조약 이후 1910년 일제에 의한 병합으로 이어지는 국권상실기에 대한제국의 각 정치세력들은 통감부 통치와 국권 상실에 대해 어떻게 인식하고 대응하였나. 그간의 연구들은 사회운동사적 관점의 계몽운동 연구나 의병항쟁 연구, 혹은 극단적 친일단체인 일진회 연구 외에 이런 부분에 대한 본격적인 정치사적 분석에 소홀하였다. 지금까지 한국사학계의 연구가 지나치게 단순한 이분법적인 구도, 즉 일제의 국권 침탈과 이에 대한 저항(혹은 친일)이라는 틀로 진행되어온 결과라고 생각된다.

하지만 일제에 의한 통감부 설치와 대한제국 황제정으로부터 통치권 탈취과정, 그리고 완전 병합을 단행하기까지 이 엄청난 권력의 이동기에 대한제국의 각 정치세력들도 극심한 혼란과 동요를 겪고 있었다고 보아야 자연스럽다고 생각한다. 특히 완전 식민지로 가기 직전 보호국 단계인 통감부 시기의 특성상, 그 과도기적 불안정성으로 말미암아 이민족 지배권력을 목전에 두고도 각 정치세력들은 나름대로 현실적 정치공간을 확보하려는 욕망을 표출하고 있었다. 즉 일찌감치 국권 상실에 대응하여 국제사회를 상대로 밀사 외교에 나선 고종 황제와 근왕세력,[1] 의병항쟁에 나선 재

---
1) 서영희, 2003, 『대한제국정치사연구』, 서울대출판부, 220~242쪽.

야의 양반 유생층과는 달리 친일내각 참여세력이나 일부 개화정객, 권력지향적 계몽운동세력들은 '보호국체제 유지'를 기대하거나 혹은 병합 이후 '내정 자치'라는 정치적 전망을 보유한 채 각 세력 간 이합집산을 거듭하고 있었다. 이들에게 통감부 통치는 국권 상실의 의미보다는 대한제국기 내내 전제권력을 강화해 온 황제정의 해체로 새로운 정치 지형이 형성되는 계기로서 다가왔다. 특히 고종 황제가 헤이그 특사 파견을 계기로 폐위당한 1907년 7월 이후부터, '자치육성정책'을 표방해온[2] 통감 이토 히로부미(伊藤博文)가 1909년 6월 사임하기까지의 기간 동안 친일내각 진입을 둘러싼 각 세력 간의 극심한 정치적 갈등의 배후에는 '내정 자치'라는 정치적 전망이 개재되어 있었다고 생각된다.

이토의 '자치육성정책'이 과연 명실상부한 실체가 있는 것이었는지에 대해서는 별도의 논의가 필요하지만,[3] 그 역시 1907년 4월 러일협상 과정에서 장차 대한제국을 '병합'할 것을 얘기한 바 있고,[4] 1909년 4월 총리대신 카츠라 타로(桂太郎), 외무대신 고무라 쥬타로(小村壽太郎)와의 회합에서 병합 단행에 합의한 사실을[5] 두고 볼 때, 병합 반대파라기보다는 점진론자에 해당된다고 평가하는 것이 마땅할 것이다. 그럼에도 불구하고 이토 통감의 병합 점진론을 보호국체제 유지론으로 오해한 대한제국의 정치세력들은 통감부가 후견하는 친일내각에의 참여를 장차 내정 자치로 가는 수순으로까지 전망하며 과도한 기대를 가지게 된 것이라고 생각된다.

---

2) 森山茂德, 1987, 『近代日韓關係史硏究-朝鮮植民地化と國際關係』, 東京大出版會 ; 김세민 譯, 1994, 현음사, 201~240쪽.
3) 森山茂德의 연구 관점과 한계에 대해서는 小川原宏幸, 2010, 『이토博文の韓國倂合構想と朝鮮社會-王權論の相剋』, 岩波書店, 序章 참조.
4) 방광석, 2010, 「일본의 대한지배정책 전환과 안중근 사건」, 『대한제국 근대국가 수립과 한일관계』 한일관계사연구논집 16, 경인문화사, 184쪽.
5) 小松綠, 1920, 『朝鮮倂合之裏面』, 中外新論社, 8쪽.

II. 통감부의 통치권 장악 과정과 병합정책

을사조약 이후 일제의 통감부 설치와 대한제국 통치권의 장악과정은 곧 대한제국 수립 이후 구축되어 온 황제전제체제를 해체하고 저항의 구심점으로서 황제권을 형해화하는 과정이었다. 1904년 고문협약 체결로 이미 대한제국의 해외 공관들을 철수시키기 시작한 일제는 을사조약 직후 주한 외교사절들의 즉각적인 철수로 외교권을 장악하였다. 하지만 내정에 있어서는 황제권의 강력한 저항으로 인해 소위 '시정개선' 사업의 추진에 난항을 겪고 있었다. 특히 대한제국기 절대권력을 확립한 황제권을 배경으로 독자적 위상을 확보하고 있던 궁내부(宮內府)의 권력행사를 완전히 봉쇄할 수는 없었다. 황제 측의 반발로 황실재산에 대한 실제적인 정리에도 착수하지 못했으며, 의정부 각료에 대한 고종의 영향력도 건재하여 위로는 정부대신으로부터 군수 이하에 이르기까지 궁중에서 황제가 친재하는 상황이라고 일본 측은 불만을 표출하였다. 궁내부는 여전히 의정부 각 부국(各部局)의 행정에 간여하거나, 의정부를 무시하고 직접 행정권을 행사하고 있었으므로 여전히 '정부 이외의 정부', 혹은 '정부 이상의 정부'로서의 위상을 유지하고 있었다.[6]

고종은 일제에 의해 성립된 친일내각을 불신임하는 방법으로 정국의 불안을 조성하면서 끊임없이 주권 회복을 시도하였다. 을사조약의 당사자인 박제순이 이끄는 친일내각은 통감부 통치하에서도 여전히 보호조약 반대운동자들의 시위 등으로 매우 불안한 상태였는데,[7] 고종은 이토 통감이 만주 문제 등으로 인해 일본에 귀국하여 몇 개월씩 체류하는 동안을 틈타 친일내각 경질을 시도하였다. 혹은 밀칙을 내려 의병을 선동하고 상해·블라디보스토크 등지의 근왕세력과 연계하여 해외 밀사를 파견하는 등의 활동을 계속하였다.[8]

---

6) 『韓國施政年報』 1(1906), 통감부, 63~64쪽.
7) 『詔勅·法律』 447쪽(규장각 자료총서 근대법령편), 光武 9년 11월 28일.
8) 春畝公追頌會, 1940, 『伊藤博文傳』 下, 718쪽

하지만 1907년 7월 2일 고종이 헤이그 만국평화회의에 밀사를 파견했다는 사실이 알려지면서, 일제는 이 기회를 놓치지 않고 고종을 강제 퇴위시키기로 결정하였다. 즉 7월 10일, 일본 내각은 원로대신 회의에서 대한제국 내정의 전권을 장악할 것, 고종 황제가 황태자에게 양위하게 할 것 등을 결정하였다. 이 시점에서 대한제국 황제가 일본 황제에게 양위하는 것에 대해서는 아직 시기상조라는 의견이 대부분이었고, 대한제국 황태자에게 양위하는 안에 대해서도 다수가 반대했으나, 육군대신 데라우치 마사다케(寺內正毅)가 적극 주장하여 요강안에 반영시켰다.[9] 일본 재야의 대외경(對外硬) 운동론자들이 병합도 불사할 만큼 강경한 대한정책(對韓政策)을 추진해야 한다고 목소리를 높이는 가운데, 도야마 미치루(頭山滿) 등 흑룡회 계열 인사들은 이토 통감의 온건한 대한정책이 실패했다는 판단 아래 이토 통감 퇴진운동을 시작하였다. 한편으로는 대한제국에 파견한 우치다 료헤(內田良平) 등을 직접 군부와 연결시켜 병합을 촉진하기 위한 공작을 추진하였다.[10]

한편 이러한 분위기 속에서 대한제국 내각에서는 이완용과 송병준이 앞장서서 황제 폐위를 추진하였다.[11] 고종은 하는 수 없이 7월 19일 황태자 대리 조칙을 발표하였고,[12] 일제는 7월 20일 서둘러 양위식을 거행해 버렸다.[13] 고종은 황태자 '대리(代理)'를 선언한 것이지 '양위'를 승인한 것이 아니었으나 통감부가 의도적으로 이를 왜곡한 것이다.

그리고 7월 24일, 제3차 한일협약(정미조약)으로[14] 일제는 통감의 대한제국 내정 간여를 공식화하였다. 그동안은 통감이 대한제국 내정에 간여할 때 형식적으로라도 대한제국 정부에 협조를 요청하거나 권고하는 절차

---

9) 『日本外交文書』 40-1, 455~456쪽, 1907년 7월 12일.
10) 『日本外交文書』 40-1, 460~464쪽, 1907년 7월 19일.
11) 『日本外交文書』 40-1, 460~464쪽, 1907년 7월 19일.
12) 『日本外交文書』 40-1, 465~466쪽, 1907년 7월 19일.
13) 李泰鎭, 1995, 「통감부의 대한제국 寶印탈취와 순종황제 서명위조」, 『일본의 대한제국 강점』, 까치, 122~126쪽.
14) 『日韓外交資料集成』 6(中), 639~640쪽, 1907년 7월 25일.

를 밟아야 했다. 또는 대한제국 정부에 고빙된 일본인 관리들을 통감부가 고문부(顧問部)를 통해 지휘 감독하면서 간접적으로 실무를 추진할 수밖에 없었다. 하지만 이제 법령 제정 및 중요한 행정상의 처분에 대한 통감의 승인권(제2조), 대한제국의 고등 관리 임명에 대한 동의권(제4조) 등을 확보함으로써 통감이 명실공히 대한제국 내정의 최고 감독권자가 되었다. 또한 1904년 8월의 고문(顧問)협약에 있는 재정고문 용빙 조항을 폐지한 대신(제7조), 일본인을 직접 대한제국 관리로 임명할 수 있는 권리를 확보하였다(제5조).15)

고종 황제 폐위로 사실상 통감부 통치에 저항하던 마지막 구심점으로서 황제정이 해체되었고 통감은 이제 대한제국 내정의 최고 감독권자가 되었다. 그런데 실질적인 병합을 달성한 것과 마찬가지라고 평가받는16) 제3차 협약 단계에서 일제는 왜 즉시 병합을 단행하지 않고 보호국체제를 연장하였을까?

이토는 이노우에 카오루(井上馨)와 함께 병합에 소극적인 문치파로서 야마가타 아리토모(山縣有朋), 카츠라 타로(桂太郎), 데라우치 마사다케(寺內正毅) 등 군부세력에 비해 온건론자로 평가되어 왔다.17) 특히 이토가 표방한 자치육성정책을 이유로 궁극적으로 병합을 목표로 하지 않았다고 평가하는 견해도 있다. 하지만 이때 대한제국을 당장 병합하기에 일본은 아직 재정 능력이 부족했을 뿐 아니라, 법적으로 보호국 상태인 대한제국에 대한 국제 열강의 간섭을 우려하는 두 가지 이유에서 이토는 병합에 신중론을 견지하였다.18) 실제로 일본은 러일전쟁 이후 막대한 전쟁비용에 대한 상환 부담으로 재정적으로 매우 곤궁한 상태였으므로19) 병합을 단행하기에 충분한 여력이 있는 것은 아니었다. 국제정세의 경우에도 여전히 만주 문제를 둘러싸고 미국 및 러시아와 갈등이 계속되고 있었으므로 이토의

---

15) 통감부 편, 1908,『韓國條約類纂』, 25~28쪽.
16) 小川原宏幸, 앞의 책, 4쪽.
17) 森山茂德, 1994,『近代韓日關係史硏究』, 현음사, 201쪽.
18) 葛生能久, 1930,『日韓合邦秘史』下, 黑龍會, 109쪽.
19) 信夫淸三郞 편, 1974,『日本外交史』1, 每日新聞社, 220쪽.

신중론에는 타당한 이유가 있었다.[20]

따라서 이토의 대한(對韓)정책이 당시 일본 정부 내 일반적 조류였던 무단파의 강경론과 방법론상 차별성을 보였을지는 몰라도, 그것은 가장 부작용없이 병합을 이끌어내기 위한 점진론이었을 뿐 보호국체제 유지론은 아니었다고 생각된다. '자치육성'을 표방한 것도 대한제국 정치세력들을 통감부 통치의 기반으로 확보하고 견인해내기 위한 수단이었을 뿐, 실제로 자치 식민지를 구상했다는 증거는 찾을 수 없다. 그럼에도 불구하고 대한제국 내 정치세력들은 '자치'를 오랫동안 황제권에 짓눌려 억압되어 왔던 정권 참여의 기회로 해석하였다. 반면, 일본 내 병합 급진론의 입장에 선 군부와 재야의 대외경(對外硬) 운동론자들은 이토 통감의 대한정책에 대해 유약하다는 비판 여론을 조성한 결과, 결국 이토의 사직을 이끌어냈다.

이토 히로부미 역시 1909년 6월 통감직 사임을 전후한 시기에 이르면 결국 병합 단행에 동의하였다.[21] 10월 안중근의 이토 암살 사건을 계기로 즉시 병합론자들이 기세를 높이는 가운데 일본 내각은 이미 7월 6일 자로 결정해놓은 「한국 병합에 관한 건」의 실행에 들어간다.[22] 1910년 4월, 러시아의 대한제국 병합 승인과 5월, 영국의 병합 승인 등 열강의 동의를 거친 후[23] 일제는 육군대신 데라우치 마사다케(寺內正毅)를 대한제국 통감에 겸임 발령하였고 총독의 권한 등을 확정하였다.[24]

이처럼 일본이 1910년 전후 대한제국 병합을 단행하기로 결정하는데 있어서 가장 심각하게 고려한 변수는 대한제국 국내 사정보다는 만주 문제를 둘러싼 열강의 동향이었고, 일본의 만주 진출에 대한 열강의 반발이 한반도에 영향을 미쳐 아직 보호국 상태에 불과한 대한제국을 다시 포기하

---

20) 이토가 열강의 태도에 대해 시종 주의하고 있었다는 사실은 1907년 11월 16일 일본 閣議에 올린 의견서에서도 읽혀진다(日本 外務省 편, 1965, 『日本外交年表竝主要文書』上, 282~284쪽, 「對外政策に關する伊藤韓國統監意見書」).
21) 『伊藤博文傳』下, 800~841쪽.
22) 『日本外交年表竝主要文書』上, 315쪽, 「韓國併合に關する件」.
23) 森山茂德, 앞의 책, 268~269쪽.
24) 『日本外交年表竝主要文書』上, 336쪽, 「韓國に對する施政方針」.

는 사태에 이를 것을 우려하였다. 더구나 '자치육성'이라는 통감부의 표방에도 불구하고 치열한 의병항쟁 등 반일 저항이 이어지고 있는 대한제국의 현실은 보호국화 이후 일본의 통치 실적에 대한 구미 열강의 비판적인 반응을 불러일으키고 있었다. 따라서 구미 열강의 만주 문제에 대한 불만이 보호국 상태인 대한제국에 미치기 전에 일본은 서둘러 병합을 단행했던 것이다.[25]

III. 친일내각과 일진회의 정세 인식과 대립

1904년 2월 한일의정서 체결 과정에서 이미 일군의 고위 관료들을 한일동맹 지지세력으로 이끌어낸 일제는 통감부 설치 이후에는 더욱더 친일내각에 대한 지배를 강화하면서 그들을 황제권 견제의 도구로 활용하였다. 대한제국 수립 이후 강화된 황제전제체제하에서 미천한 신분 출신의 근왕주의세력에게 권력의 핵심을 빼앗겼던 구래의 대관세력들은 통감부의 황제정 해체를 전통적 관료세력 부활의 호조건으로 받아들이는 측면도 있었다. 특히 고종 황제 폐위에 앞장선 이완용 내각은 전통적인 양반지배체제의 부활을 꿈꾸며 일제의 후원으로 이를 달성하겠다고 표방하였다. 일제는 이러한 대한제국 지배집단 내부의 갈등을 이용하여 과거 황제권과 길항관계에 있던 세력들을 토대로 친일적 정치 기반을 확대해갔다.

이완용 내각은 1907년 5월 22일, 이토가 유약한 박제순 내각을 경질하고 일찍부터 고종 폐위를 주장해 온 이완용을 참정대신으로 발탁함으로써 구성되었다.[26] 박제순 내각은 대한자강회, 서북학회 등 계몽운동 단체들과 황성신문, 대한매일신보 등의 공격, 일진회의 내각 사퇴운동 등으로 위기에 처해 있었다. 이토는 이미 1906년 10월경부터 친일내각에 대해 '현 정부와

---

25) 서영희, 2011, 「대한제국 외교의 국제주의 전략과 일본의 병합 추진 배경」, 『동아시아의 역사서술과 평화』, 동북아역사재단.
26) 『日本外交文書』 40-1, 556~560쪽, 「韓國內閣更迭始末」.

취지와 목적을 같이하는' 일진회와 제휴하라고 권고하였지만 박제순은 이에 동의하지 않았다. 이때 일진회가 제출한 내각 탄핵문에 대해 우치다 료헤(內田良平)는 '현 내각은 양반 내각, 문벌 내각이고 지금 이를 탄핵하는 것은 신민당(新民黨) 혹은 구 독립협회 일파로서, 오랫동안 민간에서 몰래 세력을 부식해 온 민당(民黨)이 그간 황제권에 짓눌려왔던 민론의 대변자로서 일본의 압박으로 인한 황제권의 누수를 틈타 솟아오른 것'이라고 해석하였다.27)

이토는 황제권에 대항할 수 있는 강력한 친일내각을 결성하고자, 이미 1906년 12월경 황제 폐위 방안을 일본 측에 제시한 이완용을28) 내각 수반으로 발탁하였다. 이완용은 내각 조직의 방침으로 첫째, 시무에 통하고 '한일제휴'를 현실로서 인정할 것, 둘째, 시정개선에 열심일 것, 셋째, 어떤 곤란을 만나도 이상의 목적을 달성하기까지는 중도하차하지 않을 것 등 3요소를 갖춘 인물로서 '비록 황제의 의사에 반하더라도 능히 피할 수 있는 용기있는 인물'을 중심으로 내각을 조직하겠다는 뜻을 피력하였다. 그 결과 인선된 인물은 내부대신 임선준(任善準), 군부대신 이병무(李秉武), 학부대신 이재곤(李載崑) 등이었다. 또한 고종과 재야 정치 단체의 반발에도 불구하고 일진회장 송병준을 농상공부대신으로 임명하였다. 오랜 일본 망명생활에서 귀국한 조중응을 일약 법부대신에 임명한 것도 파격이었다.29) 이완용은 고종에게 종래의 내각이 황제에 의해 임명된 것이라면 신내각은 처음부터 일본에 의지해 구성된 것이라고 일갈하였다.30)

이완용이 주장하는 한일 제휴의 논리적 근거는 첫째, 한일 양국의 지리적 근접성과 이해관계의 밀접성, 둘째, 대한제국이 중국의 속국이었을 때 아무런 이득도 얻을 수 없었던데 비하면 일본과의 제휴는 대한제국에 유익하다는 논리, 셋째, 일본이 대한제국을 병합하려 했으면 국력으로나 시

---

27) 『日韓合邦秘史』 下, 200쪽.
28) 『駐韓日本公使館記錄』 27, 12~18쪽, No.7 1906년 12월 14일 「長谷川戶道 謁見始末」 및 別紙 甲, 乙과 附屬書. 12월 10일 이완용의 長谷川 방문.
29) 『韓日外交未刊極秘史料叢書』 4, 156~167쪽, 1896년 3월 4일 小村→西園寺 機密 18호.
30) 『韓日外交未刊極秘史料叢書』 4, 156~167쪽, 1896년 3월 4일 小村→西園寺 機密 18호.

〈표 1〉 통감부시기 친일내각의 구성

	박제순 내각(1906)	이완용 내각(1907)	이완용 내각(1909)
참정대신(총리대신)	朴齊純	李完用	李完用
내부대신	李址鎔	任善準	朴齊純
탁지부대신	閔泳綺	高永喜	高永喜
농상공부대신	成岐運	宋秉畯	趙重應
학부대신	李完用	李載崑	李容稙
법부대신	李夏榮	趙重應	(폐지)
군부대신	權重顯	李秉武	(폐지)

기적으로나 모두 가능했는데도 일본이 이를 단행하지 않은 걸 보면 대한제국이 일본과 제휴하고 있는 한 '합병당할 우려는 없고' 그동안 실력을 양성하면 된다는 근거 없는 낙관론 등이었다.31)

이처럼 철저하게 친일적인 이완용의 태도를 두고 일반 여론이 지극히 부정적임은 물론 송병준을 내각에 진출시킨 일진회에서조차 사퇴를 요구할 정도였으나, 이완용을 절대적으로 신뢰하고 있던 통감은 이완용의 사퇴를 적극 제지하였다. 특히 내각 내에서 이완용과 치열한 권력다툼을 벌이던 송병준보다는 차라리 이완용의 입장을 옹호하고 있는 형편이었다. 송병준은 공공연히 '일한연방설'을 주장하고 황제 폐위에 적극적이었으므로 이완용 내각에 발탁된 것이었으나, 고종 폐위에 성공한 후 일제는 반일 의병의 공격 목표가 되는 등 오히려 통감부 통치에 부담이 되고 있는 일진회에 등을 돌렸다.

한편, 이완용과 송병준이 내각 내에서 대립한 것은 단지 권력 갈등의 문제라기보다는 원천적으로 서로 다른 배경을 가진 두 세력이 정권 장악을 위해 연합한데서 오는 필연적인 결과였다. 즉 일진회가 구래의 양반 지배질서의 철저한 해체를 지향한데 비해 이완용을 비롯한 대부분의 관료들은 일진회를 하층 무뢰배 출신이라고 냉대하였고, 이에 통감부도 동조하면서

---

31) 『日本外交文書』 40-1, 481~484쪽.

일진회의 불만이 고조되었다.

이에 일진회는 이완용의 권력 독식에 대한 회원들의 불만을 해소하고, 의병의 공격으로 거의 궤멸 상태에 빠진 지방 조직 재건 등의 문제를 해결하기 위해 특단의 대책을 모색하였다. 송병준과 이용구, 우치다(內田) 등이 생각해 낸 방법이란 우선 송병준이 이완용 내각에서 사퇴하는 것이었다. 송병준이 사임함으로써 이완용 내각을 불안에 빠뜨리고 그 혼란의 책임을 물어 합방 문제에 소극적인 이토 통감을 사직하게 한다는 발상이었다. 1908년 6월부터 시작된 송병준 사직 문제는 우치다(內田) 등 합방 급진론자들이 일본 군부 강경파의 지원을 받아 벌이고 있던 이토 통감 퇴진운동과도 같은 맥락이었다.32)

1908년 9월, 도일한 이용구는 데라우치(寺內) 육군대신 등을 만나 대한제국 문제에 개입해 줄 것을 호소하였다. 이러한 압박 속에서 이토도 결국 1909년 4월 10일경 병합 단행에 이의가 없다는 견해를 표시하였다.33) 원래 야마가타(山縣) 등의 병합 단행 주장에 맞서 아직 시기가 도래하지 않았다면서 국제 열강과의 관계를 고려하자는 의견을 가지고 있었던 이토는 결국 병합파에 손을 들고 7월 15일자로 추밀원 의장에 전임되었다.34) 이토의 전임을 계기로 일진회의 합방 촉진운동은 더욱 급류를 타게 되었다. 특히 10월 26일 안중근의 이토 암살 사건을 빌미로 일본 내 병합 단행에 대한 여론이 고조되면서 일진회는 전격적으로 합방 청원서를 제출하였다.35)

이에 당황한 이완용은 민영소, 민영규 등 대관세력들을 동원하여 국민대연설회를 조직하고 일단 합방 반대 연설회를 이끌게 하였다. 또한 심복인 탁지부대신 고영희(高永喜)를 일본에 보내 카츠라 타로(桂太郎) 수상과 면담하게 하고 5개조의 '일한합방론'을 따로 제시하였다.36) 이때 5개조의

---

32) 『日韓合邦秘史』下, 54~69쪽.
33) 小松綠, 1920, 『朝鮮併合之裏面』, 中外新論社, 8쪽.
34) 『日韓合邦秘史』下, 73~85쪽.
35) 서영희, 2008, 「국민신보를 통해 본 일진회의 합방론과 합방정국의 동향」, 『역사와 현실』 69 참조.
36) 『국민신보』 1909년 12월 9일.

합방안에는 농상공부대신 조중응(趙重應)의 주장에 의하면, 양반에 대한 지위 보장 요구 등이 포함되었는데, 즉 양반의 자력(資力), 지위 등을 기준으로 갑·을·병 3계급으로 나누어 일본이 명치유신 이후 화족(華族)을 대우했듯이 처리해 달라는 것이었다.37) 일본의 무사 계급과 달리 군현제도 하에서 봉토가 없고 직위를 세습해오지 않은 조선의 양반은 그 역사와 조건이 일본과 큰 차이가 있었지만 이완용 내각은 사실상 이미 병합을 기정사실로 받아들이면서 양반층의 기득권 유지와 보상을 위한 방안을 구상하고 있었던 것이다.

일진회 역시 〈정합방론(政合邦論)〉을 내세우며 '내정 자치' 혹은 '지방 자치' 수준에서라도 정치 참여를 희망하였으나,38) 병합 이후 일제는 모든 정치단체를 해산하고 유례없이 강압적인 총독부 직접 통치체제를 구축하였다. 일진회에 참여한 상대적으로 하층민 출신인 소민(小民)들은 양반지배체제하에서 오랫동안 억눌려온 정치 참여 욕구를 새로운 권력인 일제를 통해 실현코자 하였으나 병합 이후 한국민들에게는 어떠한 정치 공간도 허용되지 않았던 것이다.

IV. 망명 개화정객의 귀국과 정치적 동향

통감부 시기 친일적 정치세력의 또 다른 한 축은 오랜 일본 망명 생활에서 귀국한 구(舊)개화파세력과 대한제국기에 있었던 각종 쿠데타에 관련된 정치 망명객들이었다. 이토는 1906년 3월 부임과 동시에 이들 재일 망명자들의 귀국을 고종에게 제안한 바 있다. 황제정에 반대했던 망명정객들을 귀국시켜 통감부 통치의 정치적 기반으로 삼음과 동시에, 그들로 하여금 일본에 저항하는 고종을 견제하도록 할 계획이었던 것으로 생각된다.39)

---

37) 『국민신보』 1910년 3월 9일, 3월 12일.
38) 서영희, 2008, 앞의 논문, 42~43쪽.
39) 서영희, 2003, 『대한제국정치사연구』, 서울대출판부, 366~369쪽.

을미사변 관련자로 중범에 속하는 권동진과 유길준 쿠데타 관련자인 오세창 등은 이미 임의로 귀국하여[40] '고루한 대신들의 정권 쟁탈전과 대세에 어둡고 주권자의 덕망을 결여한 황제로부터 대한제국을 구하는 길은 우리들과 같은 신지식층이 정부 중요직에 들어가 쇄신을 도모하는 수밖에 없다'면서 정권 참여 의지를 표출하고 있었다.[41]

하지만 대부분의 망명자들은 1900년 안경수, 권형진의 예처럼 귀국 즉시 처벌당하지 않을까하는 우려로 귀국을 망설였다.[42] 혹은 귀국하면 이미 시세에 뒤떨어져 있을 테고 통감부 통치하에서 자신들만의 정부를 건설할 수도 없을 것이므로 차라리 상업에 종사하겠다는 등 정치적 야망을 포기한 경우도 있었다. 망명정객들의 희망은 갑오년간처럼 일본의 후원하에 단독 정권을 세우는 것이었지만, 이미 통감부 설치와 일본인 관리의 대한제국 내각 직접 진출로 그러한 희망은 실현될 수 없었다.[43] 다만 통감부의 주선 하에 현 정부 내각에 들어가거나 적당한 관직에 취직하는 수밖에 없었다. 이완용 내각에 법부대신으로 발탁된 조중응(趙重應)은 고종 황제 폐위 당시 적극 활약하였고, 황철(黃鐵)이 농상공부 협판에 임명된 것은 이토로부터 정부 중요직에 채용하라는 권고가 있었기 때문이었다.[44] 대원군의 부하였거나 을미사변 관련자인 유세남(劉世南), 유혁로(柳赫魯), 이두황(李斗璜), 이범래(李範來), 이진호(李軫鎬) 등도 각 지방 관찰사로 취직하여 통감부 통치의 말단에서 활약하였다.

한편 박영효는 오히려 고종이 귀국시켜 궁내부대신에 임명함으로써 이완용 내각의 황제권 압박에 대항코자 하였다.[45] 박영효는 일제가 고종에게 양위를 압박했을 때 대리(代理)의 조칙을 내리도록 조언하였으며, 이도

---

40) 『日本外交文書』 39-2, 158쪽, 1906년 2월 28일 乙秘제184호.
41) 『日本外交文書』 39-2, 159쪽, 1906년 3월 1일 乙秘제188호.
42) 『日本外交文書』 39-2, 162~164쪽, 1906년 4월 16일, 4월 17일.
43) 『極秘 日本의 韓國侵略史料叢書』 20, 45~46쪽, 1906년 3월 31일 乙秘제353호 '韓國亡命者の談話'.
44) 『駐韓日本公使館記錄』 27, 43~45쪽, No.13 1906년 12월 28일 「통감부 제3회 보고」.
45) 『日本外交文書』 40-1, 546~547쪽, 1907년 6월 10일 乙秘제586호, 6월 12일 乙秘제590호, 6월 13일 乙秘제594호.

재(李道宰), 남정철(南廷哲) 등과 함께 시종무관 어담(魚潭), 참령 이갑(李甲) 등 시위대 병사들을 동원하여 상황을 전복시킬 쿠데타를 모의하다가 체포되기도 했다.46)

 망명정객 중에서 가장 마지막으로 유길준은 고종이 폐위된 후에야 귀국할 수 있었다.47) 유길준은 귀국 이후 통감부와 직접 관계하기보다는 한성부민회 등의 활동에 관여하면서 내심 독자적인 세력 형성을 기대하고 있었다. 박영효, 유길준, 그리고 오랜 유배생활에서 풀려난 김윤식 등에 대해 일반 국민들도 상당한 기대가 있었다. 대한자강회 등 계몽운동 단체에서도 일부 교섭하였으나, 이완용 내각을 둘러싼 복잡한 정치적 상황과 일진회의 합방 청원서 제출로 혼란스러운 합방정국에서 이들은 더 이상 세력화된 모습을 보여주지 못했다. 단지 유길준만이 합방론을 둘러싼 찬반 정국에서 가장 활발하게 반대운동을 펼쳤다. 한성부민회장, 제국실업회장, 대한제국농무회장, 대한상무조합 고문 등의 직함으로 재야에서 활동하고 있던48) 유길준은 여전히 개혁당을 자임하면서 합방 반대 입장을 표명하였다.49) 그는 윤효정(尹孝定), 한석진(韓錫振) 등 대한협회 간부들과도 만나 시국을 논의하였으나50) 이미 병합 쪽으로 물꼬를 튼 정국의 동향을 반전시킬 수는 없었다.

V. 권력지향적 계몽운동 단체의 정권참여 운동과 좌절

 한편 통감부 시기는 대한제국기 내내 절대주의적 황제체제하에서 억눌

---

46) 李泰鎭, 1995, 「통감부의 대한제국 實印탈취와 순종황제 서명위조」, 『일본의 대한제국강점』, 까치, 136~137쪽.
47) 『日本外交文書』 40-1, 552~555쪽, 1907년 8월 1일 林→伊藤 183호 및 附記 1,2,3,4, 8월 2일 伊藤→林 111호 및 附記 1,2,3.
48) 『국민신보』 1909년 12월 22일.
49) 『국민신보』 1909년 12월 14, 15, 16, 17일.
50) 『국민신보』 1910년 1월 27일, 2월 23일.

려온 민권운동세력의 정치적 욕구가 한꺼번에 분출된 시기로서, 수많은 계몽운동 단체와 학회 등에 참여한 인사들 중 상당수는 정권 참여와 권력구조 개편을 지향하는 세력이었다. 독립협회운동이 실패로 돌아간 후 오랫동안 정치참여 욕구를 제한당해 온 재야 정치세력들은 일단 입헌정체 지향의 정치적 결사로서 헌정연구회를 수립하였고, 대한자강회를 거쳐 대한협회의 주요 임원진에게 그 정치적 지향은 계승되었다.51)

대한협회는 윤효정 등 헌정연구회 계열과 김가진(金嘉鎭) 등 고위관료, 손병희(孫秉熙), 권동진(權東鎭), 오세창(吳世昌) 등 천도교 인사들이 주도하고 있었는데, 이들은 강한 권력지향적 성격으로 사실상 하나의 정당과 같은 정치운동을 전개하고 있었다. 1908년 7월 남궁억(南宮檍) 대신 회장이 된 김가진은 갑오 개화정권 참여자로서 일본 측과 친분이 깊었고, 권동진, 오세창 등은 천도교 교주 손병희가 정권 장악을 위해 대한협회에 가담시킨 인물들이었다.52) 고종 황제 폐위 이후 일단 입헌군주제 수립이라는 목표를 상실한 대한협회는 이완용 내각을 타도하고 직접 정권에 참여하려 하였으나, 통감부는 전통적 양반지배체제 부활을 지향하는 이완용 내각을 후원하면서 이들의 정치참여 운동에 냉담하였다.

이들은 이완용 내각을 옹호하던 이토가 사임한 이후 1909년 9월부터 다시 이완용 내각 타도를 시도하였는데, 일진회, 대한협회, 서북학회 등 재야 3단체가 연합하여 새 정권을 창출하려는 계획이었다. 3파 연합은 애초에 서북학회의 최석하(崔錫夏), 정운복(鄭雲復) 등이 일진회 측에 먼저 제의한 것인데, 대한협회 역시 독자적인 정권 장악이 어려운 상황에서 일진회와 타협하여 이완용 내각을 타도하고 내각에 진출하려는 갈망에서 이를 수용하였다. 황해도 출신의 정운복은 1908년부터 서북학회 회장을 역임하면서 통감에게 접근하여 제국신문 사장에까지 오른 인물로서 '어차피 대한제국에서는 어려우니, 차라리 일본에 가서 국회의원이 되고 싶다'는 심경을 토

---

51) 朴贊勝, 1990, 「韓末 自强運動論의 각 계열과 그 성격」, 『한국사연구』 68, 85쪽.
52) 姜成銀, 1987, 「二十世紀初頭における天道敎上層部の活動とその性格」, 『朝鮮史硏究會論文集』 24, 169~171쪽.

로했던 사람이었다. 최석하는 평안북도 출신으로 러일전쟁 때 통역으로 만주까지 종군했던 인물이었다. 그는 1908년 일본에서 귀국했을 때 이토와 교섭하여 안창호 내각 수립운동을 펼치기도 했으나, 그것이 무위로 돌아가자 1909년부터 3파 연합운동에 앞장섰다.53) 전통적인 양반지배체제하에서 소외되어온 서북 출신들이 이완용 내각 타도를 위해 민당을 자처해온 일진회와 연합을 제안했다는 것은 정치사적으로 음미해 볼만한 대목이라고 생각된다.54)

이후 일진회와 대한협회는 함께 각 지방 지부에 성명서를 내려 보내고 연합 연설회를 개최하는 등 운동의 기세를 높였으나,55) 이 과정에서 대한협회와 서북학회의 일반회원들이 반발하여 대규모 회원 탈퇴가 일어나면서 지도부도 더 이상 일진회와의 제휴를 고집할 수 없는 상황이 전개되었다. 결국 일진회의 합방 청원서 제출을 계기로 3파 연합은 결렬되었다. 하지만 합방정국에서 대한협회가 반드시 합방론에 반대하고 있는 것도 아니었다. 단지 '지금은 합방의 시기가 아니지만, 향후 대한제국이 개명(開明)과 부강(富强)을 달성하여 일본의 보호국 상태로부터 벗어나는 것은 도저히 불가능하므로 자연히 모든 사람들이 합방을 주장할 것인데, 그때 합방을 해도 늦지 않다'는 인식일 뿐, 절대적인 반대론은 아니었기 때문이다. 한편으로 다시 이완용 내각과 제휴하여 일진회에 반대하는 대신, 중추원 관제를 개정하여 대한협회 회원들을 다수 의관(議官)에 임용하고, 각 도에도 참사회(參事會)를 개설하여 대한협회 회원들을 진출시킬 것을 계획하는 등,56) 일진회와 연합하여 이완용 내각을 타도하거나 혹은 이완용 내각과 타협하거나 궁극적인 목표는 정권 참여에 있을 뿐이었다. 이처럼 대한협회는 합방정국에서 민족적 명분과 내각 진출이라는 현실적 목표 사이에서 우왕좌왕하였으나, 일제는 병합 달성 후 대한협회나 일진회를 가리지 않

---

53) 박찬승, 앞의 논문, 89~91쪽 참조.
54) 『日韓合邦秘史』 下, 103~105쪽.
55) 위의 책, 167쪽.
56) 『日韓外交資料集成』 8(保護及び倂合錄編), 317~318쪽.

고 모든 정치단체를 해산시킴으로써 이들의 정치 참여운동은 또다시 실패로 돌아가고 말았다.

VI. 맺음말

이상에서 보았듯이 병합을 목전에 둔 통감부 시기에 대한제국의 각 정치세력들은 국권 상실을 현실로 받아들이기보다는 이민족 지배 권력의 후원하에 그간 억눌려온 정치 참여를 실현해 보려는 욕망에 더욱 충실한 모습을 보이고 있었다. 통감부 설치 이후 일제의 대한제국 통치권 장악과정은 절대주의적 권력을 구축했던 대한제국 황제정의 해체과정이기도 하였는데, 이들은 황제정이 해체된 권력공간을 차지하기 위해 상호 이합집산하며 경쟁하였다.

우선 대한제국 수립 이후 황제전제체제 강화와 근왕주의적 황제친위세력의 정권 장악으로 오랜 기간 정국 운영에서 소외되었던 벌열가문 출신의 고위 관료세력들은 친일내각 참여를 통해 양반지배체제 부활을 지향하였다. 특히 이완용 내각은 송병준의 입각에서 상징되듯이 일진회의 지원을 받아 수립되었음에도 불구하고 노골적으로 하층민 출신의 일진회세력을 소외시키면서 장차 병합 이후에도 양반 계층의 기득권을 보장받는 방안을 강구하였다.

갑오개혁과 독립협회운동 실패 후 일본에서 망명 생활을 하던 구 개화정객 혹은 쿠데타 연루세력들은 통감부의 주선으로 모두 귀국하여 정치 재개의 기회를 노렸지만, 개화운동 당시와 같은 지도력과 세력화는 보여주지 못했고, 개별적으로 통감부 통치에 참여하는 양상을 보였다. 박영효, 유길준 등 거물급 개화정객들은 나름대로 정치적 위상을 확보하고 있었지만 역시 독자적인 정권 창출이 불가능한 관계로 정치세력으로서 큰 의미는 지닐 수 없었다.

새로운 재야 정치세력으로서 활발한 단체 활동을 보여주고 있던 대한협회, 서북학회 등 개명 지식인 출신 민권운동세력들은 통감부와 타협하에, 혹은 하층민 출신의 일진회세력과 연합하여 정권 진입을 시도했으나 정권 참여와 합방 반대라는 민족적 대의명분 사이에서 동요하는 혼란상을 노출하였다. 이들 개명 지식인들의 문명개화론과 실력양성론에 의한다면 보호국체제는 실력 양성이 완성되는 그날까지 계속 유지되어야 했지만 일제의 병합 단행은 생각보다 일찍 현실로 다가왔다. 이때 일본에 의존해서라도 양반 기득권세력을 넘어서서 가장 낮은 수준의 지방 자치에라도 참여하겠다는 욕망을 표출한 일진회세력과는 달리, 대한협회나 서북학회, 혹은 손병희의 천도교 등에 결집된 중류 이상 개명 지식인들은 합방정국에서 정확한 정치적 전망과 목표를 제시하지 못한 채 표류하고 있었던 것이다.

❖ 참고문헌

『詔勅・法律』(서울대 도서관, 규장각 자료총서 근대법령편).
통감부, 1908, 『韓國條約類纂』.
통감부, 『韓國施政年譜』 1・2・3(1906~1908).
『日本外交文書』(日本 外務省).
『日韓外交資料集成』(金正明 編, 巖南堂書店).
『駐韓日本公使館記錄』(국사편찬위원회).
『極秘 日本의 韓國侵略史料叢書』(한국출판문화원).
『韓日外交未刊極秘史料叢書』(金容九 編, 아세아문화사).
『日本外交年表竝主要文書』 上・下(日本 外務省).
小松綠, 1920, 『朝鮮倂合之裏面』, 中外新論社.
葛生能久, 1930, 『日韓合邦秘史』, 黑龍會.
春畝公追頌會, 1940, 『伊藤博文傳』.

姜成銀, 1987, 「二十世紀初頭における天道敎上層部の活動とその性格」, 『朝鮮史硏究會論文集』 24.
朴贊勝, 1990, 「韓末 自强運動論의 각 계열과 그 성격」, 『한국사연구』 68.

방광석, 2010, 「일본의 대한지배정책 전환과 안중근 사건」, 『대한제국 근대국가 수립과 한일관계』 한일관계사연구논집 16, 경인문화사.
서영희, 2003, 『대한제국정치사연구』, 서울대출판부.
─── , 2008, 「국민신보를 통해 본 일진회의 합방론과 합방정국의 동향」, 『역사와현실』 69.
─── , 2011, 「대한제국 외교의 국제주의 전략과 일본의 병합 추진 배경」, 『동아시아의 역사서술과 평화』, 동북아역사재단.
李泰鎭, 1995, 「통감부의 대한제국 寶印탈취와 순종황제 서명위조」, 『일본의 대한제국 강점』, 까치.

森山茂德, 1987, 『近代日韓關係史硏究-朝鮮植民地化と國際關係』, 東京大出版會 (김세민 譯, 1994, 현음사).
小川原宏幸, 2010, 『伊藤博文の韓國倂合構想と朝鮮社會-王權論の相剋』, 岩波書店.

국권 상실에 대한 일진회의 인식*
문명화론과 합방론의 관계를 중심으로

김 종 준 (인하대학교)

Ⅰ. 머리말

　근래 일진회는 단순히 '친일매국단체'가 아니라 '급진적인 문명화 지향' 때문에 친일파로 전락하였다고 평가된다.[1] 오늘날의 용어로 하면 '근대화 지상주의'라고도 할 수 있는데 과연 일진회가 '합방'을 주창하는 매국노로 전락한 이유가 문명화 지향 때문일까? 기묘하게도 일진회 합방론 자체에는 오히려 문명화 지향보다 국수론적 언설이 더 뚜렷이 나타난다. 국망의 상황은 모든 논쟁을 국권의 문제로 수렴시키는 '블랙홀'의 역할을 했다. 문명개화론자들 중에서도 일진회가 가지고 있었던 독특한 특성들, 예를 들어 중하층민의 정치 참여 인정 같은 것도 별다른 의미를 부여받을 수 없었다. 따라서 이 글에서는 합방론 이전 일진회 문명화론의 특성이 무엇이고 특히 국권을 어떻게 인식하였는지, 이러한 문명화론이 합방론 논쟁에서 어떻게 변질되어 갔는지 재구성해보려고 한다.

---

* 이 글은 발표 후 수정·보완을 거쳐 2011년 12월 『한국독립운동사연구』 40집에 게재되었다.
1) 서중석, 1988, 「한말·일제침략하의 자본주의근대화론의 성격 －도산 안창호사상을 중심으로－」, 『孫寶基博士停年紀念韓國史學論叢 －한국근현대의 민족문제연구－』, 지식산업사, 898~901쪽 ; 서중석, 2004, 「친일파의 존재양태와 구조적 성격」, 『배반당한 한국민족주의』, 성균관대학교출판부, 127~129쪽.

애초 문명화는 애국 개념을 포함하였고 국가주의와 대립되는 것이 아니었다. 문명화된 국가를 만들어가야 한다는 목표하에 민권과 국권을 연계해 논했던 것은 동아시아 개화지식인들에게 공통적으로 나타나는 현상이다. 문제는 목표를 이루는 수단 중 어느 것을 더 강조할 것인가와 우리의 정체성을 어디에서 구할 것인가에 있었다. 일단 국가라는 용어는 전통과 근대에서 모두 사용했기 때문에 친숙했다. 근대적인 국가는 내부적인 평등과 외부적인 자주독립을 겸비해야 했고, 각각 민권, 국권과 연결되었다. 즉 문명화의 완성은 자주독립한 국민국가를 만드는 데 있었던 것이며, 민권이 강해야 국권도 강해진다는 점에서 애국사상을 포함하는 것이었다.

그런데 국민의 정체성은 어디에서 구할 것인가? 이와 관련하여 종족, 민족, 인종, 문화, 종교 등이 경쟁하고 있었고, 적어도 1908년 이전에 지배적인 담론은 존재하지 않았다. 『황성신문』은 1909년 무렵까지도 동양문명과의 연계 속에서 민족 정체성을 추구하고 있었다.2) 그러나 1908년 『대한매일신보』는 혈연·단군의식에 바탕한 민족-국가의 절대성을 강조하기 시작하였다. 이제 민족-국가, 국권이 절대적인 목표가 되었고, 반면 문명화는 목표를 이루기 위한 수단으로 위상이 저하되었다.3) 민족-국가 성립에 저해되는 문명화론은 오히려 매국적인 것으로 비난의 대상이 되었다. 일진회가 주창한 문명, 민권, 애국 개념 등도 철저하게 배제되었다.

일진회 문명화론과 합방론에 대한 기존 연구를 보자. 먼저 일진회 문명화론을 별도의 주제로 다룬 논문은 거의 없다. 일진회 관련 연구들은 대개 그들이 내세운 주장보다 실제로 행한 행위나 손병희와의 관계 등 실체에 주로 관심을 보였으며, '친일세력'으로 별도로 묶여져 취급되었다.4) 반면

---

2) 백동현, 2008, 「대한제국기 한국민족주의의 형성과 그 특성」, 『한국민족운동사연구』 55, 55~56쪽. '인종/지역'은 전통시대와 식민지시대를 아울러 한국인들에게 가장 중요한 정체성의 기반 중 하나였다(신기욱 지음, 이진준 옮김, 2009, 『한국 민족주의의 계보와 정치』, 창비, 61~67쪽).
3) 정숭교, 2004, 「한말 민권론의 전개와 국수론의 대두」, 서울대 국사학과 박사학위논문, 136쪽 ; 『대한매일신보』 1908년 5월 24, 25일, 〈논설〉 「今日 大韓國民의 目的地」 ; 1909년 1월 8일, 〈논설〉 「愛國二字를 仇視ᄒᆞᄂᆞᆫ 敎育家여」.
4) 김도형, 1992, 「일제침략초기(1905~1919) 친일세력의 정치론 연구」, 『계명사학』 3.

합방론에 대해서는 비교적 활발하게 연구가 이루어졌다. 초기에는 '매국 성명'일 뿐이라는 부정적 평가가 대부분이었으나[5] '보호민족이라는 열등 감으로부터 탈각하려는 사고방식',[6] '한민의 노예화를 피하기 위한 고육책' 이라는 긍정적 평가도 있었다.[7] 이후 '일본정부가 일진회를 이용해 병합을 실행하는 것에 소극적이었다'거나[8] '일본이 병합을 추진하는 상황에서 현 상을 타파하려는 정치적 타개책'이었다는 객관적 분석이 제시되었다.[9] 그 러나 대륙낭인들이 병합 방침을 알면서 속인 것이고 이용구도 불가능함을 알고 있었다는 점,[10] 우치다 료헤(內田良平)는 정한론자로 다루이 도키치 (樽井藤吉)의 대동합방론과는 전혀 무관하다는 점,[11] 국가관 결여와 일본 문명화에 대한 집착이 침략성을 간과케 하였다는 점[12] 등에서 아무래도 비판적인 시선이 우세하다. 최근에는 소국사상으로서 중화의 대상을 중국 황제로부터 천황으로 바꾼 것이고,[13] 유생층의 찬성은 이같이 동양문명의 보편성 집착 때문에 나왔다는 견해가 제기되었다. 또한 이용구는 지방권 력 참여를 목표로 하였다거나[14] 합방론 반대 여론이 동양 담론 등에서 일 치되지 않았다는 점에 주목한 연구[15]도 나오는 등 다양한 의견들이 제시

---

5) 최준, 1976, 「일진회의 언론활동분석 -同會宣言書 및 합방성명서를 중심으로-」, 『한국신문사논고』, 일조각 ; 차문섭, 1980, 「매국의 앞잡이 -일진회」, 『한국현대사 3, 민족의 저항』, 신구문화사 ; 강재언, 1988, 「아시아주의와 일진회」, 『한국사회연구』 2 ; 박성수, 1988, 「일진회의 매국성명」, 『한국근대사의 재인식』, 學研社.
6) 大東國男, 1960, 『李容九の生涯 -善隣友好の初一念を貫く-』, 時事通信社, 82쪽.
7) 西尾陽太郎, 1978, 『李容九小傳 : 裏切られた日韓合邦運動』, 葦書房, 66쪽.
8) 櫻井良樹, 1992, 「日韓合邦建議と日本政府の對応」, 『麗澤大學紀要』 55, 48~49쪽.
9) 金東明, 1993, 「一進會と日本-「政合邦」と併合」, 『朝鮮史研究會論文集』 31.
10) 강창일, 2002, 『근대 일본의 조선침략과 대아시아주의 -우익 낭인의 행동과 사상을 중심으로-』, 역사비평사, 272~283쪽.
11) 조항래, 2006, 『한말 일제의 한국침략사연구 -일제와 대륙낭인의 침략유대·제휴-』, 아세아문화사, 371쪽.
12) 한명근, 2002, 『한말 한일합방론 연구』, 국학자료원, 125쪽.
13) 小川原宏幸, 2005, 「一進會の日韓合邦請願運動と韓國併合 -「政合邦」構想と天皇制國家原理との相克-」, 『朝鮮史研究會論文集』 43, 192쪽.
14) 서영희, 2008, 「『국민신보』를 통해 본 일진회의 합방론과 합방정국의 동향」, 『역사와 현실』 69, 41~44쪽.
15) 김윤희, 2009, 「동양 담론 그리고 주권-정부-인민 관계의 균열과 전복 -'정합방'

되고 있다.

이와 같은 일진회 합방론에 대한 연구는 크게 두 가지 경향이 있다. 첫째, 일진회라는 단체의 성격을 규명하는 과정에서 합방론도 함께 설명하는 경우이고, 두 번째는 당대 정계와 언론계의 국권 상실에 대한 인식을 종합적으로 규명하면서 일진회의 합방론을 살피는 경우이다. 양자는 각각 장단점이 있다고 보여지는데 일진회를 중심에 놓을 경우 당대 정국의 큰 그림을 놓치기 쉽고, 반면 당대 정국의 큰 틀에서 접근할 경우 일진회가 그러한 선택을 하게 된 내적 동기를 놓치기 쉽다. 따라서 본 연구는 일진회의 내적 동기에 기반하되 당대 정국의 전반적 흐름도 고려하면서 합방론의 구조와 의미를 고찰해보고자 한다.

다음으로 한국근대사에서 민권론과 국권론에 대한 일반적 연구성과들을 살펴보면 크게 두 가지 경향을 발견할 수 있다. 하나는 민권론과 국권론을 상호보완적인 것으로만 이해하는 것이다. 여기에서 독립협회의 민권사상은 '인민의 평등권·자유권·참정권을 포괄하는 근대적인 시민사회의 사상체계',[16] '근대 민주주의의 기원'[17]으로 높이 평가되며, 특별한 문제의식 없이 각 언론의 민권 논조가 나열되고 있다.[18] 그러나 또 다른 연구경향에 의하면 민권론과 국권론의 관계는 그렇게 단순한 것이 아니다. 먼저 초기 민권사상가로 박영효와 유길준이 주목되었는데 이들에게 민권은 국권 함양을 위한 정치적 동원의 성격을 띤 것이었고, 전통 유교사상이나 군주권과도 배타적이지 않았다. 또한 인민의 정치참여는 제한되었는데 이는 '한계'라기보다는 본질적인 문제였으며 독립협회 단계에도 마찬가지였다.[19] 나아가 민권운동과 국권회복운동에는 서로 이질적이며 적대적인 요

청원에 대한 찬반논쟁을 중심으로」,『대동문화연구』68.
16) 유영렬, 1997,「독립협회의 민권사상」,『대한제국기의 민족운동』, 일조각, 24쪽.
17) 최형익, 2004,「한국에서 근대 민주주의의 기원: -구한말「독립신문」,'독립협회', '만민공동회' 활동-」,『정신문화연구』제27권 제3호.
18) 김숙자, 1998,『대한제국기의 구국민권의식』, 국학자료원 ; 김숙자, 1998,「대한제국기 민권의식의 변화과정」,『한국민족운동사연구』20.
19) 김현철, 1999,「박영효의『1888년 상소문』에 나타난 민권론의 연구」,『한국정치학회보』33집 4호 ; 정용화, 2000,「안과 밖의 정치학: 19세기 후반 개화개혁론에서 국

소가 포함되어 있다는 지적이 나왔고,20) 민권·국민주권보다 국권·국가주의를 강조하는 사고방식에 대한 문제제기도 이루어졌다.21) 그런데 이들 연구는 대부분 당대 최대의 정치·사회 단체였던 일진회 관련 부분을 서술하고 있지 않다. 이 글은 민권론과 국권론이 복잡하게 교차하던 당시대 분위기에 유의하여 일진회의 민권, 국권 인식을 검토해보고자 한다.

필자는 이미 일진회 문명화론과 합방론의 내용을 개략적으로 정리한 바 있다.22) 그러나 당대 정국과 사상 동향을 구조적·총체적으로 분석하는 데에는 미흡한 면이 있었고, 이후 새로운 연구성과도 등장하였다. 즉 이 글은 일진회 문명화론과 합방론의 변화 과정을 구조적으로 분석함으로써 기존 연구와 차별화하고자 한다.

II. 일진회 문명화론의 '민권-국권' 인식

일진회는 창립 이래 일관되게 문명화론에 입각하여 활동을 펼쳤다. 일진회 문명화론의 내용은 1904~1905년 『황성신문』에 게재된 연설문들과 『원한국일진회역사』에 수록되어 있는 문서들을 통해 확인할 수 있다. 독립협회 이래 개화지식인들이 추구한 것은 '문명화된 국가'였으며, 이는 대외적으로는 국권의 문제, 대내적으로는 민권의 문제로 귀결되었다. 황제권의 경우 대외적인 자주독립을 위해서는 존숭되어야 하는 것이지만, 대내적인 민권 보장을 위해서는 제한될 필요가 있는 것이었다.

일진회의 문명화론도 기본적인 틀은 독립협회 문명화론에서 벗어나 있

권·민권·군권의 관계」, 『한국정치학회보』 34집 2호 ; 정용화, 2004, 『문명의 정치사상: 유길준과 근대 한국』, 문학과지성사 ; 김영작, 2006, 『근대 한일관계의 明暗』, 백산서당 ; 김신재, 2007, 「유길준의 민권의식의 특질」, 『동학연구』 22.
20) 정숭교, 「한말 민권론의 전개와 국수론의 대두」, 6쪽.
21) 박찬승, 2002, 「20세기 한국 국가주의의 기원」, 『한국사연구』 117, 205~207쪽 ; 강만길, 2008, 『증보판 한국민족운동사론』, 서해문집, 16쪽.
22) 김종준, 2010, 『일진회의 문명화론과 친일활동』, 신구문화사.

지 않았다. 일진회 스스로 독립협회에 대한 계승의식을 강하게 내세우고 있었고, 이는 독립관 부근 지역을 획득하여 학교를 설립하려 했다는 점에서도 뚜렷이 확인된다. 그러나 오늘날의 시점에서 독립협회와 일진회의 연속성은 거의 주목되지 않는다. 일진회가 실제로 행한 '친일매국 행위'가 너무나 강렬하게 기억되고 있기 때문에 중간 과정들은 무시되어진 측면이 있다. 일진회의 문명화론을 크게 4항목으로 나누고, 각 항목이 어떠한 변형을 거쳐 구체적인 활동으로 이어졌는지 표로 나타내보면 〈표 1〉과 같다.

〈표 1〉 초기 일진회의 문명화론과 실제 활동

일진회가 표방한 문명화론	일진회의 실제 활동
관권 저항형 민권론	관리들의 탐학 공격 인민의 생명재산 보호
민권 대변자로서 사회 ⇒	관직 진출 도모 '비특권 계층'의 경제적 이권 보장 우선
황제권 존중	궁금(宮禁) 등 황제권 제한을 추구하는 일본 측에 협조
동양주의	러일전쟁, 경의선 부설 공사 부역, 외교권이양선언서 발표

* 출처 : 김종준, 2010, 『일진회의 문명화론과 친일활동』, 신구문화사 참조.

일진회는 관리의 탄압으로부터 인민의 권리를 보호하겠다고 주장하였고, 그런 점에서 '관권 저항형 민권론'이라고 명명할 수 있다. 민권의 대변자로서 민회, 민당, 사회의 역할을 하겠다고 자처하였고, 그것은 곧 정치활동을 의미하였다. 반면 '황제권 존중'과 '동양주의'를 표방한 것은 자신들의 그러한 정치활동을 보장받기 위한 수단이나 명분이라고 할 수 있다.

일진회가 국권과 자주독립 문제를 언급하지 않은 것은 아니었다. 애당초 독립협회 지식인들도 민권의 확립을 국가의 부강, 자주독립과 연결시키고 있었는데[23] 민권과 국권을 상호보완적으로 인식하는 것은 동아시아 개화지식인들 대부분에게서 공통적으로 발견되는 현상이다.[24] 일진회는 국권이 쇠하면 국민의 생명재산을 보유할 권력과 능력이 없어지므로 국권 없이는 민권도 없다며, 국권이 약해지는 데에는 국가를 나의 국가로 알지 않는 인민의 책임도 면할 수 없다고 주장하였다.[25] 그러나 일진회의 문명화론은 '민권→국권'으로의 방향성을 뚜렷이 가지고 있었으며, 이는 당대 『황성신문』, 『제국신문』 등의 언론과는 유사하였으나, 『대한매일신보』와는 구분되는 것이었다. 즉 실제로는 민권을 국권보다 우선시하고 있었기 때문에 민권 보장을 위해 국권의 손상을 감수할 수 있었다. 우리 정부 관직자들은 민권을 탄압하는 국적(國賊)이고, 민권 신장은 오히려 외세인 통감부에 의해 이루어질 수 있는 것이기 때문에 각종 친일 부역 행위에 나섰던 것이다. 민권이 보장되는 문명화된 국가를 만들기 위해 일본을 돕는다는 일진회 입장에서 친일과 애국은 같이 갈 수 있는 것이었다. 이는 1905년 11월 5일 외교권 위임 선언서에서 명료하게 표현되고 있다.

우방지도(友邦指導)에 순순히 따라 문명에 나아가고 독립을 유지함이 가하거늘… 우리 일진회는 주의강령이 위로 황실의 존엄을 지키고 아래로 인민의 안녕을 도모하여 국가의 독립을 공고히 하고자 함이라… 내치외교(內治外交)와 백반시정(百般施政)이 스스로 경계분역(經界分域)이 있어 신료(臣僚)로 하여금 각각 분임(分任)하는 것이 소위 정부이거늘 정부가 과연 그 직분을 다하고 그 책임을 완성하여 위로는 폐하의 신임에 대(對)하며 아래로는 국민의 여망(輿望)에 응하는가… 가령 외교권을 일본정부에 위임하여 재외공사의 소환과 주한공사관의 철거로 일어날 문제에 대해 논자왈(論者曰) "독립의 대권에 피해(被害)가 되며 국가의 체면을 손상시켜 망국(亡國)의 탄(歎)을 일으킨다"고 하나 이는 하나만 알고 둘은 모르는 것이다… 차라리 우방(友邦) 정부에 위임하여 그 힘에 의해 국권을 보호하는 것이 또한 폐하대권의 발달

---

23) 김도형, 2003, 「대한제국 초기 문명개화론의 발전」, 『한국사연구』 121, 194쪽.
24) 김명구, 1997, 「한말 대한협회계열의 정치사상」, 『부대사학』 21, 8쪽.
25) 『황성신문』 1905년 6월 7일, 「洪氏意見」.

밖에 있는 것이 아니다… 우리 일진회원이 홀로 미력을 다해 일병행군(日兵行軍)의 편의를 생각하여 혹은 역부(役夫)로 따르고 경의철도 공역(工役)에 수력(輸力)에 힘써 북진군(北進軍)에 향미반운(餉米搬運)을 수만 회원이 조직대오(組織隊伍)하여 일심노고(一心勞苦)에 고생을 사양하지 않다가 사상자 수백 명에 이르고 기어이 미력을 다하니 실로 우리 회원은 이천만 동포를 대신하여 동맹국에 신의(信義)를 표하고자 함이오… 그러나 세간에서는 심지어 우리 회를 망국적(亡國賊)이라 하며 매국노(賣國奴)라 하니 그 전도(顚倒)가 어찌 그리 심한가…26)

여기에서 일진회는 첫째, 우방의 지도를 순순히 받아들이는 것이 문명에 나아가고 독립을 유지하는데 도움이 되며 일진회 강령에도 부합된다는 점, 둘째, 무능한 정부보다는 일본정부에 위임하여 외국 공사를 파견케 하면 오히려 국가 체면에 손상이 적고, 국권도 지킬 수 있다는 점, 셋째, 러일전쟁에서 일진회원들이 일본군을 도운 것은 곧 한일동맹에 일조한 것이고, 한일동맹은 국권 회복을 위한 것인데 자신들을 '망국적(亡國賊)', '매국노(賣國奴)'로 부르는 것은 부당하다는 점 등을 주장하고 있다.

즉 일진회는 국권 추락의 원인을 고위 관직자들의 매관 병폐에서 찾았고, 일진회의 성립으로 이미 잃은 민권을 만회하게 되었다고 주장하였다. 그렇게 만회한 민권을 통해서 국권을 높이는 것이 바로 문명이었다.27) 매관매직하는 고위 관직자들은 사욕에 빠져 보통공익을 돌아보지 않는 자들이었다.28) 우리 동포에게 애국성이 없는 이유는, 문벌을 숭상하고 귀천을 구별하여 민의 자유권을 박탈해 왔기 때문이다.29) 민권이란 수동적으로는 관리들의 탐학으로부터 인민의 생명재산을 보호하는 것이었다. 동학의 후예인 진보회와 결합하는 시점에서 일진회는 지방관들의 탄압과 중앙정부의 방조를 집중적으로 비난하고 있다. 본래 독립협회 이래 민권은 자산가

---

26) 『元韓國一進會歷史』 권2, 1905년 11월 5일.
27) 『황성신문』 1906년 3월 22일, 「一進演說」.
28) 『황성신문』 1905년 5월 27일, 「一進演說」.
29) 『황성신문』 1904년 9월 7일, 「一進會錄」.

층의 재산 보호를 의미하는 것이지 개화되지 못한 인민들의 정치 참여는 배제했다고 알려져 있는데,30) 초창기 일진회의 경우 중하층민들의 정치·경제적 권리 보호를 자처하고 이들의 욕구를 무제한적으로 받아들이면서 회세를 확장시켜 갔다.31) 이후로도 이러한 인민주의적 특징이 일진회의 성격을 규정하게 되나 한편으로 기득권층의 이해관계에 더 충실해지는 변화도 나타난다.

점차 민권은 부와 관직, 즉 정치경제적 이권의 추구를 의미하는 것으로 확장되어 갔다. 송병준은 민이 부(富)하여야 국이 부하고 민이 강하여야 국이 강해진다면서 생명재산을 보호해야 국이 부강해진다고 한 바 있는데,32) 1906년 3월 통감부가 설치된 이후에는 이제 귀천은 소위 문벌에 있지 않고 재산 축척에 있다면서 노골적으로 부원(富源)의 개발을 촉구하였다.33) 여기서 문명이란 빈자가 부해지고 약자가 강해지는 것을 의미했다.34) 같은 시기 발표된 일진회 선언서를 보면 통감부 시정(施政)의 요체는 민심을 얻는 것이고, 민심을 얻기 위해서는 만민의 생명을 보호하며 대중(衆庶)의 재산을 보호해 주어야 한다고 밝히고 있다. 야만의 나라를 면하고 국가독립으로 가기 위해서는 문명진보에 힘써야 하는데 문명진보의 핵심이 바로 교육과 부원 개발이라며 일진회가 그 역할을 담당하겠다는 의지를 내비쳤다.

> 아당이 지금 세태의 진운(進運)에 따라 다시 그 목적을 가(加)하며 그 방침을 전(轉)하여 이대(二大) 강목으로 아당의 신기치를 게양하니 2대 강목이란 무엇인가. 부원의 개발과 인문의 발달이 그것이라. 부원을 개발하지 않으면 민이 굶주리고 민이 굶주리면 국이 빈하나니 현재 우리나라의 실업이 비록

---

30) 이나미, 2001, 『한국 자유주의의 기원』, 책세상, 123~126쪽.
31) Yumi Moon, 2005, "The Populist Contest: The Ilchinhoe Movement and the Japanese Colonization of Korea, 1896~1910", Ph.D., Harvard University, p.152.
32) 『황성신문』 1905년 5월 1일, 「生命財産演說」.
33) 『황성신문』 1906년 3월 28일, 「一進演說」.
34) 『황성신문』 1906년 5월 10일, 「一進會演說」.

전부 유치한 단계이나 그러나 만약 개발하면 부원에 자(資)가 될 수 있으되 무릇 모든 사업에 이민익국자(利民益國者)를 연구지도하며 장려보증하여 효과를 이루기 기대함은 실로 국가 백년의 계(計)라. 그러나 다만 부원이 개발하고 인문이 발달하지 않으면 어떻게 야만의 나라를 면하겠는가. 국가독립의 요소는 전부 문명진보에 있고 문명진보의 실(實)은 교육에 있노라.[35]

국가독립이 문명진보에 달려 있고, 문명진보의 핵심은 내부적 평등과 생명재산의 보호에 있었으며, 외세의 개입도 그러한 목적에 부합하는 한 거부할 필요가 없는 것으로 여겨졌다. 한일의정서에 의하여 군용지로 수용된 땅의 민인들이 문제가 되었을 때는 위민정책을 펴지 못한 한인 관인에게 책임을 지우며 양국 교제 방해 혐의까지 추가시켰다.[36] 아일랜드가 영국에 합쳐졌으나 인문이 발달하여 평등을 누린다고도 하였다.[37] 나중에 문명화의 관점에서 국망조차 받아들이게 되는 태도의 단초가 엿보인다.

이같이 일진회 문명화론에서 '관권 저항형 민권론'의 성질이 변질되는 것은 통감부 설치와 관련된다. 1906년 이후 일진회는 통감체제를 인정한 상태에서 정권 참여를 개진하였던 것이다. 그러나 완전히 체제에 순응했던 것은 아니어서 정치 현안에 따라 박제순, 이완용 내각을 공격하였다. 내각 총사직을 요구하며 결사대를 조직한 지방회원도 있었으며, 통감도 비판의 대상이었다.[38] 한편으로 자치재단을 만들어 실업노선에 종사하거나[39] 간도로의 집단 이주를 꿈꾸기도 했다.[40] 그러나 일진회의 정치활동은 사면초가의 상황에 빠지게 된다. 통감과 이완용은 일진회의 힘이 강해지는 것을 견제하였고, 또 다른 정치세력인 대한협회도 중류 이상의 계층을 지지

---

35) 『황성신문』 1906년 3월 5일, 「一進宣言」.
36) 『元韓國一進會歷史』 권2, 1905년 8월 13일.
37) 『황성신문』 1906년 3월 24일, 「一進演說」.
38) 『대한매일신보』 1908년 6월 16일, 「會中決死」; 『대한매일신보』 1908년 6월 19일, 「壹進會集理由」.
39) 大東國男, 1960, 『李容九の生涯 －善隣友好の初一念を貫く－』 時事通信社, 73쪽; 『일한합방비사』 상, 343쪽.
40) 『일한합방비사』 하, 712쪽.

기반으로 하는 자신들과 일진회를 차별화하고자 했으며, 유력 언론인 『대한매일신보』는 '공덕(公德)↔사욕(私慾)'의 대비 속에 일진회의 민권, 국권, 애국 운운을 '친일·매국'의 담론으로 몰아붙였다. 일진회의 고립은 1909년 12월 '합방론' 발표 때 그 정점에 달하게 된다.

III. 일진회 합방론에서 국권 상실의 문제

〈표 2〉 1909년 12월 일진회 합방론 주창 전후 논쟁 구도의 변화

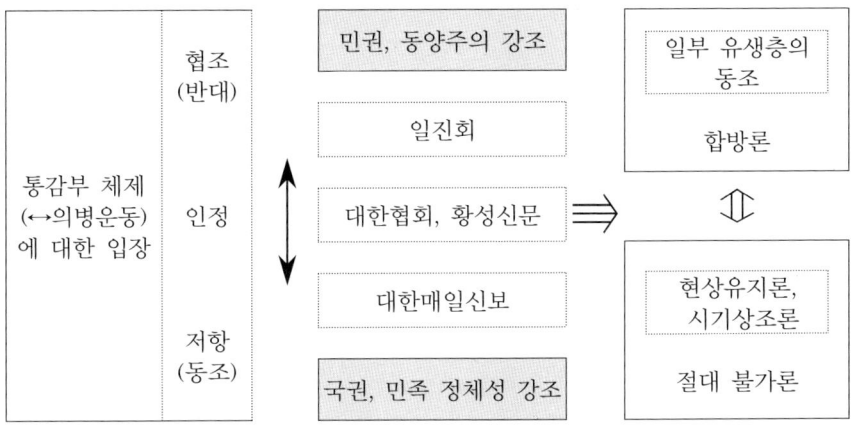

먼저 일진회 합방론 주창 전후 논쟁 구도의 변화를 정리해보면 〈표 2〉와 같다. 민권·동양주의와 국권·민족 정체성을 양축으로 하고, 통감부 체제 및 의병운동에 대한 입장 차이에 따라 일정하게 편차를 보이던 각 세력들이 일진회 합방론 주창 후 합방론과 절대 불가론 둘로 갈라지게 됨을 알 수 있다. 현상유지론·시기상조론 입장에서 일정하게 일진회와 행보를 같이 하던 대한협회·『황성신문』계열이 합방론 반대편에 서게 된 점, 일부 유생층이 동조하고 국권 문제에만 초점이 맞추어지면서 일진회 문명화론의 특성이 나타나지 못한 점 등에서 이전 논쟁 구도의 와해를 엿볼 수 있다.

일진회는 일반인들에게 포고한 성명서에서 '정합방(政合邦)'을 내세웠는데[41] 이는 한마디로 외교는 공통으로 하면서 내정은 독립시키는 것으로, 양자가 대등하게 연합한다는 면에서 오스트리아-헝가리제국과 같은 형태를 의미하였다.[42] 따라서 정합방은 합병이나 속방과는 구분되는 것이다.[43] 일진회 합방론에서 국권 상실이나 국망이 어떻게 이해되고 있는가? 현상유지의 고식책이나 국권회복의 급진적, 감상적 주장은 모두 도움이 되지 않는다고 한 것으로 보아 국권의 손상을 일정하게 인정하고 있다.[44] 하지만 일부분주권국, 보호국, 합중국 등과 달리 정합방국은 내정을 독립하는 것이었고,[45] 그런 면에서 국권을 확실히 가지는 것으로 이해되었으며,[46] 이용구도 조국이 망하지 않기를 바람은 국민의 의무라고 밝히고 있다.[47] 일진회 내에서 곧 국권을 만회할 것이라는 말이 나왔다는 기사도 있다.[48] 또한 병자호란 삼전도(三田渡)의 굴욕과 1894년 독립 성명을 비교하면서 '망(亡)'과 '존(存)'의 의미를 묻고 있고, 결론적으로 정합방이 성립되면 국가·국민이 동시에 존하고 성립되지 못하면 국가·국민이 동시에 망하게 된다고 한 것으로 보아 합방을 국망으로까지는 인식하지 않고 있었음을 보여준다.[49] 이처럼 일진회 스스로는 국권 상실이라고 인정하지 않았지만 실제로는 그렇게 인식될 수밖에 없었다. 당대 거의 모든 정파와 언론이 격렬하게 합방론을 비난하였다. 지방 일진회원들조차 국권을 내주면서 어찌 보호수치 탈피라 말하고 민권을 떨어뜨리면서 어찌 동등권리 획득이라 말할 수 있냐며 반문하고 있었다.[50] 합방론에 반대하는 이유는 정

---

41) 『元韓國一進會歷史』 권7, 1909년 12월 4일.
42) 『국민신보』 1909년 12월 8일, 〈大言壇〉「國際法上의 國家 -國家의 性質, 今日의 我韓, 合邦의 結果-」.
43) 『국민신보』 1909년 12월 9일, (독자 투고).
44) 『국민신보』 1910년 1월 1일, 〈논설〉「告我國民同胞」.
45) 『국민신보』 1909년 12월 8일, 〈大言壇〉「國際法上의 國家 -國家의 性質, 今日의 我韓, 合邦의 結果-」.
46) 『국민신보』 1910년 1월 25일, 「兩氏致函會長」.
47) 『국민신보』 1910년 3월 9일, 「一進會長答函」.
48) 『대한민보』 1910년 3월 11일, 「必不見欺」.
49) 『국민신보』 1910년 1월 1일, 〈논설〉「告我國民同胞」.

파와 계층, 지역, 종교 등에 따라 다양했지만,[51] 기본적으로 실현가능성과 진정성에 대한 의구심이 있었다.

그러면 합방론에서 일진회 문명화론은 유지되고 있는가? 일진회는 성명서 발표 이후 '황실만세존영(皇室萬歲尊榮)' 인민일등대우(人民一等待遇)'라는 12글자를 되풀이해 강조했고,[52] 이 두 가지는 4대 강령 중 일부와 같은 것으로 이해되기도 했다.[53] 그러나 성명서 등에는 위 두 가지 항목을 달성하기 위해 합방이 필요하다고 역설하는 수사(修辭)들로 가득할 뿐이다. 대내적으로 전제정치가 인민의 권리를 속박하여 국권 손실로 이어졌는데 이는 우리 자신의 잘못이라는 점을 간단히 언급하고 있지만, 그 외에는 모두 대외적인 문제이다. 일본과 지리, 인종, 역사, 종교, 문학, 풍속, 경제, 정치상 서로 일치한다는 점, 승자만이 살아남는 경쟁 시대이므로 대세에 순응해야한다는 점 등을 합방의 근거로 내세우고 있다. 이전처럼 민권의 함양을 통한 국권 강화를 이야기하는 것이 아니라 강국과의 합방으로 국권이 강해질 수 있다고 말하고 있다. 독일이 연방으로 통합되어 유럽대륙의 패자가 되고, 인도, 필리핀, 베트남, 청국 등은 멸망, 쇠퇴한 것도 그 예이다.

『국민신보』에 실린 찬성 글에서도 '동양의 일대제국',[54] 또는 '동양의 신성한 위인'[55]이 될 수 있을 것이라는 표현이 등장한다. 이 외에도 '황실존숭과 민족보호',[56] '군(君)과 국(國)을 존(存)케 하는 만세의 계획',[57] '충국애민의 성(誠)',[58] '단군 사천년 역사와 태조 오백년 종묘사직, 신성한 민족

---

50) 『황성신문』 1910년 1월 21일, 「退會員長書」.
51) 마쓰다 도시히코(松田利彦), 2009, 「이토 히로부미 살해사건의 파문 ― 경찰 자료로 보는 한국인 사회의 상황」, 이성환·이토 유키오 편저, 『한국과 이토 히로부미』, 선인.
52) 『국민신보』 1909년 12월 12일, 「信社長公函」.
53) 『국민신보』 1910년 3월 10일, 「日韓合邦問題(東洋日報譯載), 焦明子」.
54) 『국민신보』 1910년 1월 26일, 「儒生致函會長」.
55) 『국민신보』 1910년 1월 6일, 〈별보〉 「儒生의 建白書」.
56) 『국민신보』 1909년 12월 14일, 「商務大團體贊成」.
57) 『국민신보』 1909년 12월 22일, 「儒生의 建白書」.
58) 『국민신보』 1910년 1월 9일, 「各道儒生長書」.

의 안도',59) '국권, 민리(民利)를 위해',60) '조국보전의 대계(大計)'61) 등이 합방 찬성의 근거로 들어지고 있다. 일진회 합방론 찬성의 문장들 속에서 일진회를 비난해온, 유생들의 난신적자론과 『대한매일신보』의 국수론적 어휘들이 발견되는 것은 역설적이다. 또한 흥미롭게도 일진회를 비난하는 언설들에서 양자가 뒤섞이는 현상이 합방론 옹호의 언설들에도 나타나고 있다. 이들에게 민족과 동양, 문명화는 같이 갈 수 있는 것이었다. 단군과 기자 이래 4천여 년 가져온 자국성질을 가지고 문명의 경지로 나아가는 것이 곧 동양을 유지할 방침이기도 했다.62)

『대한매일신보』는 친일매국론을 통해 일진회 문명화론을 철저하게 부정해 갔는데, 일진회는 여기에 반발하면서도 자신들 역시 『대한매일신보』의 국수론적 용어들로 무장한 셈이다.63) 친일과 매국을 연결시키는 『대한매일신보』에 반발하며 '이용구가 과거 배일한 것도 충국(忠國)에서 나온 것이고, 지금 친일하는 것도 충국에서 나온 것'이라고 하고 있지만,64) 이때의 '국'은 과거 보수유생들의 그것과 차별성을 갖기 어려우며 『대한매일신보』와 마찬가지로 신성한 민족과 조국을 강조하고 있다. 달리 보면 민권을 국권에 종속된 것으로 여기는 개화지식인들의 일반적 한계를 일진회 역시 벗어나지 못했다고 할 수 있다.

『국민신보』에 게재된 합방 찬성문들이 대부분 유생층에 의해 작성되었다는 점도 본래 일진회의 정체성을 고려할 때 의외의 일이다. 이와 관련하여 '구래의 속방체제'에 익숙한 유생층의 속성이 지적된 바 있다.65) 실제 일진회가 통감에게 올린 글에도 과거 원나라가 기울어지자 명나라에 붙었고 명나라가 망하자 청나라에 붙었다며 대국을 섬겨서 겨우 왕위를 보존

---

59) 『국민신보』 1910년 1월 13일, 「閔潤植氏送函」.
60) 『국민신보』 1910년 1월 22일, 「儒生贊成政合邦」.
61) 『국민신보』 1910년 2월 15일, 「西島人民의 長書」.
62) 『국민신보』 1910년 1월 26일, 「縉紳等上統監書」.
63) 『대한매일신보』가 내세운 '친일매국론'의 구조와 성격에 대해서는 별고로 정리할 예정이다.
64) 『국민신보』 1910년 2월 19일, 「嶺儒致函同志會」.
65) 서영희, 「『국민신보』를 통해 본 일진회의 합방론과 합방정국의 동향」, 40~41쪽.

할 수 있었다는 구절이 나온다. 수원의 한 자산가 겸 명망가는 '단군 개국 이래 사천 년을 계속 다른 대국에 의뢰해 왔기 때문에 일본에 합병하는 것도 조상의 역사를 더럽히는 것이 아니라'고 했다고 한다.66) 반면 부평군 양반 등은 '수백 년간 타국의 보호를 받은 일이 있지만 아직 합방을 한 일은 없다'며 '국체 유지'를 위해 합방에 반대한다는 의견을 보였다.67)

이와 같이 일진회의 민권 우선적 문명화론은 합방론으로 귀결되었는데 그 합방론은 더 강력한 국가를 위해 종족·민족·왕조적 정체성을 포기하고 민권조차 부차적인 것으로 취급할 정도로 모순적인 것이었다. '국'의 단위를 어떻게 설정하느냐에 따라 국권 상실이 아니라 국권 회생의 기회도 될 수 있다는 주장이다. 이러한 합방론은 일진회가 본래 가지고 있던 문명화론의 당연한 귀결일까, 아니면 무언가 외부적 요소에 의한 변질일까? 이와 관련하여 두 가지 점을 지적할 수 있다.

첫째, 일진회가 본래부터 이원적으로 구성되어 있었다는 점이다. 즉 일진회 문명화론은 기본적으로 겸인·중인 출신의 독립협회세력에 의해 제창된 것이었고, 회원 다수를 차지하는 지방의 동학계는 그 문명화론에 호응하는 형국이었다. 물론 손병희·이용구 등 동학 지도세력 역시 문명화론에 동의하고 있었기 때문에 결합이 가능했던 것이지만, 초기 연설의 주체가 송병준을 제외하고는 전부 독립협회 계열이라는 점에서 일진회의 논리는 중앙의 소수 독립협회계에 의해 마련되고, 실천은 지방의 다수 동학계의 몫이었다는 분석이 가능하다. 그런데 독립협회계는 1905년 말 일진회 내에서 도태당하기 시작하였고, 이후 일진회의 논리는 별다른 진전을 보이지 못하며, 앞서 본대로 당대 언론으로부터 배척당하였다. 1908년 일진회는 지방회원과 중앙 사이에 큰 갈등을 보이는데, 이는 동학계 내부의 분열이었다. 지방회원들에게 '친일'의 논리는 생존과 이권 달성이라는 목적을 달성하기 위한 수단에 불과했다. 지방회원들은 이완용 정권에 저항하였고,68) 이용구의 사퇴를 요구할 정도였다.69) 이때 지방회원들은 의병

---

66) 『통감부문서』 8책, 131~132쪽, 「日韓合邦問題ニ關スル件」, 1909년 12월 16일.
67) 『통감부문서』 8책, 183쪽, [民心動向 報告書 寫本], 1909년 12월 22일.

으로부터의 안전과 아울러 관직 진출, 역둔토 마름 자리 등 정치·경제적 이권 획득을 요구하였다.[70] 즉 일진회 내에는 문명화론을 계승·발전시켜 합방론으로 귀결시킬 사상적 흐름이 존재하지 않았다.[71] 애초 일진회 문명화론 자체가 지방민들의 각종 욕구 분출을 정당화시켜주는 역할을 했었다. 그나마 초기에는 논리와 실천이 같이 갔고 일정하게 호응도 얻었지만, 후기로 갈수록 논리는 실천에 종속되어 갔던 것이다.

둘째, 일진회가 합방 주창으로 나아가게 된 데에는 대륙낭인의 영향력이 절대적이었다.[72] 1909년 6월 대륙낭인의 배후 조종자인 스기야마 시게마루(杉山茂丸)는 이미 '수만의 회원을 규합해 내각을 압박해 합방을 강청케 한다'는 원칙을 세워놓았다고 한다.[73] 사실 민권론에서 국권론으로의 변환은 바로 대륙낭인들이 겪었던 경험이었다. 대륙낭인의 본거지가 되는 현양사(玄洋社)가 민권론에서 국권론으로 전향을 한 단체였던 것이다.[74] 이용구에게 영향을 주었다고 하는, '대동합방론'의 다루이 도키치(樽井藤吉)도 민권론에서 출발해 국권론으로 옮겨갔다.[75] 합방 상소문이 대륙낭인에 의해 기초되었기 때문에 문구에서 발견되는 국수론적 요소들은 이들과 관련시켜 이해해야 한다.

문제는 일진회 동학계를 대표하는 이용구의 진정성이다. 일진회 고문인 대륙낭인 우치다에 따르면 이용구는 청일전쟁 후 일본 시찰에서 '대동합방

---

68) 『대한매일신보』 1908년 6월 16일, 「總理討罪」.
69) 『대한매일신보』 1908년 10월 12일, 「不改不服」.
70) 『대한매일신보』 1907년 6월 25일, 「區處亦難」; 『황성신문』 1908년 6월 6일, 「農大困難」.
71) 최근 일진회가 '일관되게 민족국가 체제보다 생존을 우선시했기 때문에 합방론은 그 귀결'이라는 주장이 제기되기도 했으나(이태훈, 2010, 「일진회의 '보호통치' 인식과 '합방'의 논리」, 『역사와 현실』 78, 373~375쪽) 몇몇 자구를 과도하게 해석한 측면이 있다.
72) 김종준, 『일진회의 문명화론과 친일활동』, 240~242쪽.
73) 『日韓合邦秘史』 상, 612쪽.
74) 조항래, 『한말 일제의 한국침략사연구 -일제와 대륙낭인의 침략유대·제휴-』, 275~280쪽; 강창일, 『근대 일본의 조선침략과 대아시아주의 -우익 낭인의 행동과 사상을 중심으로-』, 342~348쪽.
75) 林房雄, 1965, 『大東亞戰爭肯定論』 續, 番町書房, 77쪽.

론'을 접하고, 공명하게 되었다고 한다.76) 또한 이용구는 1910년 2월 『동양일보』와의 인터뷰에서 "보호국으로 종주국에 합하는 예는 없기 때문에 지금 정합방이라 말하는 것은 서구인이 정한 공법에 맞지 않으며, 폐황(廢皇)의 말을 내는 것을 싫어하는 고로 정자(政字)를 세워 막았다"고 고백했으며,77) 이에 낭인들은 이용구의 '합방'이 일본인의 '합병'과 말을 달리하지만 그 뜻은 같이 한다고 결론을 내렸다고 한다.78) 대륙낭인 측의 논리대로라면 이용구는 이미 오래 전부터 '합방'에 뜻을 두고 있었는데 막상 결정적인 순간에는 반발을 두려워해 '정합방'으로 위장한 셈이다. 그러나 이용구가 평소 합방론에 공감했는지는 의문스럽다. 다만 1909년 12월의 시점에는 '합방'과 '병합'의 차이, '정합방론'의 공허함, 반발 여론, 퇴회 현상 등을 충분히 인지하고 있었을 것이다. 그럼에도 불구하고 합방 상소에 나서게 된 데에는 이미 대세가 결정되었다는 체념이 한 몫 했을 것으로 보인다. 또한 자신들 역시 정국의 비주류인데도 의병들의 공격과 언론의 비난이 집중되는 것에 대한 억울함도 작용하고 있었다. 결국 병합 조약을 체결한 당사자는 이완용이었고, 일진회도 정합방을 실현시키지 못한 채 해산당했으며, 양자는 '친일매국노'의 상징으로 남게 되었다.

Ⅳ. 맺음말

한말 회원수에서 최대 규모의 정치·사회 단체였던 일진회는 초창기부터 독립협회 문명화론의 계승을 주장하면서 개혁 활동을 펼쳤다. 일진회 문명화론의 주된 내용은 '관권 저항형 민권론'이었고, 그 수단으로 동양주의를 내세웠으며, 국민의 대표인 사회를 표방하였다. 일진회는 관리들의 탐학으로부터 인민의 생명재산을 보호하는 것을 민권의 만회로 여겼고, 이

---

76) 內田良平, 1932, 『皇國史談 日本の亞細亞』, 黑龍會出版部, 253~254쪽.
77) 『일한합방비사』 하, 590쪽.
78) 『일한합방비사』 하, 591쪽.

를 통해 국권을 높이는 것이 문명화라고 주장하였다. 그러나 점차 특권 세력화되고 정치경제적 이권 추구에 함몰되며 통감부 정책에 순응하는 태도를 보임으로써 일진회 민권론의 의미도 점차 약화되었다. 특히 합방론을 둘러싼 정국은 모든 논란을 국권의 문제로 몰아갔고 일진회도 예외가 아니었다. 오히려 일진회 합방론 찬성의 글들에서 전통적 국가론과 국수론적 언설들이 발견되며 이는 대륙낭인의 영향이기도 하다.

1909년 12월 4일 일진회의 '합방' 주창은 이후 100여 년 동안 한일병합 문제와 관련하여 항상 민감한 주제였다. 대체로 당대인들과 후대 연구자들은 '사회세력이 스스로 나서서 나라를 바치려 했다'는 자괴감 속에서 '매국 행위'라는 민족·국가적 관점, '불의(不義)한 일'이라는 도덕적 관점, '실효가 없을 것'이라는 정치적 관점 등으로 이 사건을 바라보았다. 국권 상실의 원인 또는 책임과 관련지어 흥미로운 것은 다음과 같은 당대인들의 반응이다. 당시 언론은 그동안 외교권, 군경(軍警), 삼림광산, 교육권, 사법권, 정부관리 자리를 모두 일진회가 매도하였다고 주장하였고,[79] 교육받지 못한 지방 회원이 무슨 죄가 있겠냐며 회개시키자고도 하였다.[80] 단순화시키자면 망국의 책임은 송병준, 이용구 두 사람에게만 있을 뿐이기 때문에, 이완용 내각과 대한협회를 포함해 다른 친일세력들에게는 면죄부가 주어진 셈이다. 적어도 1909년 12월 시점에서는 일본조차 비난의 대상이 아니었다.[81]

이처럼 일진회 합방론을 둘러싸고 여론이 들끓는 가운데 일진회 지도부에게 망국의 책임이 전가되었고, 일진회가 그러한 정치적 결말로 치닫게 된 과정이 묻히게 되었다. 이와 관련하여 창립 초기 일진회에 대한 상반된 상(像)이 존재하였다는 사실에 주목할 필요가 있다. 『대한매일신보』 사장 베델은 일진회를 '일본의 지원을 받는 무뢰배들의 조직'으로 묘사하였으나[82] 『황성신문』, 『제국신문』 등은 일진회가 내세운 민권, 개혁, 동양주의

---

[79] 『대한매일신보』 1909년 12월 8일, 「再告韓國同胞」.
[80] 『황성신문』 1909년 12월 9일, 〈논설〉 「警告地方人民」.
[81] 『황성신문』 1909년 12월 7일, 〈논설〉 「噫噫痛矣」.

등 문명화론의 취지를 부정하지 못했다. '비기득권 세력'이 주축이 된 일진회에서 주창한 민권과 개혁은 곧 인민의 생명재산 보호를 의미하였으며 그 수단으로 동양주의에 의탁하였다. 일진회의 민권론은 중하층민의 정치·경제적 권력 참여를 보장하였다는 점에서 독립협회 당시의 그것보다 진전된 것이었다. 그러나 점차 일진회는 기득권 세력화되었고, 지방에서 '작폐자'로 여겨지기 시작했다. 또한 민족 정체성을 강조하는『대한매일신보』는 친일과 매국을 계속해서 연결시키고 있었으나 일진회는 끝까지 친일과 애국, 다시 말해 동양과 민족이 같이 갈 수 있다고 반박하였다. 합방론에서는 대륙낭인의 영향 아래 국수론적 어휘들을 사용하기도 했다. 일진회 정체성의 변화는 일부 유생층이 합방론에 찬성한 점에서도 확인된다. 일진회가 주창해온 내부적 평등, 개혁의 문제가 끼어들 여지가 없었던 것이다.

또한 일진회 말기의 합방론을 초기 문명화론과 무리하게 연결시켜 해석할 필요가 없다고 판단된다. 보다 중요한 사실은 초기 일진회의 문명화론과 그에 기반한 실천들 속에 들어 있는 의미들이 '친일매국론'에 의해 계속해서 비난, 부정당했다는 점이다. 일진회 스스로도 방어적 항변과 권력 획득에만 연연했을 뿐, 당대 계몽지식인들의 그것과 구별되는 문명화론과 애국론을 창출해 사회적 공공성을 얻어나가는 데에는 성공하지 못했다. 그러다가 결국 합방론이라는 극단적인 선택으로 끝이 나버렸고, 그 결과 일진회는 더욱 더 치욕과 망각의 대상으로 남을 수밖에 없게 되었다. 그러나 초기 대규모 대중 동원에서 나타난 일진회의 돌풍이 문명화론이라는 지식인들의 이론으로 무장했었다는 점, 내부적 불만을 외세와의 결탁으로 해결하려 했었다는 점 등은 분명 기억할 필요가 있다. 이후 역사에서도 일정하게 반복되고 있다고 생각되기 때문이다.

---

82)『대한매일신보』1905년 1월 19일, 〈논설〉「한국을 정복홈」.

❖ 참고문헌

『대한매일신보』, 『황성신문』, 『제국신문』, 『국민신보』
『元韓國一進會歷史』, 『駐韓日本公使館記錄』, 『統監府文書』
『日韓合邦秘史』

강만길, 2008, 『증보판 한국민족운동사론』, 서해문집.
강재언, 1984, 「아시아주의와 일진회」, 『한국사회연구』 2.
강창일, 2002, 『근대 일본의 조선침략과 대아시아주의 -우익 낭인의 행동과 사상을 중심으로-』, 역사비평사.
김도형, 1992, 「일제침략초기(1905~1919) 친일세력의 정치론 연구」, 『계명사학』 3.
─────, 2000, 「대한제국기 계몽주의계열 지식층의 '삼국제휴론' -'인종적 제휴론'을 중심으로-」, 『한국근현대사연구』 13, 한국근현대사연구회.
─────, 2003, 「대한제국 초기 문명개화론의 발전」, 『한국사연구』 121.
김명구, 1997, 「한말 대한협회계열의 정치사상」, 『부대사학』 21.
김숙자, 1998, 「대한제국기 민권의식의 변화과정」, 『한국민족운동사연구』 20.
─────, 1998, 『대한제국기의 구국민권의식』, 국학자료원.
김신재, 2007, 「유길준의 민권의식의 특질」, 『동학연구』 22.
김영작, 2006, 『근대 한일관계의 明暗』, 백산서당.
김윤희, 2009, 「동양 담론 그리고 주권-정부-인민 관계의 균열과 전복 -'정합방'청원에 대한 찬반논쟁을 중심으로」, 『대동문화연구』 68.
김종준, 2010, 『일진회의 문명화론과 친일활동』, 신구문화사.
김현철, 1999, 「박영효의 『1888년 상소문』에 나타난 민권론의 연구」, 『한국정치학회보』 33집 4호.
마쓰다 도시히코(松田利彦), 2009, 「이토 히로부미 살해사건의 파문 -경찰 자료로 보는 한국인 사회의 상황」, 이성환·이토 유키오 편저, 『한국과 이토 히로부미』, 선인.
박성수, 1981, 「애국계몽단체의 합방반대운동」, 『숭의논총』 5.
─────, 1988, 「일진회의 매국성명」, 『한국근대사의 재인식』, 學硏社.
박찬승, 2002, 「20세기 한국 국가주의의 기원」, 『한국사연구』 117.
백동현, 2004, 「대한제국기 민족인식과 국가구상」, 고려대학교 한국사학과 박사학위논문.

―――, 2008, 「대한제국기 한국민족주의의 형성과 그 특성」, 『한국민족운동사연구』 55.
서영희, 2008, 「『국민신보』를 통해 본 일진회의 합방론과 합방정국의 동향」, 『역사와 현실』 69.
서중석, 1988, 「한말·일제침략하의 자본주의근대화론의 성격 －도산 안창호사상을 중심으로－」, 『孫寶基博士停年紀念韓國史學論叢 －한국근현대의 민족문제연구－』, 지식산업사.
―――, 2004, 「친일파의 존재양태와 구조적 성격」, 『배반당한 한국민족주의』, 성균관대학교출판부.
신기욱 지음, 이진준 옮김, 2009, 『한국 민족주의의 계보와 정치』, 창비.
유영렬, 1997, 「독립협회의 민권사상」, 『대한제국기의 민족운동』, 일조각.
―――, 1999, 「한말 애국계몽언론의 일본인식」, 『아세아연구』 42권 1호, 고려대학교 아세아문제연구소.
이나미, 2001, 『한국 자유주의의 기원』, 책세상.
이은희, 1990, 「동학교단의 '갑진개화운동'(1904~1906)에 대한 연구」, 연세대 사학과 석사학위논문.
이태훈, 2010, 「일진회의 '보호통치' 인식과 '합방'의 논리」, 『역사와 현실』 78.
정숭교, 2004, 「한말 민권론의 전개와 국수론의 대두」, 서울대 국사학과 박사학위논문.
정용화, 2000, 「안과 밖의 정치학: 19세기 후반 개화개혁론에서 국권·민권·군권의 관계」, 『한국정치학회보』 34집 2호.
―――, 2004, 『문명의 정치사상: 유길준과 근대 한국』, 문학과지성사.
조항래, 2006, 『한말 일제의 한국침략사연구 －일제와 대륙낭인의 침략유대·제휴－』, 아세아문화사.
차문섭, 1980, 「매국의 앞잡이 －일진회」 『한국현대사 3, 민족의 저항』, 신구문화사.
최 준, 1976, 「일진회의 언론활동분석 －同會宣言書 및 합방성명서를 중심으로－」, 『한국신문사논고』 일조각.
최형익, 2004, 「한국에서 근대 민주주의의 기원: －구한말 「독립신문」, 「독립협회」, '만민공동회' 활동－」, 『정신문화연구』 제27권 제3호.
한명근, 2002, 『한말 한일합방론 연구』, 국학자료원.

金東明, 1993, 「一進會と日本－「政合邦」と併合」, 『朝鮮史研究會論文集』 31.

大東國男, 1960, 『李容九の生涯 －善隣友好の初一念を貫く－』, 時事通信社.
林房雄, 1965, 『大東亞戰爭肯定論』續, 番町書房.
林雄介, 1999, 「運動團體としての一進會 －民衆との接觸樣相を中心に－」, 『朝鮮學報』172.
西尾陽太郎, 1978, 『李容九小傳 : 裏切られた日韓合邦運動』, 葦書房.
小川原宏幸, 2005, 「一進會の日韓合邦請願運動と韓國併合 －「政合邦」構想と天皇制國家原理との相克－」, 『朝鮮史硏究會論文集』43.
櫻井良樹, 1992, 「日韓合邦建議と日本政府の對応」, 『麗澤大學紀要』55.
櫻井義之, 1964, 「東洋社會黨樽井藤吉と「大東合邦論」」, 『明治と朝鮮』, 櫻井義之先生還曆記念會.
月脚達彦, 1989, 「愛國啓蒙運動の文明觀・日本觀」, 『朝鮮史硏究會論文集』26.
趙景達, 1991, 「朝鮮近代のナショナズムと文明」, 『思想』808.
玄洋社社史編纂會 編, 1917, 『玄洋社社史』.

Yumi Moon, 2005, "The Populist Contest: The Ilchinhoe Movement and the Japanese Colonization of Korea, 1896~1910", Ph.D., Harvard University.

대한제국의 역사적 종점에 관한 재고찰*

김 명 섭 (연세대학교)

I. 머리말

2010년 한국에서는 대한제국의 "망국" 또는 "강제병합" 100주년을 "기념" 혹은 "기억"하는 많은 학술문화적 기획들이 있었다.[1] 또한 2010년 5월 10일 한국과 일본의 지식인들이 "'한국병합' 100년에 즈음한 한일 지식인 공동성명"을 통해 "1910년 체결된 한일병합 조약은 무효"라는 내용의 성명을 서

---

* 이 글은 『한국정치외교사논총』제32집 2호(2011), 5~30쪽에 게재된 논문을 수정·보완한 것이다.

1) 동북아역사재단은 1년 앞서 2009년 6월 22일에 "일본에 의한 한국병합 효력의 국제법적 재조명"을 주제로 국제학술회의를 개최했다. 2010년에는 한국정치외교사학회가 7월 2일 "국치 100년, '국권 상실'의 정치외교사적 재조명"이라는 학술회의를 개최했다. 그리고 동북아역사재단이 "1910년 한국강제병합, 그 역사와 과제"라는 주제로 "한일강제병합 100년 재조명 국제학술회의"를 8월 24일부터 26일까지 개최했다. 2010년 8월 20일에는 한국역사연구회가 "강제병합 100년에 되돌아보는 일본의 한국침략과 식민통치체제의 수립"을 주제로 학술회의를 개최했다. 8월 21일에는 한국근현대사학회가 "20세기 한국·한국인의 역사와 기억의 변용"이라는 주제의 학술회의를 개최했는데, 대회명에 "병합 100년"이라는 표현을 사용하지 않은 것이 이채롭다. 이어서 8월 28일에는 국립중앙박물관과 한국사연구회가 공동으로 "식민, 피식민, 탈식민의 정신사"라는 주제로 "일본의 대한제국 강제병합 100년의 의미"를 재검토하는 국제학술회의를 개최했다. 11월 27일에는 동북아역사재단 주최로 "근대 동아시아와 한반도: 한국강제병합에 대한 재평가"에 관한 국제학술회의가 개최되었다. 한편, 언론계에서는 『조선일보』가 「제국의 황혼 '100년전 우리는'」이라는 연재물을 기획했고, 『중앙일보』는 「[경술국치 100년 기획]망국의 뿌리를 찾아서」라는 연재물을 기획한 바 있다. 그리고 『프레시안』이라는 인터넷 신문에서도 「망국 100년」이라는 연재물이 기획된 바 있다.

울과 도쿄(東京)에서 동시에 발표했다.2) 2011년에는 서명 1주년을 맞이하여 서명자의 범위를 한일 이외의 아시아지식인들과 서구지식인들에게까지 확대하겠다는 발표가 있었다.3) 1910년 한일병합이 무효였다는 표현과 1910년 한일병합이 "불의부정(不義不正)한 행위"였다는 표현 사이에는 차이가 있으나, 모든 서명자들이 이러한 차이를 명확히 구별하고 서명했다고 보여지지는 않는다. 서명에 참가한 한 저명한 일본인 학자는 사석에서 "한국이 요구하는 것에 대해서 일본은 어쩔 수 없이 해주어야 하는 것이 있다"라는 소회를 표명했다고 한다.4) 그런데 1910년 한일병합이 유효한 것이었지만, 불의한 것이었다고 보는 것과 1910년 한일병합이 애초에 무효한 것이었다고 보는 것에는 큰 차이가 있다. 후자의 경우 일본은 불법(不法) 행위를 저질렀던 것이기 때문에 그에 상응하는 보상을 해야 한다는 주장으로 쉽게 이어지지만, 전자의 경우 불의부정한 행위에 대한 보상은 법적인 소추의 대상이라기보다는 정치적, 도덕적으로 다루어질 가능성이 크다.

서구중심의 국제학계에서는 1910년 한일병합조약을 "불의부정"했던 것인지에 대한 판단여부와 무관하게 국제법적으로 유효했던 것으로 보는 경향이 강하다. 따라서 1910년 한일병합조약의 무효성을 주장하고, 그러한 주장을 담은 성명서에 일본인 학자들의 서명을 받은데 이어서 아시아지식인 및 서구지식인들의 서명을 받고자 하는 것은 매우 중요한 정치적 의미를 지닌 것이다. 그런데 서구지식인들의 서명을 받고자 할 때, 당장 부딪치게 될 반론은 "정작 당신네 한국 국사교과서들도 1910년 대한제국이 국가적으로 소멸된 것으로 서술하고 있지 않은가?" 하는 질문일 것이다. 이 글은 일본제국이 대한제국에 강박했던 1910년 한일병합조약은 애초에 성

---

2) 2010년 7월 28일에는 도쿄 참의원 의원회관 회의실에서 이태진(李泰鎭) 서울대 명예교수(2010년 9월 한국 국사편찬위원회 위원장에 내정되기 전임) 등이 도쿄 시내 참의원 의원회관 회의실에서 기자회견을 열고, 한국 측 587명, 일본 측 531명 등 1,118명이 이번 성명에 서명했다고 밝혔다. 신정록 도쿄특파원, 「韓・日 강제병합은 원천적으로 무효」, 『조선일보』 2010년 7월 29일자.
3) 『중앙일보』 2011년 8월 30일자.
4) 익명으로 쓸 수밖에 없다.

립하지 않았다는 한일병합조약무효론과 1910년을 대한제국의 종점으로 설정하고 있는 한국 국사교과서들의 서술이 논리적으로 상충하고 있음을 짚어보고, 1910년 한일병합조약이 애초에 성립되지 않았다는 주장을 견지할 경우, 대한제국의 소멸시점과 관련하여 어떠한 대안적 해석이 가능한가에 대한 성찰을 담고 있다.

II. 한일병합조약이 무효라면, 1910년 대한제국이 소멸했다고 볼 수 있는가?

대한제국의 전신인 조선은 1882년 조미수호통상조약(條約)이라는 최초의 조약을 체결했다. 이것은 1876년 조일수호통상조규(條規)나 1882년 조청상민수륙무역장정(章程)과는 달리 조약체결국의 주권독립을 전제로 하는 근대국제법적 조약(treaty)이었다. 이처럼 조선이 웨스트팔리아적 국제공동체의 구성원리인 주권평등의 원칙을 피동적으로 수용한 이후 15년 만에 한반도에서 최초로 수립된 근대주권국가가 대한제국(大韓帝國)이었다.[5] 대한제국은 1897년 2월 조선의 왕이었던 고종이 환궁하여 독립협회 및 일부 근왕파와 함께 칭제건원(稱帝建元)을 추진, 8월에 연호를 광무(光武)로 고치고, 9월에 원구단(圜丘壇)을 세운 이후, 10월 12일 스스로 대한제국 황제에 즉위함으로써 존재하게 되었다.[6]

이러한 국제정치사적 의미에도 불구하고 국내적으로 대한제국은 국민주권을 반영한 독립협회의 '헌의6조'를 수용하지 못하고, '대한국 국제'를 통해 전제군주권을 강화하고자 했던 수구적 성격을 지니고 있었다. 이러한 한계로 인해 대한제국은 "'합방'조약에서 오직 왕실의 명예가 유지되고

---

[5] "웨스트팔리아적 국제사회의 팽창"에 관해서는 선행연구들을 참고(Bull 1984 ; 김대순 1998 ; Duchhardt 2004 ; Philpott 2001).
[6] 이 부분의 서술과 관련하여 대한제국의 정치사적 의미를 다룬 다음과 같은 선행 연구들을 참고했다(서진교 2001 ; 서영희 2003 ; 박현모 2009).

왕족들이 상당한 대우를 받는다는 대가만으로 2천만 국민과 3천리 강토가 일본의 완전 식민지가 되게 했다"는 부정적 평가의 대상이 되기도 했다(강만길 1999, 19). 1897년 고종이 광무황제로 거듭난 이후 국내적으로 독재권력의 강화에 몰두했고, 따라서 망국의 길로 치달은 것에 대해서는 그가 휘둘렀던 독재권력의 폭에 준하는 책임이 있다. 그러나 대한제국이 지닌 국제정치사적 의미는 광무황제의 전제적 책임과는 별도로 인식될 필요가 있다.

　대한민국은 대한제국과 어떠한 관계에 있는가? 현행 대한민국 헌법은 그 전문(前文)에서 "유구한 역사와 전통에 빛나는 우리 대한국민은 3·1운동으로 건립된 대한민국임시정부의 법통과 불의에 항거한 4·19민주이념을 계승하고…"라는 구절로 시작된다. 대한민국 임시정부의 법통계승을 명확히 하고 있는 것이다. 이에 비해 "대한제국"이라는 명칭은 헌법 어디에서도 언급되지 않고 있다는 점에서 대한민국과 대한제국 사이의 단절은 명확해 보인다. 그렇지만 헌법전문의 모두(冒頭)에 나오는 "유구한 역사와 전통에 빛나는 우리 대한국민"이라는 구절 속에서 대한민국과 "대한"이라는 국호를 공통분모로 가진 대한제국의 역사를 연관시켜 볼 수도 있을 것이다. 그리고 대한제국 시기에 만들어졌던 애국가의 "대한사람 대한으로 길이 보전하세"라는 구절, 만국우편연합(UPU; Universal Postal Union)에 가입한 연도가 남북한 공히 대한제국이 가입한 연도인 1900년 1월 1일로 인정받고 있는 국제적 사례 등을 보면 대한제국과 대한민국이 전혀 별개의 존재는 아니다. 1910년 "한일합방조약이 무효이므로 대한제국과 대한민국 간에는 국가로서의 동일성과 계속성이 있는 것"이라고 보는 국제법학자의 견해도 있다(김명기 1996, 286 ; Nam 1975). 이렇게 보면 대한민국이 대한제국의 법통을 직접 계승하지는 않았더라도 대한민국 임시정부를 통해 대한제국이 대한민국으로 이어졌다고 볼 수 있다. 대한민국 임시정부 헌법은 "대한민국의 강토는 구한국(舊韓國)의 판도로 함"이라는 영토조항을 통해 대한제국과의 계속성을 가지고 있었기 때문이다.

　그러나 영미권 국제법학계 및 국내 국제법학계의 일각에서는 "제2차 세계대전 후 한국의 국가수립은 북한의 그것과 마찬가지로 대한제국과 법적 동일성이 없는 일본으로부터 분리의 형태에 의한 국가승계로 간주되어야 할 것"이라는 견해가 지배적이다(나인균 1999, 140).[7] 특히, 대한민국 헌법은 제헌 당시부터 "대한민국의 영토는 한반도와 그 부속 도서로 한다"고 함으로써 임시정부 헌법의 영토조항을 계승하지는 않았다.[8] 그렇지만 대한제국의 강토와 대한민국의 영토 사이에는 간도 문제를 제외하면 차별성보다는 공통성이 두드러진다는 점도 간과하기 어렵다. 이처럼 1910년 한일병합조약을 유효했지만 부정불의한 것이라고 볼 것인가 아니면 애초에 무효인 것으로 볼 것인가 하는 문제는 대한민국과의 관계를 어떻게 볼 것인가 하는 문제로까지 이어진다.

1910년 한일병합조약이 애초에 무효였다면 1910년 대한제국이 소멸했다고 볼 수 없을 것이다. 그러나 한국의 고교과정에서 사용되고 있는『한국근현대사』교과서 6종 및 교과서포럼의 대안교과서 등에서는 〈표 1〉과 같이 1910년을 대한제국의 역사적 종점인 것처럼 서술하고 있다. 그런가 하면 한국에서 널리 사용되고 있는 사전들 중 하나는 대한제국을 "1897년 10월

---

7) 나인균의 견해는 영미권을 중심으로 한 국제법학계 주류의 견해와 궤를 같이 하고 있다. James R. Crawford, 2006, *The Creation of States in International Law*, 2nd ed. Oxford: Oxford University Press. 이 책은 1980년에 나왔던 크로포드 자신의 책을 개정, 증보한 것이다. James R. Crawford, 1980, *Creation of States in International Law*. 2006년 판 책의 4쪽에서 크로포드는 "20세기 초에는 약 50개 정도가 국가로 인정되었다. 2차 세계대전 직후에는 75개로 늘어났다. 2005년 시점에서 약 2백 개의 국가가 있다(엄밀하게 말하면 타이완과 팔레스타인을 제외하고, 191개 유엔회원국과 바티칸을 합한 192개)"라고 언명하고 있다. 크로포드는 케임브리지대학의 국제법연구소인 라우터팩트(Lauterpacht)센터의 소장으로서 오펜하임으로부터 라우터팩트를 거쳐 이어져 내려온 케임브리지학파의 맥을 잇고 있다. L. Oppenheim, Hersch Lauterpacht, ed. International Law, Vol: *The Law of Peace*, 8th ed. (Cambridge: Cambridge University Press, 1955), supra note 12, pp.566~567. 제2차 세계대전 이후 한국의 국제법적 위치에 관해서는 다음 연구를 참고. D. P. O'Connel(1952), Focsaneanu (1960).

8) 영토 조항은 제헌 당시에도 많은 논란이 있었다. "대한민국의 영토는 한반도와 그 부속 도서로 한다"는 원안에 대해 "대한민국의 영토는 고유한 판도로 한다"는 이귀수의 수정안이 제출되었다. 그러나 수정안은 재석의원 171명 가운데 찬성 13표, 반대 106표로 부결되었다. 당시의 속기록을 참조. http://search.assembly.go.kr/record

12일부터 1910년 8월 29일까지의 조선의 국명"이라고 정의해놓고 있다.9) 또 다른 사전은 대한제국을 "1897년 10월부터 1910년 8월 22일까지 존속한 조선왕조의 국가"라고 정의하고 있다.10) 앞의 사전이 소멸일자를 8월 29일로 표기하고, 뒤의 사전이 소멸일자를 8월 22일로 표기하고 있는 차이를 제외하면, 1910년 8월 이후 대한제국이 더 이상 존재하지 않게 되었다(ceased to exist)는 인식은 서구학계는 물론 한국에서도 널리 재생산되고 있는 견해인 셈이다.11)

〈표 1〉 대한제국의 역사적 종점에 관한 한국 교과서의 서술들

김종수 외 (2008)	"대한제국의 총리대신 이완용과 일본이 조선 주재 통감 데라우치가 한일병합에 관한 조약에 서명하였다. 이로써 반만년이 역사를 이어 온 우리나라는 일본에게 국권을 강탈당하여 가혹한 식민 통치를 받게 된다." 137쪽. 연표 중 표현은 "국권피탈," 339쪽.
김흥수 외 (2008)	"1910년 8월 대한제국을 완전 식민지로 만들었다." [소제목의 표현은 "일제의 국권침탈"], 161쪽.
김광남 외 (2008)	"1910년 일제는 병합 실행 방법 세목을 확정하고 이완용 매국 내각과 이른바 합병 조약을 체결하였다." [소제목의 표현은 "국권침탈"], 140쪽.
한철호 외 (2008)	"일본군과 헌병이 서울 곳곳에 배치된 살벌한 분위기 속에서 총리대신 이완용과 통감 데라우치 사이에 이른바 병합 조약이 체결되었다." [소제목의 표현은 "국권을 빼앗기다"], 139쪽.
김한종 외 (2008)	"일제는 무력 탄압으로 한국인의 저항이 약화되었다고 판단하자, 1910년 8월 29일에 한일병합조약을 공포하였다. 이로써 우리 민족은 일제의 완전한 노예 상태로 떨어지기에 이르렀다." [소제목의 표현은 "일제의 침략과 국권의 피탈"], 148쪽.

---

9) 『두산백과사전』 http://100.naver.com/100.nhn?docid=46165 (검색일 2010년 3월 25일).
10) 『브리태니커 백과사전』 http://enc.daum.net/dic100/contents.do?query1=b04d3423b (검색일 2010년 3월 25일).
11) 그런가 하면 외교사적으로 대한제국은 1905년에 소멸했다가 1948년에 부활했다는 다음과 같은 해석도 존재한다. "통상적인 의미에서 한국 국제정치사(외교사)는 1905년으로 끝나며 40년간 일본의 식민지로서 공백기간을 거쳐 1945년 해방, 1948년 독립국가 수립과 함께 한국의 국제관계는 다시 부활되는 것이다." 구대열, 1995, 『한국국제관계사 연구1: 일제시기 한반도의 국제관계』, 역사비평사, 2쪽 ; Tanisha M. Fazal, 2007, *State Death: The Politics and Geography of Conquest, Occupation, and Annexation*, Princeton: Princeton University Press, p.22·32.

주진오 외 (2008)	"1910년 8월에 총리 대신 이완용과 통감 데라우치가 한국 병합에 관한 조약을 체결·공포함으로써 대한제국의 국가 주권은 공식적으로 소멸되었다." [소제목의 표현은 "대한제국의 종말"], 158쪽.
교과서포럼 (2008)	"1910년 대한제국이 패망한 뒤 나라를 다시 세우려는 복벽의 움직임은 없었다." [소제목의 표현은 "대한제국의 위기와 망국"], 63쪽. "대한제국의 멸망," 75쪽. "일본은 1910년 8월 22일에 이완용 내각과 대한제국 황제의 일체의 통치권을 완전히 또 영구히 일본황제에게 양도하는 병합조약을 체결하였다, 이로써 나라를 잃은 한국인의 고난에 찬 식민지 시대가 시작되었다." 77쪽.

1910년 대한제국 종점론은 1910년 8월 "한국 황제 폐하와 일본국 황제 폐하는 두 나라 사이의 특별히 친밀한 관계를 고려하여 상호 행복을 증진시키며 동양의 평화를 영구히 확보하자고 하며 이 목적을 달성하고자 하면 한국을 일본국에 합병하는 것이 낫다는 것을 확신하고 이에 두 나라 사이에 합병 조약을 체결하기로 결정하였다"는 구절로 시작되는 '한일병합조약'이 체결되고, 공포되었다는 '사실(fact)'을 강조한다. 아울러 메이지 "천황"이 이와 동시에 "짐은 천양무궁의 비기를 넓히고 국가는 훌륭한 예수(禮數)를 갖추고자 하니 전(前) 한황제(韓皇帝)를 책하여 왕으로 삼는다"고 선언했다는 '사실(fact)'을 상기시킨다(야마무로 신이치 2010, 52). 1910년에 새롭게 수립된 '조선'과 일본 간의 관계를 보는 일본 "천황"의 관점에는 1895년 시모노세키(下關)조약의 제1조를 통해 조선의 자주독립을 인정하기 앞서 청제국이 고집했던 조선에 대한 제국과 속방의 관계(웨스트팔리아조약 체결 이전에 존재했던 신성로마제국과 독일영주국들 간의 관계와 같은)를 일본과 조선 간의 제국 대 속방의 관계로 단순히 '역치(易置)'시킨 것에 불과한 것이라고 보는 인식이 깔려 있다('침략'이라고 보기 보다는). 1910년 대한제국의 종언과 관련하여 기미시마 가즈히코(君島和彦)는 "'병합'이라는 용어는 한국이 '全然폐멸에 歸하여 제국영토의 일부가 된다'라는 의미를 갖게 하도록 만든 신어였다. 따라서 '한국병합'은 '한국폐멸'의 본질을 은폐한 용어"라고 주장하기도 했다(君島和彦 1990, 32의 서술과 정재정 2008,

499의 인용문을 비교하여 원문에 따라 인용).

일본제국은 1910년에 일어난 '사실'에 대해 국제적 인정을 받고자 대한제국과 외교관계를 맺고 있던 나라는 물론 일본제국과 외교관계를 맺고 있던 나라들에 외교전문들을 발송했다. 또한 1910년 10월 미국국제법학회(American Society of International Law)에서 발간되는 국제법 학술지에 "코리아를 일본에 합방하는 조약(Treaty Annexing Korea to Japan)"이라는 명칭으로 이 조약문에 대한 조야한 번역문과 함께 "합방조약의 선포에 붙이는 일본천황의 조칙(Imperial Japanese rescript attached to the proclamation and treaty of annexation)"을 게재했다.[12] 일본이 서둘러서 영미권의 국제법 학술지에 조야한 번역문을 게재했던 것은 이 '조약'을 국제사회의 기정사실(a fait accompli)로 만들려는 일본의 의지가 반영된 것이었다고 보여진다.

일본제국은 이러한 국제적 노력과 더불어 순종의 명의로 된 다음과 같은 칙유문(勅諭文)을 발표토록 하여 한국민들에 대한 선무공작을 전개했다.

> 짐(朕)이 부덕(否德)으로 간대(艱大)한 업을 이어받아 임어(臨御)한 이후 오늘에 이르도록 정령을 유신(維新)하는 것에 관하여 누차 도모하고 갖추어 시험하여 힘씀이 이르지 않은 것이 아니로되, 원래 허약한 것이 쌓여서 고질이 되고 피폐가 극도에 이르러 시일 간에 만회할 시책을 행할 가망이 없으니 한밤중에 우려함에 선후책(善後策)이 망연하다. (중략) <u>짐의 오늘의 이 조치는 그대들 민중을 잊음이 아니라 참으로 그대들 민중을 구원하려고 하는 지극한 뜻에서 나온 것이니 그대들 신민들은 짐의 이 뜻을 능히 헤아리라.</u>[13] (밑줄첨가)

일본의 정치적 노력에 의해 1910년 "한일병합조약이 체결되고, 발효"되었다는 '사실'에 주목하는 1910년 대한제국 종점론은 일본 및 서구학계의 정

---

12) *The American Journal of International Law*, Vol. 4 No. 4 (Oct. 1910), pp.282~283. 학술지에 게재된 영문 번역문의 오타(誤打)와 조야함은 이 게재과정이 매우 급박하게 이루어졌음을 보여준다. 프랑스어권 자료로는 Zimmermann Maurice, 1910, "L'annexion de la Corée par le Japon." In: *Annales de Géographie*. t. 19, n°108, p.468.
13) 『純宗實錄』 三年八月二十九日条.

론으로 굳어졌고, 서구학계가 세계지식의 주류적 위치를 차지하게 됨에 따라 더욱 강력하게 확립되었다.14) 영미권 문헌들이 대부분 일부 학자들이 사용하는 seizure라는 용어 대신 annexation이라는 용어를 사용하고 있는 것도 이러한 추세를 반영하고 있다.15)

---

14) 2001년 11월 16일부터 17일까지 "한국병합의 역사적 국제법적 재검토"를 주제로 미국 하버드대학 산하의 아시아센터, 한국학연구소, 라이샤워 일본학연구소, 동아시아법연구소 등과 미국 하와이대학 산하의 한국학연구소, 일본학연구소 등 총 6개 연구소가 공동주최한 학술회의가 한국국제교류재단의 후원으로 보스턴 셰라톤 커맨더 호텔에서 개최된 바 있었다. 이 회의에서 국가의 생성과 소멸에 관한 문제의 권위자인 크로포드 케임브리지대학 교수는 논평자로 참가하여 "당시에 국제법은 유용한 기능을 하고 있었다"며 한일 간의 병합이 국제법상으로 유효하게 성립된 것이라는 입장을 피력한 바 있다. 그는 또 "합병이 반드시 조약만으로 이뤄지는 것은 아니다"라고 지적하고 제국주의시대에는 강제적 조약이라도 그 유효성이 인정될 뿐 아니라 이미 이뤄진 조약을 무효화시킬 수 없다는 의견을 피력했다. 크로포드의 이러한 주장에는 미국 더비대학 역사학 교수인 앤서니 카티 등도 동조적 입장을 취했다[『동아일보』 http://www.donga.com/fbin/output?n=200111180089 (검색일 2010년 3월 29일)]. 역사왜곡 교과서 파문을 일으켰던 "새 역사교과서를 만드는 모임"의 출판을 담당했던 후소샤(扶桑社)를 자회사로 거느리고 있는 『산케이신문(産經新聞)』은 이 학술회의가 한국 외교통상부의 외곽단체인 국제교류재단의 재정적 지원으로 이루어졌음에도 불구하고 서양학자들이 한일합방의 불법론에 대해 반박했다는 점을 강조해서 보도했다(『産經新聞』, 2001년 11월 27일). 이 보도에 따르면 크로포드 교수 등은 "스스로 살아나갈 수 없는 국가에 대해 주변국가가 국제적 질서의 관점에서 그 나라를 취하는 것은 당시 흔히 있었던 일"이라고 말하면서, "한일합방 조약은 국제법상 불법이 아니었다"고 주장했다. 크로포드 교수 등은 또 한일합방의 강제성 문제와 관련해서도 "강제로 이뤄졌기 때문에 불법이라는 논리는 제1차 세계대전 이후에 성립된 것으로, 당시에는 문제가 되지 않는다"고 주장했다. 이 회의는 일본의 한국병합 문제와 관련하여 한국의 이태진 교수 등이 주도한 여러 차례의 국제학술회의들 중 하나였다. 보다 자세한 내용은 사사가와 노리가츠, 2009, 「서문」, 이태진·사사가와 노리가츠 공편, 『한국병합과 현대: 역사적 국제법적 재검토』, 태학사, 13~17쪽 참조.

15) 2010년 미국 아시아학회 연례학술회의에서는 세션의 제목에 seizure라는 용어를 사용한 세션과 annexation이라는 용어를 사용한 세션이 공존했지만, seizure라는 용어를 사용한 세션에서 발표된 논문들 중에도 seizure 대신 annexation이라는 용어를 사용한 논문들이 포함되어 있을 정도로 annexation이라는 용어는 널리 사용되고 있다. SESSION 169: The Japanese Seizure of Korea: A Centennial Retrospective - *Sponsored by the Committee on Korean Studies* chaired by Wayne Patterson ; SESSION 136: Reconsidering the Japanese Annexation of Korea in 1910: Sovereignty, Economy, and East Asia chaired by Carter J. Eckert.

1910년 대한제국 종점론은 일본에 의한 대한제국의 병합을 1910년에 실행완료된 기정사실로 간주한다. 시제법(時際法)의 원칙에 의하면 설사 그 행위가 부당한 것이었다 하더라도 당시의 사실은 당시의 법에 따라 판단해야 한다고 본다. 그런데 "당시 유효한 국제법에 의하면 전쟁에 의한 영토의 취득에 대하여 아무런 이의를 제기할 수 없었다. 무력의 행사 또는 무력의 위협에 의한 병합은 정당화되었다." 따라서 "1910년의 한일합방은 국제법 위반이라 하기 어렵다"(나인균 1999, 135).16) 또한 당시에는 병합이 법적 효력을 갖기 위해 제3국이 병합을 승인할 필요도 없었다(Oppenheim 1955, 573). 랭거(R. Langer)는 "일본의 병합의사에 대하여 어떠한 국가도 이의를 제기하지 않았다"는 점을 강조한다(Langer 1947, 53).

그런데 1910년 한일병합을 당시의 국제법상에서 유효한 것이었다고 인정하는 일본 및 서구학계 주류의 입장과는 달리 한국의 많은 학자들은 1910년 한일병합의 불법성과 원천무효를 주장하는 입장을 견지해왔다.17) 한국과 일본 간에 1965년 6월에 체결되고, 같은 해 12월에 비준된 한일기본관계조약의 제2조에서 1910년 이전 양국 사이에서 일어났던 일에 대해 다음과 같이 규정한 바 있다.18)

---

16) 이는 다음의 해석과 궤를 같이 하는 것이다. L. Oppenheim, [ed. by Hersch Lauterpacht], 1955, *International Law*, Vol: *The Law of Peace*, 8th ed. Cambridge: Cambridge University Press, supra note 12, pp.566~567. 시제법의 원칙에 근거하여 일본의 한국병합이 부당한 것이었지만 합법이었다는 주장에 관해서는 운노 후쿠쥬, 정재정 옮김, 2008, 『한국병합사 연구』, 논형 참고.
17) 한국학계의 이러한 주장은 영문으로도 발표된 바 있다(Kim 2002 ; Park 2010). 이근관은 "이것이 한국 내에서 통설적인 견해"라고 주장한다. 이근관, 2009, 「국제조약법상 강박이론의 재검토」, 이태진·사사가와 노리가츠 공편, 『한국병합과 현대: 역사적 국제법적 재검토』, 태학사, 531쪽 각주 11. 이외에 현재까지 대한제국이 존속하고 있다고 주장하는 "대한제국황족회"라는 단체가 있으나, 이러한 입장이 학문적으로 뒷받침된 적은 없다. 이 단체는 2006년 9월 29일 대한제국 광무황제의 아들이었던 의친왕의 둘째 딸 이해원(李海瑗) 옹주를 제30대 황위를 계승한 여황(女皇)으로 추대하는 행사를 가졌다. 『동아일보』 http://www.donga.com/fbin/output?n=200609290278 (검색일 2010년 3월 29일).
18) 이 조약은 1965년 6월 22일 대한민국 외무부 장관 이동원과 대한민국특명전권대사 김동조가 서명했고, 일본국 외무대신 시나 에쓰사부로(椎名悦三郎)와 다카스기 신이치(高杉晋一) 전권위원이 서명했다. 같은 해 12월 18일 이동원 외무장관과 시나

1910년 8월 22일 및 그 이전에 대한제국과 대일본제국 간에 체결된 모든 조약 및 협정이 이미 무효임을 확인한다.[19]

이 인용문에서 "이미 무효"라는 의미가 1910년 당시부터 무효인지, 아니면 1948년 대한민국 정부 수립과 함께 무효가 되었다는 의미인지에 관해서는 한일 양국 정부의 해석이 서로 다르다. 이 조약에 "해석에 상위가 있을 경우에는 영어본에 따른다"[20]는 내용이 포함되어 있는 바, 이 조문의 영문을 보면 "It is confirmed that all treaties or agreements concluded between the Empire of Japan and the Empire of Korea on or before August 22, 1910 are already null and void."라고 되어 있음을 볼 수 있다. 한국 정부는 이 영어본에서 "null and void"라는 표현은 국제법상 무효를 나타내는 표현 중에서도 가장 강력한 것이며, "already"라는 부사는 애초부터 무효(nullity ab initio)라는 의미로 사용되었다고 해석한다.[21] 그러나 일본은 제2차 세계대전 종전 이후 일본에 의한 병합상태가 이미 종식되었다는 의미이지 병합조약 자체가 무효였다는 뜻은 아니라는 입장을 취해왔다.

한국의 여러 학자들은 한일역사공동연구위원회 등을 통해서도 1910년 한일병합의 원천무효 및 불성립론(不成立論, non-existence theory)을 개진해왔다(이태진 편저 2001, 2009 ; 정창렬 2005 ; 이상찬 2005).[22] 앞서 언급했던

  에쓰사부로 일본 외무장관이 서울 중앙청에서 양국의 비준서를 교환함으로써 효력이 발생했다.
19) 만일 대한제국과 대한민국 간에 어떠한 동일성도 없다면, 대한제국이 타국과 체결한 조약 및 협정에 대해 무효를 확인하는 조약을 대한민국이 타국과 체결할 이유는 없을 것이다. 연구자는 대한제국의 소멸시점에 관한 논쟁과는 별도로 대한제국과 대한민국 사이에 일정한 동일성이 존재한다고 본다. 크로포드는 계속성이 없는 동일성(identity without continuity)의 개념을 통해 계속성이 없더라도 동일성이 있는 경우가 가능하다고 본다. 이 경우 후속국의 헌법이 중요한데, 제헌 당시 대한민국은 "구한국의 강토"라고 규정하고자 했던 영토조항 대신 "한반도와 그 부속도서"라는 영토조항을 채택한 바 있다. 그런데 헌법의 전문은 "유구한 역사"라고 하여 임시정부 이전과의 연결성도 언급하고 있다.
20) "In case of any divergence of interpretation, the English text shall prevail."
21) 대한민국정부, 1965, 『대한민국과 일본국 간의 조약 및 협정 해설』, 10~11쪽.
22) 도덕적으로는 부당하지만, 국제법적으로는 합법이었다는 입장의 글로서는 사카모토

"'한국병합' 100년에 즈음한 한일 지식인 공동성명" 역시 "1910년 체결된 한일병합 조약은 무효"라고 주장한 바 있다.[23] 1904년 2월 일본군에 의한 강점은 1876년 일본이 조선과 체결했던 조일수호조규 제1조에서 규정한 "자주지방(自主之邦)"의 규정, 그리고 1895년 일본이 청제국과 체결했던 시모노세키조약의 제1조 등에 명시된 조선의 자주독립성에 관한 국제적 약속, 1897년 대한제국 수립선언과 대한제국에 대한 국제적 인정 등에 위배된 행위였다고 볼 수 있다. 또한 1904년 대한제국의 광무황제는 법률고문이었던 크레마지(Laurent Cremazy)[24]의 자문을 구해 1904년 1월에 국외중립(局外中立)을 선언한 바 있었다. 비록 이 중립선언이 벨기에나 스위스의 중립과 같이 국제적으로 승인된 중립선언은 아니었다는 한계를 지닌 것이기는 했으나, 대한제국이 명시적으로 표방한 중립의지를 일본이 묵살한 것이었다. 일본의 강점 이전에 존재했던 대한제국의 국제적 지위에 기초해 볼 때, 1904년 일본의 군사강점이 국제법이 수용되기 이전의 상태에서 이루어진 침략행위이므로 국제법적 침략이라고 규정할 수 없다는 논리는 성립되기 어렵다.

일본군은 1904년 2월 23일 대한제국이 러·일전쟁에서 일본군에 협조하고 일본군이 한국 내의 군사전략상 필요한 토지를 수용하는 권리를 가진다는 '한일의정서(韓日議定書)'를 강요했고, 같은 해 7월 20일 '군사경찰훈령(軍事警察訓令)'을 만들어 대한제국의 치안은 일본군이 담당한다고 통고함으로써 치안권을 빼앗는 한편, 친일파 양성을 위해 일진회(一進會)를 조직했다. 같은 해 10월에 일본인 메가타 다네타로(目賀田種太郎)를 대한제국 재정고문으로 파견하여 재정권(財政權)을 침탈했으며, 12월에는 D.W. 스티븐스를 외교고문으로 임명했다. 아울러 일본인들을 군사고문, 경무고

시게키, 「일한간 제 조약의 문제: 국제법학의 관점에서(김도형의 비평과 집필자의 답변)」, 한일역사공동연구위원회 제3분과, 『한일역사공동연구보고서』 제4권, 211~239쪽이 있다.
23) 『조선일보』 http://news.chosun.com/site/data/html_dir/2010/05/10/2010051001158.html (검색일: 2010년 5월 10일).
24) 크레마지는 1900년부터 1905년까지 한국에서 활동했으며, 일본의 법제화 작업에 절대적인 영향을 끼친 파리 대학 교수 구스타프 브와소나드(Gustav Boissonade)의 제자이다.

문, 학부고문 등에 임명하여 대한제국의 행정을 일본인들의 지배하에 두고, 국내외의 통신권과 외교권에 대한 박탈을 획책하는 대한제국에 대한 침탈을 지속했다. 일본은 1905년 9월 5일 러시아와 포츠머스강화조약을 체결하여 한반도를 일본의 영향권으로 인정받은 직후인 1905년 10월 15일 일진회를 사주하여 '을사늑약'의 체결을 촉구하는 성명을 발표토록 하고, 이토 히로부미(伊藤博文)가 특명전권대신으로 조선에 와서 대한제국의 외교권을 빼앗고 조선통감부를 설치하는 것을 골자로 하는 '을사늑약'의 체결을 강박했다.

일본이 서구열강들 사이에서 '을사늑약'을 기정사실로 만들려고 했지만, 당시 프랑스 파리법대의 국제법 교수였던 프랜시스 레이(Francis Rey)는 일본이 조약체결을 위해 강박(coercion, 强迫)을 사용한 점을 들어 '을사늑약'이 무효라고 주장한 바 있다(Rey 1906). 일본은 대한제국 8인의 대신들을 군경에 의한 무력으로 개별적으로 강박하여 그중 5인이 동의한 것으로 처리하여 강행했던 바, 이는 당시의 국제법, 즉 시제법의 원칙에 비추어 보더라도 국가대표에 대한 강박행위로 간주되며, 원천적 무효사유에 해당하는 것이라고 보는 것이다. 이러한 주장과 관련하여 국가에 대한 강박과 조약 체결자에 대한 강박을 구별해서 보아야 한다는 반론이 존재한다. 그리고 강박의 유무를 누가 입증할 것인가 하는 문제도 제기될 수 있다. 그렇지만 1895년 10월 일본이 자객들을 통해 조선의 왕후였던 민왕후를 살해했던 을미사변의 전사(前史)는 일본이 가했던 강박의 정도를 방증해준다.[25]

아라이 신이치는 "종래 강제의 사실을 설명함에 있어서 전적으로 이토 히로부미의 언동에 스포트라이트가 비추어졌지만" 이제는 "한국주차군 사령관으로서 하세가와 요시미치(長谷川好道) 대장의 개재(介在)에 좀 더 초점을 두어야 한다"고 주장한 바 있다(아라이 신이치 2009, 296). 그에 따르면 대한제국 대표들에 대해 가해진 강박은 "이토 등에 의한 장내의 교섭과 하세가와가 지휘하는 군사력에 의한 위협 및 억지 행동과의 긴밀한 연계

---

25) 을미사변에 관해서는 (문희수 1998)을 참고.

플레이"에 의해 이루어진 것이었다. "국가에 대한 강제와 조약 대표자에 대한 강제가 일체되어 있었다"고 보는 것이다(아라이 신이치 2009, 303).

또한 광무황제가 조약체결의 불법성과 무효성을 밝히기 위해 즉각 항의외교를 벌인 점도 주목할 필요가 있을 것이다(Kim 2006). 그러나 '을사늑약'에 대한 강박무효설에 입각해서 본다면 광무황제가 '을사늑약'의 무효를 위해 외교활동을 벌인 것이 아니라 '을사늑약'이 불법이고, 애초에 불성립한 것이었기 때문에 광무황제는 군주주권에 근거한 외교권의 행사를 지속했던 것이다. 1906년 1월 29일에 작성된 국서, 1906년 5월 독일 빌헬름 2세 황제에게 보낸 외교서한, 1906년 6월 22일 헐버트 특사에게 하사했던 친서, 1906년 6월 22일 프랑스 대통령에게 보낸 외교서한, 1907년 4월 20일 러시아의 니콜라이 2세가 주최한 헤이그평화회의에 이준·이상설·이위종 등의 특사 파견 등을 통해 대한제국의 외교권 행사가 지속된 것으로 볼 수 있다. 그러나 1905년 '을사늑약'이나 1910년 '한일병합조약'이 원천무효였다고 보는 입론이 서구중심의 세계학계에서는 거의 받아들여지지 않고 있다.

III. 1907년 광무황제의 황위이양은 유효했나?

서구중심의 세계학계에서 '한일병합' 무효설이 받아들여지지 않고 있는 현실을 직시하는 동시에 1910년 한일병합무효론을 견지하기 위해서는 대한제국의 역사적 종점과 관련하여 논리적으로 일관성이 있는 한국사 서술이 필요하다. 한국학계가 국제적으로는 1910년 한일병합의 원천무효론/불성립론을 전개하면서, 국내적으로는 1910년을 대한제국의 역사적 종점이라고 거의 모든 교과서에서 가르치고 있는 것은 논리적 모순이다.

이러한 논리적 모순을 해소하기 위한 차원에서 다음과 같은 질문을 던져볼 수 있다. 1905년의 '을사늑약'이 강박된 것이므로 무효였고, 1910년 '한일병합' 역시 강박된 것이므로 무효였다면, 1907년 일제의 강박에 의한 황위이양은 유효한 것일 수 있을까? 1907년 광무황제의 군주주권이 정헌황태자(순종)26)에게 온전하게 이양되었는 지에 관련하여 다음과 같은 문제제기가 가능하다.

첫째, 통치권과 군주주권의 상이성. 비록 1907년 순종에게 통치권이 이양되었다 하더라도 군주주권은 지고의 권한으로서 타국의 강박에 의해 강제적으로 이양될 수 없는 것이다. 황제의 제역(帝域, imperium) 내에서 타제국의 강박에 의해 만들어진 사실을 추인하는 문제는 신중을 요한다. 1648년 신성로마제국이 개신교 영주국가들과 30년전쟁을 종결하는 오스나부뤽조약과 뮌스터조약을 대등하게 체결한 이후에도 1808년 8월까지 계속해서 제국으로 존속했던 사례를 참고할 필요가 있다. 이것은 황제권이 천부의 것이므로 하늘의 뜻에 의해서만 폐할 수 있다는 원리에 기초한 것이기도 했다. 이와 유사하게 광무황제는 "우리의 종교는 공자의 도"라고 하여 대한제국 황제권에 종교적 정당성을 부여하고자 했다(『고종실록』 광무 3년 4월 27일).

둘째, 강박에 의한 군주주권 이양의 불법성. 설사 서양문명권의 국제법 원리만을 적용한다고 하더라도 강박에 의해 진행된 일련의 과정이 당연히 참작되어야 할 것이다. 1904년 2월 이후 일본군은 대한제국의 황성을 군사적으로 불법점령했다. 1895년 10월 8일(음력 8월 20일) 일본인 자객들을 난입시켜 일국의 왕후마저도 살해한 바 있었던 일본이 1904년 2월 이후 광무황제에게 가했던 군사적 강박의 문제는 비단 1905년과 1910년의 조약 원천무효론/불성립론 문제와 관련해서 뿐만 아니라 1907년 과연 황제권 이양이 정상적으로 이루어졌는가하는 문제에도 동일하게 적용되어야 할 것이다.

셋째, 황제교체와 대리청정체제의 차이. 『조선왕조실록』을 통해 확인되는 광무황제의 의지는 황태자에게 "군국대사"를 처리토록 한다는 "대리청정"의 의지였다.27) 이토 히로부미의 지시를 받은 이완용(李完用) 친일내각

---

26) 1874년 고종의 2남으로 출생했으며 1875년에 왕세자로 책봉되었다. 1895년 홍범 14조 반포와 동시에 왕태자로 격상되었고, 1897년 대한제국 수립과 더불어 황태자로 격상되었다.
27) 『실록』 2책 1권 1장 B면 정미년(丁未年) 七月 十九日. [陰曆丁未六月十日]에는 다음과 같은 이중적으로 표현되어 있다. "承命代理聽政, 仍受禪." 그런데 엄밀한 의미에

의 송병준(宋秉畯) 등이 신변의 위협을 가하는 강박하에서 광무황제가 물러섰던 최후방어선은 1907년 7월 20일 황태자(純宗)를 내세워 대리청정을 하는 한편, 자신은 태황제(太皇帝)로 물러나는 것이었다. 이와 관련하여 『조선왕조실록』은 다음과 같이 기록하고 있다.[28]

> <u>황태자의 대리청정(代理聽政)</u>으로 인한 진하(陳賀)는 권정례(權停例)로 행했다. 이어 사면(赦免)을 반포하였다. (중략) 나랏일을 돌보는 것은 원래 응당 해야 할 일인데, 더구나 짐이 노쇠하여 권하는 때이니 <u>수고를 맡아 정사를 대리하는</u> 일을 어찌 그만둘 수 있겠는가? 이에 정사하라는 명을 내려 우리 조종(祖宗)의 법을 따르는 것이니, 한편으로는 정사를 분명히 익혀 더욱 온 나라의 장래를 메고 나가게 하려는 것이고, 한편으로는 <u>짐의 수고를 나누어 주어</u> 울거나 한가하게 병을 조섭할 수 있게 하려는 것이다(밑줄 첨가).[29]

이 기록에 따르면 광무황제의 뜻은 대리청정체제였다. 이것은 내치(內治)는 순종이 담당하지만 궁극적인 주권은 광무황제가 보유하는 체제로 대한제국 조종(祖宗)의 법을 따르는 것이었다.[30] 순종은 1898년에 일어난 김홍륙의 독차사건(毒茶事件)으로 인해 후유증을 앓고 있었다. 일본이 건강이 좋지 못했던 황태자를 제위에 올려 황제권을 뒷받침하는 군사력과 관료기구 등을 접수하고, 궁극적으로 일본의 영토로 흡수하는 수순을 밟고 있었던 것을 감지했던 광무황제가 순순히 군주주권을 순종에게 이양했다고는 볼 수 없다. 광무황제는 일본의 의도를 간파하고, 황태자에게 제위를

서 대리청정(代理聽政)과 선위(禪位)는 군주주권과 관련하여 공존하기 어려운 표현이다. 당시의 복잡하고 암울했던 상황을 반영한 표현이라고 보여진다.
28) 순종 1권, 즉위년(1907 정미 / 대한 광무(光武) 11년) 7월 19일(양력). 『조선왕조실록』 http://sillok.history.go.kr/inspection/inspection.jsp?mTree=0&id=kzb (검색일: 2009년 12월 26일).
29) [원본] 52책 48권 36장 B면. [영인본] 3책 471면.
30) 평화시에 자발적으로 제위를 물려준 경우로써 청제국의 건륭제가 있다. 그러나 이 경우에도 가경제에게 제위를 물려주었으나, 중요한 정무와 군무, 인사권은 건륭제가 직접 담당했으므로, 대외적 최고권으로서의 군주주권의 이양은 건륭제의 사망시점으로 보아야 할 것이다.

양위하는 것에 저항했으며, 통감 이토 히로부미와 일본외상 하야시 다다스(林董)의 협박이 이어짐에 따라 일종의 배수진으로써 7월 19일 새벽 3시에 "지금까지 선양의 예에 따라 군국의 대사를 황태자에게 대리케 한다(밑줄 첨가)"는 조칙을 발표한 것이다.

넷째, 황제권 이양 근거의 부당성. 이토 히로부미는 광무황제가 "일본에 대해서 공공연히 적대적 의도가 있다"는 것을 밝힘으로써 "협약을 위반"했다는 점을 황위강제이양의 근거로 내세웠다. 그러나 강박무효설에 따르면 을사늑약은 원초적으로 불성립한 것이므로, 성립하지 않았던 협약을 위반했다는 주장 자체가 성립될 수 없다.

다섯째, 황제권 이양의식의 하자. 일본은 7월 20일 오전 7시에 중화전에서 양위를 위한 권정례(權停禮)를 거행하도록 했으나, 이를 담당해야 할 궁내부대신 박영효는 칭병(稱病)하고 참석하지 않았다.31) 일본은 총리대신 이완용으로 하여금 궁내부대신 서리를 겸하여 식을 강행하고자 했으나, 광무황제와 황태자가 모두 불참하자, 광무황제의 내관과 순종의 내관으로 하여금 대역을 맡게 했는 바, 이는 제위를 양위하기 위한 권정례가 진행되었다고 보기 어려운 결격사유였다. 군주주권은 의식(儀式)적 수준에서 보더라도 황제의 내관과 황태자의 내관이 주고 받아서, 황태자에게 전달하는 형식으로 처리될 수 있는 사안이 아니다. 중국의 천자로부터 권력의 정당성을 분배받아야 했던 왕과 달리 황제는 하늘로부터 직접 천명(天命)을 받는 존재였다. 내관들 간에 이루어진 '양위식' 이후 일본은 순종이 정당한 군주임을 시위하기 위해 1909년 1월 7일 도성을 떠나 일본이 부설했던 경부선 철도를 타고 대구, 부산, 마산 등을 돌아본 후 같은 해 1월 13일 도성으로 돌아가도록 했다. 순종의 남도순행은 민심을 살펴보기 위한 것이라고 했지만, 실제로는 정상적인 이양이 이루어지지 않은 "황제권의 이양"을

---

31) 이러한 일본의 흉계에 맞서서 궁내부 대신 박영효의 반발이 있었다. 영혜옹주(永惠翁主)의 부군이기도 했던 박영효는 궁내부 대신으로서 권정례 의식에 반드시 참석해야 했는데, 이날 박영효는 병을 칭하고 참석하지 않았다. 정당한 황위의 이양식이었다면 있을 수 없는 일이었다.

선전하기 위해 일본이 연출한 이벤트에 불과했다.

1907년 광무황제로부터 순종으로의 군주주권 이양은 전면 혹은 부분 무효였고, 따라서 1910년 순종은 대한제국의 주권을 일본에게 양도할 수 있는 위치에 있지 않았다. 그렇다면 대한제국의 주권은 1919년 훙거할 때까지 광무황제가 계속 담지하고 있었던 것이 된다. 주권의 연속성과 관련하여 1917년 조소앙이 기초한 「대동단결선언」이 제창했던 주권불멸론에 주목할 필요가 있다.

> 我 韓은 無始이래로 한인의 韓이오 非韓人의 한이 아니며 한 인간의 주권 수수는 역사상 불문법의 國憲이오 <u>비 한인에게의 주권 양여는 근본적 무효</u>요. 한국 민성의 절대 불허하는 바이라. 고로 <u>경술년 융희 황제의 主權 抛棄는 즉 아 국민동지에 대한 黙示的 禪位</u>이니 우리 동지는 당연히 三寶를 계승하여 (우리 韓을) 통치할 특권이 있고 또 大統을 상속할 의무가 유하도다.[32] (밑줄첨가)

「대동단결선언」은 주권불멸론에 기초해서 일본으로 주권이 이양되었다는 인식을 거부하는 대신 1910년 8월 29일 주권이 황제에서 국민에게로 선위(禪位)되었다고 본다. 이러한 주권불멸론은 1910년과 1919년 사이의 시간을 조선총독부시대로 보는 역사관을 거부한다.

> 융희황제가 三寶(주권)를 포기한 8월 29일은 즉 吾人 동지가 삼보를 계승한 8월 29일이니 其間에 瞬間도 停息이 무함이라 오인 동지는 완전한 상속자이니 <u>彼 帝權消滅의 시가 즉 민권발생의 시요 舊韓最終의 一日은 즉 新韓最初의 一日</u>이다. 경술년 융희황제의 주권포기는 즉 아 국민 동지에 대한 묵시

---

32) 「대동단결선언」은 다음과 같은 논거를 제시하고 있다. "비근한 예로 중국의 역사를 보면 주권이 이민족에 넘어간 일이 비일비재하다. 몽고(원) 거란(요) 여진(금과 청) 등 이민족이 중원을 장악하여 한족을 통치했다. 그러나 우리나라에서는 한 번도 그런 일이 없었던 것이다. 몽고가 고려를 침략하고 여진이 조선을 침략했어도 주권을 빼앗기지 않았다. 우리나라는 시종 우리 민족의 나라였던 것이다."「대동단결선언」, 『한국학논총』 8호(1986), 180~192쪽. 또한 다음의 연구를 참조. 조동걸, 1987, 「임시 정부 수립을 위한 1917년의 '대동단결선언'」, 『한국학논총』 9호, 123~170쪽.

적 禪位이니 아 동지는 당연히 삼보를 계승하여 통치할 특권이 있고 또 大統을 상속할 의무가 유하도다. (밑줄첨가)

주권의 연속성에 대한 조소앙의 논리는 타당하나, "舊韓最終의 一日은 즉 新韓最初의 一日"이라는 「대동단결선언」의 논리는 재고해볼 필요가 있다. 1910년 8월 29일의 시점에서 아직 그 수립이 요원했던 대한민국 임시정부가 대한제국의 주권을 수증했다고 보는 것에는 무리가 있다. 오히려 일본이 연출한 1907년 광무황제로부터 순종으로의 군주주권의 이양이 무효였다고 보고 1910년 이후 상당기간 대한제국은 존속했다고 보는 것이 타당할 것이다. 광무황제의 망명을 추진했던 독립운동세력(이회영 등)의 노선은 단순히 황정복고를 위한 것이 아니라 대한제국이 아직 존속 중이었다는 인식에 기초한 것이었다고 평가되어야 할 것이다. 따라서 이들의 사상은 이미 폐위된 광무황제를 다시 복위한다는 의미의 "복벽주의"였다기보다는 일본제국에 의한 대한제국의 소멸 자체를 인정하지 않았던 것이라고 보아야 할 것이다.[33]

Ⅳ. 맺음말

1904년 일본제국의 한국강점 이후 1910년까지 일제에 의해 강박된 '조약'들이 원천무효/불성립했다는 주장은 아직 서구중심의 세계학계에서 공인되지 못하고 있다. 1910년 한일병합무효선언에 대한 서명운동을 한일지식인 차원을 넘어서 아시아지식인, 그리고 서구지식인들에까지 넓혀나가는 것은 의미가 있는 일이지만, 한국학계 스스로가 좀 더 논리적 정합성을 갖출 필요가 있다. 무엇보다 1905년 '을사늑약'과 1910년 '한일병합'을 원천무효였다고 보는 주장과 1910년을 대한제국의 역사적 종점으로 설정하고 있

---

33) 한국사학계 일각에서는 1910년 이후 독립운동의 흐름을 복벽주의와 공화주의로 분류하고 있다(윤대원 2006, 24).

는 현행 교과서의 서술들은 논리적으로 상충된다. 아울러 강박무효설에 입각하여 1905년 '을사늑약'이나, 1910년 '한일병합조약'이 원천무효였다고 주장하면서, 역시 일제에 의해 강박된 1907년 광무황제의 황위이양은 유효했던 것으로 받아들이는 것은 논리적 모순이다.

『조선왕조실록』에 기록되어 있는 바와 같이 광무황제가 의도했던 것은 "대리청정체제"였다는 점에서 대외적 주권 문제를 처리할 수 있는 권한까지를 정헌황태자에게 이양했다고 보는 기존의 해석에는 여러 의문점들이 존재한다. 1905년 조약과 1910년 조약을 무효로 보는 강박무효설에 따른다면 1907년 광무황제로부터 정헌황태자로의 황권이양도 무효였다고 보아야 한다. 그렇다면 대한제국의 역사적 종점은 1910년 일본의 행정적 통치가 시작되었다는 사실과는 별도로 설정될 수 있으며, 이 경우 새롭게 설정해 볼 수 있는 역사적 종점은 황권을 보유하고 있던 광무황제의 훙거[34]와 연이은 3·1독립운동을 통해 수립된 3개의 임시정부(러시아영토 내의 임시정부, 한성임시정부, 프랑스제국이 상해 안에 설치했던 국제조계 내의 임시정부)들이 상해 소재 대한민국 임시정부로 합쳐졌던 1919년이라고 보아야 할 것이다.

❖ 참고문헌

『대한민국과 일본국 간의 조약 및 협정 해설(1965)』, 『조선왕조실록』
『두산백과사전』, 『브리태니카 백과사전』
『조선일보』, 『중앙일보』, 『동아일보』

교과서포럼, 2008, 『대안교과서 한국 근·현대사』, 기파랑.
김광남 외, 2008, 『한국 근·현대사』, 두산.

---

[34] 1919년 광무황제의 훙거를 독살로 보는 논쟁이 상존하고 있는 바, 이는 주권의 소재와 관련된다는 측면에서 오랜 세월 지속되고 있는 영국과 프랑스 간의 나폴레옹독살논쟁과는 또 다른 차원의 의미를 지닌다고 볼 수 있다.

김종수 외, 2008,『한국 근·현대사』, 법문사.
김한종 외, 2008,『한국 근·현대사』, 금성출판사.
김흥수 외, 2008,『한국 근·현대사』, 천재교육.
주진오 외, 2008,『한국 근·현대사』, 중앙교육진흥연구소.
한철호 외, 2008,『한국 근·현대사』, 대한교과서.

강만길, 1999,「대한제국의 망령이 되살아나는가」,『21세기사의 서론을 어떻게 쓸 것인가』, 삼인.
구대열, 1995,『한국 국제관계사 연구1: 일제시기 한반도의 국제관계』, 역사비평사.
김대순, 1998,「國際共同體의 展開過程 槪觀: 웨스트팔리아 평화조약에서 현재까지」,『法學硏究』第8券.
김명기, 1996,『국제법원론(상)』, 박영사.
나인균, 1999,「대한민국과 대한제국은 법적으로 동일한가?: 국가의 동일성 내지 계속성에 관한 국제법적 고찰」,『국제법학회논총』44권 1호.
동북아역사재단, 2010,「근대 동아시아와 한반도: 한국강제병합에 대한 재평가」,『국제학술회의 자료집』, 동북아역사재단 11층 대회의실, 11월 17일.
문희수, 1998,「국제적 전후 관계에 있어서 을미사변, 1895~1896」,『한국정치외교사논총』18권.
박현모, 2009,「'왕조'에서 '제국'으로의 전환: '경국대전체제'의 해체와 대한제국 출범의 정치사적 의미 연구」,『한국정치연구』제18집 제2호.
사카모토 시게키, 2005,「일한간 제 조약의 문제: 국제법학의 관점에서(김도형의 비평과 집필자의 답변)」, 한일역사공동연구위원회 제3분과,『한일역사공동연구보고서』제4권, 한일역사공동위원회 사무국, 7월 15일.
서영희, 2003,『대한제국 정치사 연구』, 서울대학교 출판부.
서진교, 2001,「대한제국기 고종의 황실追崇사업과 황제권의 강화의 사상적 기초」,『한국근현대사연구』제19집.
신기석, 1967,『한말외교사연구: 청한종속관계를 중심으로』, 일조각.
신복룡, 2002,『이방인이 본 조선 다시 읽기』, 풀빛.
아라이 신이치, 2009,「한국 '보호국'화 과정에서의 군사와 외교」, 이태진·사사가와 노리가츠 공편,『한국병합과 현대』, 태학사.
야마무로 신이치, 정재정 옮김, 2010,『러일전쟁의 세기: 연쇄시점으로 보는 일본과 세계』, 소화.

운노 후쿠쥬, 정재정 옮김, 2008, 『한국병합사 연구』, 논형.
윤대원, 2006, 『상해시기 대한민국임시정부 연구』, 서울대학교 출판부.
이상찬, 2005, 「1900년대 초 한일간 조약들의 불성립 재론(하라다 다마키의 비평과 집필자의 답변)」, 한일역사공동연구위원회 제3분과, 『한일역사공동연구보고서』 제4권, 한일역사공동위원회 사무국, 7월 15일.
이태진 편저, 2001, 『한국병합, 성립하지 않았다』, 태학사.
이태진·사사가와 노리가츠 공편, 2009, 『한국병합과 현대: 역사적 국제법적 재검토』, 태학사.
정재정, 운노 후쿠쥬·정재정 옮김, 2008, 「일본제국의 '한국 강점'을 어떻게 볼 것인가?」, 『한국병합사 연구』, 논형.
정창렬, 2005, 「을사조약-한국병합조약의 유무효론과 역사인식 (하라다 다마키의 비평과 집필자의 답변)」, 한일역사공동연구위원회 제3분과, 『한일역사공동연구보고서』 제4권, 한일역사공동위원회 사무국, 7월 15일.
조동걸, 1987, 「임시정부 수립을 위한 1917년의 '대동단결선언'」, 『한국학논총』 9호.
최덕수 외, 2010, 『조약으로 본 한국근대사』, 열린 책들.
한국정치외교사학회 편, 1987, 『한불외교사 1886-1986』, 평민사.
───, 1993, 『한국외교사I』, 집문당.
───, 1995, 『한국외교사II』, 집문당.
홍순호, 1985, 「독립운동과 한국-프랑스관계: 1906년에서 1945까지」, 『한국정치외교사논총』 제2집.

君島和彦(기미시마 가즈히코), 1990, 「韓國廢滅か韓国併合か」, 『日本近代史の虛像と實像2 : 韓國併合〜昭和の恐慌』, 東京: 大月書店.

Bull, Hedley and A. Watson, 1984, *The Expansion of International Society*, Oxford: Oxford University Press.
Crawford, James R., 2006[1980], *The Creation of States in International Law*, 2nd ed. Oxford: Oxford University Press.
Denny, Owen N., 1888, *China and Korea*, Shanghai: Kelly and Walsh, Ltd. Printers. [출처: 국사편찬위원회 한국사데이터베이스 http://db.history.go.kr]. (번역본: 신복룡, 최수근 역주, 1999, 『청한론』, 집문당).
Duchhardt, Heinz, 2004, "Peace Treaties from Westphalia to the Revolutionary Era."

Randall Lesaffer, ed. *Peace Treaties and International Law in European History: From the late Middle Ages to World War One*, Cambridge: Cambridge University Press.
Fazal, Tanisha M., 2007, *State Death: The Politics and Geography of Conquest, Occupation, and Annexation*, Princeton: Princeton University Press.
Focsaneanu, Lazar, 1960, "Les Traités de paix du Japon." *Annuaire français de droit international*, Vol. 6 No. 6.
Kim, Ki-Seok, 2006, "Emperor Gwangmu's Diplomatic Struggles to Protect His Sovereignty before and after 1905." *Korea Journal* (Summer).
Kim, Young-Koo, 2002, "The Validity of Some Coerced Treaties in the Early 20th Century: A Reconsideration of the Japanese Annexation of Korea in Legal Perspective." *Korea Observer*, Vol. 33, No.4 (Winter).
Maurice, Zimmermann, 1910, "L'annexion de la Corée par le Japon." *Annales de Géographie*, Tome. 19, n. 108.
Nam, Ki-Whan, 1975, "Völkerrechtliche und staatsrechtliche Probleme des zweigeteilten Korea und die Frage der Vereinigung der koreanischen Nation" jur. diss. Bern, Frankfurt.
O'Connel, D. P., 1952, "Legal Aspects of the Peace Treaty with Japan." *The British Yearbook of International Law*, vol. 29.
Oppenheim, L., Hersch Lauterpacht, ed., 1955, *International Law: The Law of Peace*, 8th ed. Cambridge: Cambridge University Press.
Park, Pae-Keun, 2010, "Discussions Concerning the Legality of the 1910 'Annexation' of Korea by Japan." *Korea Journal* (Winter).
Philpott, Daniel, 2001, *Revolutions in Sovereignty: How Ideas Shaped Modern International Relations*, Princeton: Princeton University Press.
Rey, Francis, 1906, "La Situation Internationale de la Corée." *Revue générale de droit international public*, Tome 13.
──────, 1907a, *La guerre Russo-Japonaise au point de vue du droit international: Origine et causes de la guerre*, Paris: A. Pedone.
──────, 1907b, "La condition juridique des étrangers en Corée." *Revue critique de droit international privé et de droit pénal international*, Tome 3.

찾아보기

【ㄱ】

가렴주구(苛斂誅求) 91
갑신정변(甲申政變) 108
갑오농민전쟁 21, 31
갑자사화(甲子士禍) 90
강박(coercion, 强迫) 197, 198, 199, 203
강박무효설 198, 201, 204
개혁프로젝트 19, 30
개화운동(開化運動) 93
경복궁 재건사업 28
경제 규모 41
경제성장률 51, 52, 53
경제적 국력 41
고무라 쥬타로(小村壽太郎) 146
고문(顧問)협약 149
고영희(高永喜) 154
고종 19, 145, 147, 148, 149
고쿠가쿠(國學) 107
공세(攻勢)국방론 127
공업화 46, 55
관록세습제(官祿世襲制) 96
광무(光武) 187
광무개혁 15, 20, 22, 23, 26, 29, 35
광무황제 188, 196, 198, 199, 200, 201, 202, 203, 204
교두보 132
교육 52, 54
국가능력 16, 17, 19, 27, 30
국권 상실 15, 16, 17, 18, 35, 87, 88, 89, 93, 94, 105, 106, 109
국외중립(局外中立) 196
국제환경 79, 80
군사경찰훈령(軍事警察訓令) 196
군사력 45
군주세습제(君主世襲制) 103
궁내부(宮內府) 23, 26, 31, 35, 147
궁부일체론 26
권동진(權東鎭) 158
권정례(權停禮) 201
근대 기업 51
근대국민국가 15
근대화 17, 19, 20, 30
근대화정책 49, 53
근왕세력 147
근왕주의세력 151
급진개화파 103
기록문화 48, 64, 71
기묘사화(己卯士禍) 90

기정사실(a fait accompli) 192, 194, 197
김가진 158
김옥균(金玉均) 101, 103
김홍륙의 독차사건(毒茶事件) 200

【ㄴ】
남도순행 201
남선(南鮮)대토벌 21
내선일여 119
내장원 26, 29
내정 자치 146
노동천시(勞動賤視) 96
니콜라이 2세 198

【ㄷ】
다루이 도키치(樽井藤吉) 165, 178
단발령 29
「대동단결선언」 202, 203
대동합방론 165, 178
대륙국가화 기획 115
대륙낭인 178, 181
대륙정책 113
대륙제국론 127
대리청정체제 199, 200, 204
대외경(對外硬) 운동 150
대원군 20, 24, 28, 33, 105
대정정변 135
대한(對韓)방침 125
대한국 국제 187
『대한매일신보(大韓每日申報)』 109
대한민국 임시정부 188, 203
대한제국 40, 50, 67

대한협회 158, 159, 172, 173, 180
데라우치 마사다케(寺內正毅) 148, 149, 150
도야마 미치루(頭山滿) 148
도요토미 히데요시(豊臣秀吉) 92
『독립신문(獨立新聞)』 109
독립자강운동(獨立自强運動) 93
독립협회(獨立協會) 106, 109, 166, 167, 170, 177, 179, 187
동아동문회 118
동학 170, 177
동학운동(東學運動) 93, 105, 108

【ㄹ】
러일전쟁 113, 115, 119, 125, 130
러일협상 146

【ㅁ】
막번체제(幕藩體制) 107
만국우편연합 188
만국평화회의 148
매관매직(賣官賣職) 30, 31, 32, 91, 93
메이지 유신 107
명청교체기(明淸交替期) 92
무단파 150
무비자강 23, 26
무역 73
무오사화(戊午士禍) 90
문치파 149
물물천(物物天) 사사천(事事天) 100
뮌스터조약 199
미일전쟁론 116

민본정치(民本政治) 94
민영소 154
민족주의 51, 60, 61, 62, 69
민족주의운동 54, 60

【ㅂ】
박영효(朴永孝) 101, 103, 156, 201
박은식(朴殷植) 109
박제가 72, 73
박제순 147, 152, 172
박제순 내각 151
박지원(朴趾源) 97
반봉건(反封建) 107
방곡령 28
배일운동 116
백화론 119
베델 180
벨기에 196
별기군 28
병자호란(丙子胡亂) 92
병합(倂合) 113, 136
병합 점진론 146
보호국체제 149, 161
보호국체제 유지론 146, 150
복벽주의 203
북수남진 114, 122, 131
북진대륙정책 114, 121, 124, 127, 129, 134, 138, 139

【ㅅ】
사대주의(事大主義) 93
사문난적(斯文亂賊) 95

사회적 역량(social capability) 65, 72, 80
사회진화론 116
삼경사상(三敬思想) 100
삼국간섭 122, 128, 130
삼정문란(三政紊亂) 92
3파 연합 158, 159
서구 우월주의 116
서구중심주의 113
서북학회 158
서세동점(西勢東漸) 93, 98, 108
세도정치(勢道政治) 22, 30, 32, 33, 92
손병희(孫秉熙) 100, 158, 164, 177
송병준 148, 152, 153, 171, 177, 180
스기야마 시게마루(杉山茂丸) 178
스위스 196
시간과 숨가쁜 경쟁/시간과의 경쟁 66, 78, 80
시모노세키(下關)조약 191, 196
시장 63, 71
시장경제 70, 71, 72
시정개선 147
시제법(時際法) 194, 197
식민지 획득 전쟁 113, 115
식민지배정책 114
신문 51, 60
신성로마제국 191, 199
실학사상(實學思想) 95, 98, 100

【ㅇ】
아시아 연대주의 120
아시아주의 114, 118, 120, 139
안중근 150

야마가타 아리토모(山縣有朋) 117, 118, 121, 123, 130, 131, 132, 133, 135, 149
야마가타그룹 134
양반제 74
양전(量田)지계(地契)조사사업 23, 29, 30
에도(江戶) 막부 107
여흥 민씨 22, 33
연륙교(連陸橋) 132
연미론 25
영미협조주의 외교정책 118
영일동맹 123, 124, 127
영토조항 188, 189, 195
오륜질서(五倫秩序) 103
오세창(吳世昌) 158
오스나부뤽조약 199
오심즉여심(吾心卽汝心) 100
외교적 협조주의 114
우민관(愚民觀) 108, 110
우치다 료헤(內田良平) 148, 152, 165, 178
원구단(圜丘壇) 187
웨스트팔리아 187
웨스트팔리아조약 191
위민정치(爲民政治) 94
위정척사 24
위정척사운동(衛正斥邪運動) 93
유교 69, 70
유길준(俞吉濬) 101, 102, 103, 157
육주해종 124
윤효정 158
을미사변 197

을미사변 관련자 156
을사늑약(乙巳勒約) 16, 31, 197, 198, 201, 203, 204
을사보호조약 106, 109, 147
을사사화(乙巳士禍) 90
이노우에 카오루(井上馨) 149
이완용(李完用) 148, 151, 152, 153, 172, 177, 179, 180, 199, 201
이완용 내각 151, 158, 160
이용구 154, 165, 174, 176, 177, 178, 180
이익선 117, 121, 130, 132, 132, 138, 139
이조전랑(吏曹銓郞)의 혁파 32, 33
이토 통감 퇴진운동 148, 154
이토 히로부미(伊藤博文) 123, 146, 150, 197, 199, 201
이회영 203
인구밀도 48, 63
인적 자본 64
인조반정(仁祖反正) 91
인종론 119, 120
인종주의 116
인종학 116
일본 제국군대 작전계획 126
일본제국 국방방침 126, 127
일선동조/일선동조론 119, 139
1인당 생산 48
일진회(一進會) 152, 153, 154, 196, 197
일한연방설 153
일한합방론 154
임진왜란(壬辰倭亂) 90, 92

【ㅈ】

자주지방(自主之邦) 196
자치 식민지 150
자치육성/자치육성정책 146, 149, 150, 151
잡지 51, 60
장자계승제(長子繼承制) 90
장지연(張志淵) 109
재래 공업 56
재정 개선 54, 55, 70
재정 규모 42, 44, 50
전후경영 127
정묘호란(丁卯胡亂) 92
정운복(鄭雲復) 158
정유재란(丁酉再亂) 92
정한론(征韓論) 89, 119
정합방론(政合邦論) 155
정헌황태자(순종) 198, 204
제3차 한일협약(정미조약) 148
제국국방방침 132
제국주의적 근대기획 113
제도 개혁 50, 67
조공책봉체제 76, 79
조미수호통상조약 187
조선교두보관 138
조선총독부시대 202
조선총독정치/조선총독정치체제 114, 133
조세의 금납화 29
조소앙 202, 203
조일수호조약(朝日修好條約)/조일수호통상조규 24, 187

조중응(趙重應) 152, 155, 156
종교정치사상(宗敎政治思想) 99
주권불멸론 202
주권선 117, 121, 130, 131, 132, 138, 139
주자성리학 69, 71, 79
중립화안 46
중종반정(中宗反正) 90, 91
지리적 위치 77, 81
지정학적 환경 77, 79
진보회 170
진주민란(晉州民亂) 92
집단적 무능 18, 19, 30, 33, 34, 35

【ㅊ】

청일전쟁 113, 115
최석하(崔錫夏) 158, 159
최시형(崔時亨) 99, 100
최익현 24, 28
최제우(崔濟愚) 100
최한기(崔漢綺) 97, 100, 108
친일내각 147, 151
칭제건원(稱帝建元) 187

【ㅋ】

카츠라 타로(桂太郞) 123, 128, 133, 134, 135, 146, 149
크레마지(Laurent Cremazy) 196

【ㅌ】

테라우치 124, 125, 128, 129, 133, 134, 135, 137, 138
통감부 169, 171, 172

통리기무아문(統理機務衙門) 16, 20, 26
통치능력 17

【ㅍ】
포츠머스강화조약 197
프랜시스 레이(Francis Rey) 197

【ㅎ】
하문(廈門)출병사건 122, 130
하세가와 요시미치(長谷川好道) 197
하야시 다다스(林董) 201
「한국 병합에 관한 건」 150
'한국병합' 100년에 즈음한 한일 지식인 공동성명 185, 196
한국병합준비위원회 129
한일기본관계조약 194
한일병합무효선언 203
한일병합의 원천무효 및 불성립론(不成立論, non-existence theory) 195, 198, 199
한일의정서(韓日議定書) 172, 196
합방 청원서 154, 157, 159
합방 촉진운동 154
해금(海禁) 75, 79
헌의6조 187
헤이그평화회의 198
현양사(玄洋社) 178
홍경래난(洪景來亂) 92
홍대용 95, 97, 100, 108
『황성신문(皇城新聞)』 109
황제권 147, 150, 151, 152, 156, 199
황철(黃鐵) 156

황화론 114, 116, 117, 118, 119, 120, 130, 139
흥아회 118

필자소개

이재석 | 인천대학교

최영진 | 중앙대학교

이헌창 | 고려대학교

김정호 | 인하대학교

전상숙 | 이화여자대학교

서영희 | 한국산업기술대학교

김종준 | 인하대학교

김명섭 | 연세대학교